빌립보서 설교집

# 1

빌립보서 설교집

# 1

## 합당하게 생활하라

빌립보서 1-2장

정한조 지음

홍성사

## 일러두기

- 〈빌립보서 설교집〉 제1권은 2011년 1월 30일부터 2011년 8월 21일까지 100주년기념교회 정한조 목사가 담임목사의 안식월 기간 중 주일예배에서 설교한 내용을 묶어 낸 것입니다. 원래 원고에 있던 가정주일 이후 4주 분에 해당하는 가정설교는 포함시키지 않았습니다.
- 본문에 인용한 성경은 개역개정판 성경을 기본으로 했고, 그 외의 역본을 따랐을 경우 별도로 표기했습니다.
- 본문에 인용한 찬송가는 새찬송가를 기본으로 했습니다.

# 영원에 잇대어진
# 삶을 위하여

담임목사가 아닌 사람이 주일예배 때 행한 설교로 설교집을, 그것도 빌립보서를 통째로 설교한 내용을 설교집으로 내는 것은 흔한 일이 아닙니다. 담임목사님의 안식월 7개월 동안 부족한 저를 믿고 강단을 맡겨 주신 데 몸 둘 바를 모르겠고, 또한 담임목사님의 암 수술과 회복 중에 지킨 강단이라 더욱 송구스러운 마음입니다. 주님과 교회에 진심으로 감사드립니다.

빌립보서는 4장으로 구성된 짧은 서신입니다. 복음의 진수를 담고 있다는 로마서도 당시 교회의 실상을 보여 주는 고린도서도 귀하지만, 그리스도인과 주님의 관계가 어떠해야 하는지, 또 그리스도인들이 서로 어떤 관계여야 하는지를 보여 주는 빌립보서는 참으로 소중합니다.

일반적으로 이야기되는 빌립보서의 주제는 다양합니다. 대표적으로 꼽히는 것이 '그리스도인의 기쁨'입니다. 이 서신에는 '기쁨'과 '기뻐하라'는 단어가 합하여 열여섯 번이나 나오기 때문입니다. 또한 이 서신의 주제를 '그리스도인의 겸손'이라고도 합니다. 자기를 비워 인간이 되어 오셨을 뿐 아니라 자기를 낮추어 십자가에서 죽기까지 순종하신 주님을 본받는 것이 마땅하다는 의미에서입니다. 그리고 또 하나, 이 서신의 주제를 '복음에 합당하게 사는 그리스도인'이라고 하기도 합니다. 빌립보에 사는 로마 시민권자였던 사람들이 로마의 가치관을 따라 산 것처럼, 그리스도인은 복음의 무게를 인정하고 복음을 가치 있게 여기며 살아야 하고, 복음에 어울리게 사는 사람들이어야 한다는 의미입니다.

이러한 것들뿐만 아니라 빌립보서는 '세상에 함몰되지 않는 그리스도인'이 어떤 모습인지를 아주 생생하게 보여 줍니다. 바울이 빌립보교회 사람들에게 "기뻐하고 기뻐하라"고 말할 때 그는 로마 왕궁이나 대부호의 저택에 있지 않았습니다. 비록 영어囹圄의 몸이었지만, 그를 에워싸고 있었던 것은 창살이 아니라 그가 가장 존귀하게 여겼던 그리스도 예수이셨습니다. 또한 풍부나 배부름이 그를 무너뜨리지 못했을 뿐만 아니라, 배고픔과 궁핍도 그를 함몰시키지 못했습니다. 그리스도 예수님은 바울에게 자족自足이 되셨습니다. 바울의 시대에만 세상이 그리스도인들을 함몰시키려 한 것이 아니라 오늘날도 마찬가지입니다. 이런 때에 세상 속에 살지만 영원에 잇대어진 삶을 누리고 싶습니다.

한편, 바울의 삶은 자기 스스로 '잡은 바 된 그것'과 '잡을 바 된 그것'을 향해 달려가던 인생이었습니다. 그래서 그는 자랑할 것이 많았고, 사람들이 부러워할 만한 인생길을 달려가고 있었습니다. 바울 자신도 스스로 그렇게 굳게 믿었습니다. 하지만 다메섹으로 향하던 그를 주님께서 만나 주셨습니다. 주님께 눈 뜨고 난 후 그는 그리스도 예수를 아는 지식이 가장 고상한 것임을 각인하게 되었고, 그의 삶은 '그리스도 예수께 잡힌 바 된 그것'을 잡으려고 달려가는 인생이 되었습니다. 그렇게 변화된 사도 바울을 본받아 저도 그리스도 예수께 잡힌 바 된 그것을 잡기 위해 달려가고 싶었습니다. 아니, 저도 사도 바울을 그렇게 변화시킨 주님의 은총을 덧입고 싶었습니다. 또한 모든 교우님들도 이러한 주님의 은총을 덧입는 복을 누리기를 바랐습니다. 그 소망이 저로 하여금 빌립보서를 설교하게 만들었습니다.

설교를 준비할 때 성경과 참고도서 그리고 컴퓨터만 있으면 되는 줄 알았습니다. 그런데 '티슈'도 필요하다는 것을 알게 되었습니다.

부족하고, 형편없고, 허물투성이임에도 말씀을 전하는 통로로 사용하여 주심이 감사해서 눈물이 흘렀고, 주신 말씀이 감격스러워서 눈물을 흘린 적이 한두 번이 아닙니다. 하지만 주님께서 그렇게 은총을 쏟아부어 주셨음에도 인간의 연약함과 부족함, 눌변으로 말씀을 전하고 난 뒤 눌림이 있었음도 사실입니다. 그렇지만 그런 눌림이 클 때마다 여러 교우님들께서 문자와 메일로 "오늘 말씀은 저를 향해 주시는 주님의 말씀이었습니다"라며 격려해 주셨습니다. 그것은 교우님들의 격려가 아니라 주님의 격려였습니다. 주님의 격려가 제 속사람을 더 강건하게 만들어 주었고, 제게 주어진 일을 더 잘 감당하게 만들어 주었습니다. 그래서 이 설교집 출간의 영광은 모두 주님께 돌려져야 마땅합니다. 주님께서 쓰시는 유능한 통로나 유명한 통로는 아니어도, 주님께서 쓰시기에 유익한 통로로 한평생 살아가고 싶습니다.

제가 주님의 통로로 쓰임 받을 수 있도록 제 부족한 부분과 남편과 아빠의 빈자리를 기꺼이 메워 준 더 사랑스러운 아내와, 속사람이 건강하게 자라고 있는 두 아들에게 마음 깊은 곳에서 감사를 전합니다.

2015년 4월

죄한규

차례

1

# 빌립보서
## 1장 1-11절

1 그리스도 예수의 종 바울과 디모데는 그리스도 예수 안에서 빌립보에 사는 모든 성도와 또한 감독들과 집사들에게 편지하노니 2 하나님 우리 아버지와 주 예수 그리스도로부터 은혜와 평강이 너희에게 있을지어다 3 내가 너희를 생각할 때마다 나의 하나님께 감사하며 4 간구할 때마다 너희 무리를 위하여 기쁨으로 항상 간구함은 5 너희가 첫날부터 이제까지 복음을 위한 일에 참여하고 있기 때문이라 6 너희 안에서 착한 일을 시작하신 이가 그리스도 예수의 날까지 이루실 줄을 우리는 확신하노라 7 내가 너희 무리를 위하여 이와 같이 생각하는 것이 마땅하니 이는 너희가 내 마음에 있음이며 나의 매임과 복음을 변명함과 확정함에 너희가 다 나와 함께 은혜에 참여한 자가 됨이라 8 내가 예수 그리스도의 심장으로 너희 무리를 얼마나 사모하는지 하나님이 내 증인이시니라 9 내가 기도하노라 너희 사랑을 지식과 모든 총명으로 점점 더 풍성하게 하사 10 너희로 지극히 선한 것을 분별하며 또 진실하여 허물 없이 그리스도의 날까지 이르고 11 예수 그리스도로 말미암아 의의 열매가 가득하여 하나님의 영광과 찬송이 되기를 원하노라

# 01 빌립보에 사는 모든 성도

## 그리스도 예수 안에서의 성도의 의무

바울은 바나바와 1차 전도여행 때 주의 말씀을 전했던 도시로 2차 전도여행을 가서 그곳의 그리스도인들을 격려하려고 했습니다. 그러나 그 계획은 무산되고 말았습니다. 1차 전도여행 중 전도 팀이 밤빌리아에 있는 버가에 이르렀을 때, 바나바의 사촌동생 마가 요한이 팀을 떠나 예루살렘으로 돌아가 버린 일이 있습니다. 이것이 바울에게 큰 충격을 주었습니다. 그래서 바울과 바나바가 2차 전도여행을 계획할 때 바나바는 마가를 데리고 가자고 하고, 바울은 그럴 수 없다고 했습니다. 이 일로 두 사람은 심한 언쟁까지 했습니다. 결국 바울과 바나바는 함께 떠나지 못했습니다. 바나바가 마가를 데리고 1차 전도여행 때 다녔던 도시를 돌아보기 위해 안디옥에서 아래쪽인 구브로 섬으로 떠나는 바람에, 바울은 실라와 안디옥에서 위쪽인 길리기아로 떠났습니다.

바울 일행의 사역으로 여러 교회가 믿음이 더 견고해졌고, 그리스도인도 점점 늘어났습니다. 그런데 성령님께서 바울에게 지금의 터키 중남부 지방인 소아시아에서 말씀을 전하지 못하게 하셨습니다. 그래서 바울 일행은 터키 북부 지방인 비두니아로 가려 했지만 성령님은 그것도 허락하지 않으셨습니다.

바울은 자신의 입신양명을 위해 안디옥교회의 파송을 받은 것이 아닙니다. 부를 축적하기 위해 안디옥을 떠난 것은 더더욱 아닙니다. 그는 오직 주의 복음을 전하기 위해 원근 각처를 다녔고, 온갖 박해와 위험이 가로막을지라도 주저하지 않았습니다. 그런데 성령님께서 복음 전하는 것을 막으셨고, 바울은 거기에 순종했습니다.

이 일은 우리의 삶과 신앙에 중요한 교훈을 줍니다. 우리의 삶에 주님을 위한 열심도 중요하고, 많은 결과를 내는 것도 중요하지만, 더 중요한 것은 매순간 주님의 인도하심에 순종하는 것입니다. 축구 감독이 선수의 기량이 뛰어나다고 해서 그를 신뢰하고 중용하는 것은 아닙니다. 선수가 골을 많이 넣는다고 해서 무조건 선발로 뛰게 하는 것도 아닙니다. 감독에게 가장 필요한 사람은 작전을 잘 수행해 내는 선수입니다. 그래야 팀 전체가 유기적으로 움직일 수 있고, 승리할 수 있기 때문입니다.

신앙도 마찬가지입니다. 그래서 하나님께서는 순종이 제사보다 낫고, 듣는 것이 숫양의 기름보다 낫다고 말씀하셨습니다.

마침내 바울 일행이 무시아에서 드로아로 내려갔을 때, 밤에 환상 중에 한 마게도냐 사람이 "마게도냐로 건너와서 우리를 도와주십시오"라고 청하는 것을 보고, 그 환상이 하나님의 인도하심임을 확신하며 바울은 빌립보로 향하게 되었습니다.

빌립보의 본래 지명은 '작은 우물들'을 뜻하는 크레니데스Krenides였

합당하게 생활하라

는데, BC 365년 알렉산더 대왕의 아버지인 마케도니아의 왕 빌립 2세가 이곳을 정복하고, 자신의 이름을 따라 빌립보라고 명명했습니다. 그후 BC 168년에 빌립보는 로마에 점령되어 로마제국의 속주가 되었습니다. 그리고 BC 42년 로마에 내전이 일어나 옥타비아누스와 안토니우스의 군대가 브루투스와 카시우스의 연합군을 물리치고, 그 전쟁에서 공을 세운 군인들의 상당수를 이곳 빌립보에 정착시켰습니다. 로마의 내전은 옥타비아누스와 안토니우스의 전쟁으로 이어졌는데, BC 31년 옥타비아누스가 악티움 해전에서 안토니우스와 클레오파트라 연합군을 물리치면서 종식되었습니다.

황제에 오른 옥타비아누스는 스스로 '아우구스투스'라는 칭호를 취하고, 해산시킨 안토니우스의 군인들과 자신의 제대군인들을 빌립보에 정착시켰습니다. 그리고 그들도 이탈리아 반도의 로마 시민처럼 로마법의 적용을 받게 했습니다. 이것은 식민지 시민이 누리는 최고의 혜택이었습니다. 그들은 로마 시민으로서 채찍으로 맞는 형벌이나 현행범이 아닌 경우에는 체포되는 것이 면제되었고, 로마 황제에게 직접 상소할 수 있는 권리도 있었습니다.

이는 빌립보 사람들에게 대단한 자부심을 주었고, 그들은 로마에 사는 사람들보다 더 로마인처럼 살아가려고 했습니다. 바울 일행이 빌립보에서 귀신 들려 점치던 소녀(여종)를 고쳐 주자, 그 소녀의 주인들이 바울 일행을 관리들에게 끌고 가서 이렇게 외쳤습니다.

■    로마 사람인 우리가 받지도 못하고 행하지도 못할 풍속을 전한다 하거늘(행 16:21)

자기들은 존귀한 로마 시민이기 때문에, 천박한 유대인들이나 믿는 것은 받아들일 수 없다는 의미입니다. 우리나라에 복음이 전해진 지 얼마 되지 않았을 때, 선교사들이 땀 흘리며 테니스를 치니까 양반들이 혀를 차면서 "저렇게 힘든 것은 아랫것들 시키면 되지, 왜 저렇게 뛰어다니면서 땀을 흘리나?"라고 했다 합니다. 그것이 당시 가치관으로는 받아들이기 어려운 일이었듯이, 로마의 가치관을 가진 사람에게 십자가에 달린 죄수가 인간의 죄를 대신 진 하나님의 아들이라는 것을 받아들이기란 정말 어려운 일이었을 것입니다.

이러한 가치관을 가진 사람들에게 성령님은 바울을 보내셨습니다. 바울은 두 번씩이나 다른 길로 인도하심을 받아 빌립보에 이르게 되었습니다.

그런 성령님의 인도하심이 있었다면, 바울 일행이 빌립보에 도착했을 때, 그곳에는 복음을 듣기 원하는 수많은 사람들이 모여 있을 것으로 생각하기 쉽습니다. 바울이 입을 열자마자 주님을 영접하는 사람들이 수없이 많았으리라 생각될 수도 있습니다. 그러나 그곳에서 바울을 기다리는 사람은 아무도 없었습니다.

바울은 가는 도시들마다 회당을 찾았습니다. 회당에는 유대교에 관심 있는 이방인들이 뒤쪽에 있었는데, 그들에게 복음을 전하곤 했습니다. 그러나 빌립보에는 회당이 하나도 없었습니다.

안식일이 되자 바울은 '기도하는 곳'을 찾아 강가로 나갔습니다. 당시 유대인들은 성인 남자 열 명이 있으면 회당을 지을 수 있었습니다. 열 명이 되지 않으면 기도하는 곳을 정해서 그곳에서 모였습니다. 바울은 회당은 고사하고 기도하는 곳이라도 있을까 해서 나가 보았지만 남자는 한

합당하게 생활하라

명도 없고, 소수의 여자들만 있었습니다.

기도하는 곳에 있던 사람들 중에, 두아디라 성 출신의 자색 옷감 장사 루디아라는 여인만 바울이 전하는 말씀에 귀 기울여 들었습니다.

얼마 후, 또 기도하는 곳으로 가다가 귀신 들려 점치던 소녀를 만나서 그를 고쳐 주었지만 바울과 실라는 많은 매를 맞고 차꼬에 차여 투옥되었습니다. 그곳에서 그들이 기도하고 찬송했더니 지진이 나서 옥터가 움직이고, 옥문이 다 열리고, 죄수들을 매고 있던 것들이 모두 풀렸습니다. 잠에서 깬 간수는 사태의 심각성을 직감하고 자결하려 했습니다. 그때 바울은 "우리가 모두 그대로 있으니 스스로 해치지 마십시오"라고 소리질렀습니다. 간수는 바울과 실라 앞에 엎드려 물었습니다. "선생님들, 내가 어떻게 해야 구원을 받겠습니까?" 그러자 바울과 실라는 "주 예수를 믿으십시오. 그러면 그대와 그대의 집안이 구원을 얻을 것입니다"라고 말했습니다. 그 밤에 그 간수와 가족들은 세례를 받았습니다. 두아디라 출신의 자색 옷감 장사 루디아, 귀신 들려 점치던 소녀, 빌립보 감옥의 간수와 가족들은 빌립보교회의 초기 구성원이었습니다.

바울은 지금 로마의 감옥에서 이 편지를 쓰고 있습니다. 빌립보교회가 세워진 때와 이 편지를 쓰는 때는 10~15년의 간격이 있습니다. 빌립보서는 우리가 환경에 함몰되지 않고 언제 어디서나 그리스도인의 삶을 살게 하는 좌표와 같은 말씀입니다. 역사상 어느 때나 세상이 그리스도인들을 짓누르려 하지 않은 때가 없지만, 특히 오늘날은 더욱 그러합니다.

오늘 본문 1절이 이렇게 시작합니다.

■　　　그리스도 예수의 종 바울과 디모데는

우리는 편지 쓸 때 '…에게'라고 수신자를 먼저 쓰지만, 당시에는 발신자를 먼저 썼습니다. 그런데 바울은 자신과 동역자 디모데를 '그리스도 예수의 종'이라고 쓰는 것을 주저하지 않습니다. 지금은 신분제도가 없기 때문에 '종'이라는 단어를 들어도 그리 혐오스럽게 다가오지 않지만 당시는 그렇지 않았습니다. '종'이라 번역된 '둘로스doulos'라는 말은 '묶다'와 '올가미에 걸다'에서 온 말입니다. 그래서 '종'보다는 '노예'라는 단어가 더 적절한 번역입니다. 당시 이런 말이 있었습니다. "노예와 당나귀는 똑같다. 다른 점이 있다면 노예는 말을 할 줄 알고, 당나귀는 말을 할 줄 모른다는 것이다."

빌립보 사람들은 자신들이 로마 시민이자 자유민인 것을 그토록 자랑스럽게 여겼지만 바울은 자신을 '그리스도의 노예'로 여겼습니다. 그러나 2천 년이 지난 지금, 로마 시민권을 가진 것과 자유민인 것을 과시했던 사람, 전쟁에서 혁혁한 공을 세워 군복에 훈장이 달려 있음을 자랑했던 사람, 빌립보의 상권이 자기 손아귀에 있음을 큰소리쳤던 부자, 빌립보 최고의 석학이라며 주목받던 학자 등등의 사람을 우리는 아무도 알지 못합니다. 우리가 아는 사람은 자신을 노예라고 표현했던 바울입니다. 그것은 바울이 영원한 존재이기 때문이 아니라 그가 주인으로 삼았던 예수 그리스도가 영원하시기 때문입니다. 유한한 것을 붙잡던 사람들은 그것들이 스러질 때 함께 사라지고, 영원한 분을 붙잡은 사람만 영원합니다. 다시 1절입니다.

■　　그리스도 예수의 종 바울과 디모데는 그리스도 예수 안에서 빌립보에 사는 모든 성도와 또한 감독들과 집사들에게 편지하노니

　　　　　　　　　　合당하게 생활하라

바울과 디모데는 이 편지를 '빌립보에 사는 모든 성도에게' 보낸다고 합니다. 감독들과 집사들은 빌립보교회에서 책임을 맡아 섬기던 사람들로 여겨집니다. 그래서 그들 역시 성도에 포함되는 사람들입니다.

'성도聖徒'는 문자 그대로 '거룩한 무리'입니다. 성경에서 말하는 '거룩하다'는 단어의 의미는 '구별하다'입니다. 특별히 '하나님께 속하기 위해 구별하는 것'입니다.

새찬송가에는 645곡의 찬송가가 있습니다. 그중에서 대부분의 그리스도인에게는 저마다의 사연과 함께 특별히 좋아하고 잘 부르는 찬송가들이 있습니다. 제게도 감동이 되었던 찬송가들이 있습니다. 그중에서도 특히 마음이 많이 가는 찬송가가 있습니다. 622장 〈거룩한 밤〉인데, 1절 가사가 이렇습니다.

■ **거룩한 밤 별빛이 찬란하다 우리 주 예수님 나신 이 밤/ 오랫동안 죄악에 얽매여서 헤매던 우리 위해 오셨네/ 온 땅이 주의 나심 기뻐하며 희망의 아침 밝아오도다/ 무릎 꿇고 천사와 화답하라 오 거룩한 밤 주님 탄생 하신 밤/ 이 밤 거룩한 밤 거룩한 밤**

특별히 사연이 있는 것도 아닌데, 이 찬송을 가만히 부르거나 들으면 언제나 가슴이 아리고, 저미는 듯하고, 깊은 감사가 느껴집니다.

이 찬송가 마지막 부분의 '이 거룩한 밤'에 해당하는 영어 가사가 'Oh Night divine'입니다. 'divine'은 '하나님의 속성'이나 '하나님으로부터 온 것'을 가리킬 때 쓰는 말입니다. 그러니까 성탄의 밤은 겉으로 보기에는 역사 속의 한 날에 불과하지만 그 밤은 하나님께서 인류를 구하시기 위해 영원하신 당신의 아들을 십자가의 제물로 세상에 보내시는 밤이기 때문에 'divine night, 거룩한 밤, 구별된 밤'이 되는 것입니다.

우리 모두 하나님께서 구별하신 밤에 보내신 예수 그리스도를 믿기에 우리도 성도, 즉 구별된 무리입니다. 그래서 빌립보서는 하나님께서 바울을 통해 빌립보교회에 주시는 말씀일 뿐만 아니라 우리에게도 주시는 말씀입니다. 다시 1절입니다.

■　　　그리스도 예수의 종 바울과 디모데는 그리스도 예수 안에서
　　　　빌립보에 사는 모든 성도와 또한 감독들과 집사들에게 편지하
　　　　노니

바울은 이 편지의 수신자가 '빌립보에 사는 모든 성도'라고만 하지 않고, '그리스도 예수 안에서 빌립보에 사는 모든 성도'라고 합니다. 빌립보에 사는 사람들이 성도가 될 수 있었던 것은 그들이 '그리스도 예수 안에' 있었기 때문입니다. 그리스도인이 아니었을 때 그들은 '그리스도 예수 밖에' 있었고, 자신들의 야망이나 욕망대로 살다가 사라질 '아담 안에' 있었습니다. 우리도 동일합니다. 그리스도인이 아니었을 때는 '그리스도 예수 밖에' 있었고, '아담 안에' 있어서 눈에 보이는 것이 전부요, 세상의 가치관을 따라 사는 것이 지혜라고 생각했던 존재들입니다.

그런데 오늘 본문을 묵상하다 이런 깨달음이 있었습니다. 1절이 이렇게 읽혔습니다. "빌립보에 사는 성도님들, 빌립보에 사는 사람들은 '로마 안에' 있어서 자신들이 시저 황제의 시민인 것을 그렇게 자랑스럽게 여기고, 자기들을 '로마 안에' 있게 하기 위해 로마에 사는 사람들보다 더 로

　　　　　　　　　　　　　合당하게 생활하라

마인처럼 살아가려 하지 않습니까? 로마 복장을 하고, 로마 사람들이 먹는 음식을 먹고, 자식들에게 로마의 정신과 로마의 학문을 가르치지 않습니까? 그러나 여러분은 '로마 안에' 있지 않고 '그리스도 안에' 있다는 것을 잊지 마십시오. 빌립보에서 성도답게 살아갈 여러분들에게 그리스도 예수의 노예가 된 바울과 디모데는 이 편지를 보냅니다."

우리나라 인구의 절반가량은 대한민국의 심장부인 서울과 수도권에 살고 있습니다. 서울과 수도권에는 대한민국의 정치, 경제, 행정, 사법, 외교, 교육, 문화 등 거의 모든 것이 집중되어 있습니다. 사람들은 이곳에서 살아남기 위해 수단과 방법을 가리지 않고 발버둥 칩니다. 그런 우리에게 하나님께서는 바울을 통해 우리가 '서울이나 수도권, 대한민국의 가치관 안에' 있지 않고 '그리스도 예수 안에' 있다고 이 편지를 보내셨습니다. 우리는 어디 있든지 '그리스도 예수 안에서' 성도로 살아갈 의무가 있습니다.


동물행동학자로 널리 알려진 최재천 교수의 《알이 닭을 낳는다》(2001)라는 책이 있습니다. 이 책에 이런 일화가 있습니다. 저자는 하버드대학교에서 생물학 박사학위를 받았습니다. 그가 하버드대학교에서 공부할 때의 일입니다. 그와 동료들은 지도교수 윌슨 박사가 학위 과정에 있는 학생들을 위해서는 이렇다 할 강의 하나 개설하지 않고, 인문·사회과학 분야 학생들을 위한 교양강좌에만 열심인 것을 매우 못마땅해했습니다. 그것을 참고 있던 어느 날 누군가가 그의 목에 방울을 달겠노라며 정면으로 이의를 제기했습니다. 그때 윌슨 박사가 이렇게 답했습니다.

"자연과학계 학생들에게 자연에 대해 강의하는 것은 분명히 의미 있는 일입니다. 그러나 인문·사회계 학생들에게 과학을 가르치는 일도 그에 못지않게 중요합니다. 그들 중에 장차 이 나라 과학기술 정책을 세우고 집행하는 사람들이 나올 확률이 크기 때문입니다."

그 말에 저자가 충격을 받고 가슴에 새겼습니다. 그 글은 이렇게 이어집니다. "나도 금년부터 전체 학생들을 대상으로 교양강좌를 시작했습니다. 옛 스승의 말을 명심하며 열심히 할 생각입니다. 적어도 내 강의를 듣고 훗날 염색공장 사장이 된 학생은 비가 조금 많이 온다고 해서 폐수를 슬쩍 흘리는 일일랑 하지 않을 거라는 믿음으로 가르치고 있습니다. 슬며시 그런 제안을 해오는 사원이 있다 할지라도 그는 공장 옆을 흐르는 냇물에 사는 민물고기들의 구애행위며 새끼 기르기에 대해 이야기해 줄 것입니다. 열심히 가르치다 보면 언젠가는 자연도 저절로 보호되는 날이 올 것입니다."

저도 믿습니다.

지금은 한국 교회가 손가락질 받고, 빛과 소금은커녕 정화의 대상이라 치부되고 있지만, 또 그리스도인의 형편없는 삶으로 인해 주님의 이름이 모욕받고 있어서 가슴이 찢어지지만, 저는 성도님들이 자신이 서 있는 곳에서 하나님의 말씀이 진리인 것을 삶으로 증명하며 살아가실 것을 기대합니다. 예배를 생활화하고, 생활을 예배화하며, 강하고 담대함으로 하나님을 기다리며, 자신을 부인함으로 삶을 거룩하게 가꾸며 살아갈 것을 믿습니다.

기업가는 기업에서, 직장인과 공무원은 일터에서, 주부는 가정에서, 학생은 학교에서, 그리고 우리 모두가 '서울 안에서'나 '수도권 안에서', '대한민국 안에서'가 아니라 '그리스도 예수 안에서', '성도'의 삶을 살아가다 보면, 하나님께서 우리를 통해 한국 교회와 대한민국을 맑히고 밝혀 주실 것입니다. 지금 어디 계시든지 성도로 살아 주시겠습니까?

합당하게 생활하라

하나님 아버지!

오늘부터 빌립보서 말씀을 나눌 수 있게 해주심을 감사합니다. 2천 년 전 빌립보에 사는 사람들은 자신들이 로마 시민인 것과 자유민인 것을 아주 자랑스럽게 여겼습니다. 그들은 로마제국의 공신이었기 때문에 자부심도 컸습니다. 그러나 지금 우리는 그들을 아무도 알지 못합니다. 그들은 로마제국이 사라질 때 함께 스러지고 말았습니다. 하지만 스스로를 노예라고 표현하기를 주저하지 않은 바울은 우리가 잘 알고 있습니다. 그 역시 로마 시민이었기 때문에 많은 것을 누릴 수 있었지만 그러한 것들을 붙들지 않고 영원하신 그리스도의 노예가 되었기 때문입니다.

100년, 200년이 지나면 우리 대부분은 후손들이 우리가 이 땅에 살았는지도 모르는 존재가 될 것입니다. 그러나 우리가 영원하신 하나님, 죽음 이후에도 우리를 영원토록 책임져 주실 수 있는 예수 그리스도를 붙들면 우리는 영원히 주님께 기억되는 존재가 될 것입니다. 우리 모두가 유한한 존재로 살아가면서 주님의 종으로 살아가기를 주저하지 않게 해주옵소서.

또한 비록 누가 알아주지 않더라도 우리가 무엇을 하든지 삶의 자리에서, 그리스도 예수 안에서 성도의 삶을 살아가게 해주옵소서. 그리하여 우리의 삶을 통해 하나님의 말씀이 진리인 것이 증명되고, 한국 교회와 대한민국이 정화되게 하옵소서. 예수님 이름으로 기도드립니다.

아멘.

# 02 은혜와 평강

## 신앙의 출발점과 종착점

빌립보 지방에서 복음을 전하는 것은 바울의 계획에는 전혀 없던 일이었습니다. 2차 전도여행을 앞두고 마가(요한) 때문에 일어난 바나바와의 심한 언쟁은 더 이상 그와 함께할 수 없음을 의미했습니다. 바나바는 바울에게 동역자 이전에 은인과도 같은 존재였습니다. 자신이 예수 그리스도를 향해 돌아섰음을 믿어 주는 사람이 아무도 없었을 때 유일하게 믿어 준 사람이 바나바였고, 고향 다소에서 13년 동안이나 칩거하며 인생의 패배자처럼 살아가고 있을 때 안디옥교회에서 동역하자며 불러준 이도 바나바였습니다. 바나바와 마가가 1차 전도 여행지로 떠났기 때문에, 바울은 어쩔 수 없이 실라와 함께 바나바가 떠난 반대편으로 향했습니다.

루스드라에서 디모데를 만나 동행하게 되고, 가는 곳마다 교회들의 믿음이 견고해지며, 그리스도인이 늘어나는 것은 바울에게 주신 하나님의 위로와도 같았습니다. 그러나 성령님께서는 바울 일행이 에베소, 라오디게아, 골로새가 있는 소아시아에서 말씀을 전하지 못하게 하셨습니다. 그래서 비두니아로 향하려 했지만 그것마저도 성령님은 허락하지 않으셨습니다.

바울 일행이 무시아에서 드로아로 내려갔을 때, 밤에 환상을 보게 되었습니다. 마게도냐 사람 하나가 나타나 "마게도냐로 건너와서 우리를 도와주십시오"라고 요청하는 환상이 하나님의 뜻임을 확신한 바울은 빌립보로 향하게 되었습니다.

빌립보는 로마 황제가 전쟁에 공을 세운 신하들에게 하사한 지역이기 때문에 그곳에 사는 사람들 역시 로마 시민권자였고, 로마제국에 사는 사람들과 같은 법과 제도를 가졌습니다. 그래서 빌립보는 '로마제국의 축소판'이었고, 그것은 빌립보 사람들에게 큰 자부심이었습니다. 빌립보교회는 바울이 전하는 말씀을 귀 기울여 들은 자색 옷감 장사 루디아와 귀신 들려 점치던 소녀, 빌립보 감옥의 간수와 그 가족들이 중심이 되어 시작되었습니다.

지금까지의 바울의 삶을 보면 자신의 계획대로 된 것은 하나도 없는 것처럼 보입니다. 바나바와 심한 언쟁을 벌인 일, 실라와 전도여행을 떠난 일, 반쪽 유대인인 디모데에게 할례를 베풀고 동역자로 삼은 일, 소아시아에서 말씀 전하는 것이 막힌 일, 비두니아로 가려던 계획이 무산된 일, 마게도냐 사람의 환상을 본 일, 기도하는 곳에서 만난 자색 옷감 장사 루디아만 자신이 전하는 말씀을 들어준 일, 귀신 들려 점치던 소녀가 교회의 일원이 된 일, 옥에 갇혀 있었는데 지진이 일어나 감옥 문이 열리고, 죄수들을 매고 있던 것이 풀린 일, 자결하려던 빌립보 감옥의 간수와 그 가족들에게 세례를 베푼 일 등은 바울의 생각에는 없던 일이었습니다.

그러나 그 모든 것은 하나님의 보이지 않는 신비한 인도하심이었습니다. 이런 일들이 있었기에 바울이 빌립보교회에 편지를 써 보냈고, 그것을 하나님께서는 성경이 되게 하셨으며, 2천 년이 지난 지금 우리가 이 말씀을 통해 은혜를 누리고 있습니다.

하나님께서 우리를 사랑하고 계심을 확신하고 있음에도 삶에서 전혀 예기치 못했던 일이 일어나거나, 확실해 보였던 계획이 취소되고, 생각지 않던 길을 걷게 된다면 그것은 하나님의 인도하심입니다. 어그러진 것처럼 보일지라도 하나님께서는 우리보다 높은 곳에서 우리를 보시고, 우리를 만들어 가십니다.

가정 경제가 갑자기 어려워지거나, 은퇴할 때까지 아무 문제가 없을 것 같은 직장에서 갑자기 퇴직하게 되었을 때, 자식이나 본인이 원하는 대학이나 학과에 틀림없이 진학할 거라고 생각하고 있었는데 원치 않는 대학에 가거나 재수를 하게 되었을 때, 취직은 따놓은 당상처럼 여기고 있었는데 계속 이력서와 자기 소개서를 써야 할 때, 화목해 보였던 가족관계가 어그러져 어느 매듭부터 풀어야 할지 모를 때 등등입니다. 그런가 하면, 젊은 부부에게 원하지 않던 임신이 되었을 때 부부는 몹시 당황합니다. 그런 아이들은 대부분 '원하지 않던 아이'로 낙인찍힙니다. 부부는 다른 사람들에게도 스스럼없이 '실수로'(?) 낳은 아이라고 농담하기도 합니다. 많은 부부는 그 아이 때문에 자신이 원했던 일을 이루지 못했노라며 원망의 눈길과 곱지 않은 말들을 쏟아 부으며 양육합니다. 그 말을 들은 아이는 평생 눌림을 경험하며 자랍니다. 그러나 부부가 계획하지 않았음에도 하나님께서 아이를 주셨다면 그 아이는 하나님의 특별한 계획이 있는 것입니다. 하나님의 계획을 인간이 무효화시킬 수 없습니다. 그래서 더욱 겸손하게 양육해야 합니다.

합당하게 생활하라

하나님께서는 바울을 통해 우리가 '그리스도 예수 밖에' 있는 존재가 아니며, '아담 안에'나 '로마라는 세속적 가치관 안에' 있지 않고, '그리스도 예수 안에' 있는 구별된 존재, '성도'라고 말씀해 주셨습니다. 하나님께서는 오늘 이렇게 말씀하십니다. 2절입니다.

■    하나님 우리 아버지와 주 예수 그리스도로부터 은혜와 평강이 너희에게 있을지어다

이 말씀은 표면적으로는 인사말입니다. 그러나 이것은 인사를 넘어서 기독교 신앙의 핵심이라 할 수 있습니다.

우리 교회 설립 목적의 하나가 양화진외국인선교사묘원과 한국기독교 순교자기념관을 잘 보전保全하는 것입니다. 양화진외국인선교사묘원에는 복음이 무엇인지 모르던 우리나라 사람들에게 이역만리에서 복음을 전하기 위해 목숨을 아끼지 않고 찾아왔던 선교사들이 묻혀 있습니다. 그래서 양화진외국인선교사묘원은 한국 개신교의 출발점입니다. 반면에 한국기독교순교자기념관에는 일제 강점기나 6·25 동란 등의 때에 신앙의 절개를 지키다 죽임을 당한 신앙선배들이 헌정되어 있습니다. 그래서 그곳은 우리 신앙의 종착점입니다.

'은혜와 평강'에서 '은혜'가 신앙의 출발점이라면, '평강'은 신앙의 종착점과 같습니다. 하나님의 은혜와 주님의 평강이 아니었다면 빌립보서는 기록되지 않았을 것이고, 아니, 바울이라는 존재 자체가 없었을 것이고, 그 이전에 예수 그리스도께서 이 땅에 오심도 없었을 것이고, 하나님께서 이스라엘 자손을 당신의 백성으로 택하시는 일도 없었을 것입니다. 그래서 1-2절은 단순한 인사말이 아니라 빌립보서의 서막이자 핵심이며, 신

앙의 출발과 끝을 잇게 하는 꼭짓점과 같습니다.

　'은혜'는 한마디로 규정하기 어려운 단어입니다. 이 단어와 비슷한 의미가 '아가페―사랑'입니다. 히브리어로 된 구약성경을 헬라어로 최초로 번역한 것을 '70인역 성경'(LXX, Septuagint)이라고 합니다. BC 285~247년까지 이집트 왕이었던 프톨레미 2세는 히브리어 구약성경을 헬라어로 번역해서 그가 자랑하는 알렉산드리아 도서관에 소장하고 싶었습니다. 그래서 왕의 요청에 의해 예루살렘 대제사장이었던 엘르아살은 이스라엘 12지파에서 각 6명씩 모두 72명을 뽑아 두루마리 성경과 함께 이집트로 보냈습니다. 그들이 72일 동안 자신이 맡은 부분을 번역해서 모았다고 하여 '70인역 성경'이라고 합니다.

　인간에게 전혀 자격이 없음에도 베풀어 주시는 하나님의 조건 없는 사랑, 인간의 행위에 상관없이 일방적으로 베푸시는 하나님의 사랑을 뜻하는 헬라어 단어가 당시에는 없었습니다. 그래서 그때 새로 만든 말이 '아가페―사랑'입니다.

　고대에 '사랑'을 뜻하는 다른 단어는 형제 사랑을 뜻하는 '필로스'가 있었고, 이성간의 사랑을 뜻하는 '에로스'도 있었습니다. 필로스는 신약성경에 나오지만 에로스는 나오지 않습니다.

　에로스라는 단어는 왜 신약성경에 한 번도 등장하지 않을까요? 의미가 저속하고, 본능적이고 쾌락적이기 때문일까요? 아닙니다. 정확하게 그 반대의 이유로 사용되지 않았습니다. 지금은 에로스가 성적인 개념, 그것도 정상적이지 않고 퇴폐적인 개념으로 쓰입니다. 그래서 오늘날에는 '색욕적인'이란 의미인 '에로틱erotic'이라는 단어를 많이 사용합니다.

　고대에 에로스는 아주 교양 있고 품위 있게 여겨지는 단어였습니다.

　　　　　　　　　　　　　　　합당하게 생활하라

당시 사람들은 이 단어가 인간을 인간답게 만들어 주고, 문화가 꽃피게 해주며, 세상을 지탱하게 해준다고 믿었습니다. 에로스의 의미는 '대상이 갖는 가치와 아름다움에 끌려서 내 것으로 만드는 것'이었습니다. 공부하는 것도 그 가치 때문에 마음이 끌리는 것이기에 에로스이고, 직업을 갖는 것도 그 일터의 가치로 인해 내 마음이 끌리는 것이라 에로스였습니다. 이성에 대한 에로스도 마찬가지입니다. 상대가 지닌 매력, 아름다움, 훌륭함에 내 마음이 끌리는 것입니다. 그래서 그 이성과 결혼하는 것입니다. 국가에 대한 사랑도 에로스였습니다. 국가는 내 생명을 보호해 주고, 가족과 후손까지 보호해 주는 기관이기 때문에 자신의 생명을 드릴 만한 가치가 있다고 생각한 것입니다.

따라서 이 단어를 하나님의 사랑, 예수 그리스도의 사역에 쓸 수는 없었습니다. 이 말을 쓰는 순간 인간에게 뭔가의 조건, 매력, 가치가 있기 때문에 하나님께서 당신의 아들을 보내셨고, 예수님께서 십자가에서 죽으셨다고 생각할 것이기 때문입니다. 그래서 인간에게는 아무런 가치도, 가능성도, 의미도 없지만 하나님의 일방적인 사랑을 '아가페'라 하자고 해서 지어진 것입니다. 그것이 은혜와 동의어입니다.

'은혜'는 세 가지 의미를 담고 있습니다. 첫 번째 의미는 '값없이 받다'입니다. 값을 치르고 받는 것은 '거래'입니다. 하나님께서 우리에게 베풀어 주시는 것에 값을 치러야 한다면 누가 감당할 수 있겠습니까? 온 세상을 밝고 따뜻하게 비추어서 생명체로 하여금 살아가게 하는 태양빛의 가격은 얼마입니까? 매순간 우리가 호흡하게 해주는 공기에 가격을 매기면 얼마나 됩니까? 우리로 하여금 살아가도록 허락하신 이 지구는 얼마를 주면 살 수 있습니까? 아니, 우리가 이 땅에 태어나는데 생명 값을 지불한다면 얼마면 되겠습니까? 우리가 값없이 받는다고 하는 것은 우리에게는 값을 치를 능력이 없다는 의미입니다. 그래서 전부 그냥 주신 것입니다.

은혜의 두 번째 의미는 '좋은 것을 받다'입니다. 아무리 값없이 받는다 해도 그것이 가치가 없거나 해로운 것이라면 받지 아니함만 못합니다. 또한 하나님께서 우리에게 좋은 것을 주신다는 것은 우리는 좋은 것이 무엇인지 분별할 능력이 없음을 의미합니다. 하나님께서 우리에게 주시는 최상의 것은 하나님 자신이요, 영원한 생명입니다. 하나님께서 우리에게 영원한 생명을 주시기 전에 그것을 먼저 하나님께 구한 사람은 아무도 없습니다. 우리가 그것이 소중함을 알고, 그것을 구하는 존재가 되었다는 것은 하나님께서 이미 우리에게 그것을 주셨음을 의미합니다.

은혜의 세 번째 의미는 '호의로 받다'입니다. 우리에게는 아무런 자격이 없음에도, 우리를 특별히 총애하셔서 주셨다는 의미입니다. 아모스 3장 2절 상반절에 이런 말씀이 있습니다.

■    내가 땅의 모든 족속 가운데 너희만을 알았나니


하나님께서 이스라엘 자손들만 알았다고 하는 것은 그만큼 특별한 관계라는 의미입니다. 남자가 여자에게 사랑을 고백할 때 "나에게 여자는 당신밖에 없어요. 내가 아는 여자는 당신이 전부예요"라고 말하는 것은 자기 집에는 어머니도 없고, 누나나 여동생도 없으며, 자신이 다닌 학교에는 중학교 고등학교는 물론 초등학교에도 남자만 있었으며, 지금 다니는 직장에도 남자 직원만 있다는 의미가 아닙니다. 당신이 나에게 그만큼 소중하다는 뜻입니다. 그렇다고 해서 그 여자가 김태희나 송혜교처럼 예쁘고, 엄친딸이어서 총명하고, 성격도 좋고, 재능까지 겸비했다는 의

합당하게 생활하라

미는 결코 아닙니다. 오히려 다른 사람들은 고개를 갸우뚱거릴 수도 있습니다. 그러나 적어도 자신에게는 이 세상에 그 외에는 그런 사람이 더 이상 존재하지 않는 것처럼 여겨진다는 것입니다.

하나님께서 이스라엘 자손들을 택하신 것은 그들에게 그럴 만한 조건이 있기 때문이 아니었습니다. 그들은 수도 적었고, 목이 곧은 백성이었고, 패역한 무리였습니다. 그러나 하나님께서는 그들에게 호의를 베풀어 주셨습니다. 우리도 마찬가지입니다. 더 나아 보이는 것이 아무것도 없음에도 우리는 하나님의 총애를 받는 사람이 되었습니다. 그래서 우리보다 더 선하고 더 능력 있는 사람들은 여전히 그리스도 밖에서 영원한 소망 없이 살아감에도 우리는 하나님의 은혜 안에 거하는 사람이 되었습니다.

'평강'(평화)은 단지 전쟁이 없는 상태를 의미하는 단어가 아닙니다. 우리나라에 전쟁은 없지만 이 사회가 평화롭다고 하기는 어렵습니다. 아시아에 있는 나라든, 아프리카에 있는 나라든, 유럽에 있는 나라든 세상 어느 곳에 있는 나라든지, 표면적으로 전쟁이 없을지라도 그 나라에 평강이 있다고 할 수 있는 나라는 없습니다. '평강'의 근본적인 의미는 '본래의 온전함'과 '연합함'입니다. 좀더 정확히 말씀드리면, 이전에는 서로 나뉘어 있었고 단절되어 있었는데 이제는 하나가 되었다는 의미입니다.

인간은 본래 하나님과 온전한 연합을 이루어 화평하며 살도록 창조되었습니다. 그러나 아담과 하와의 선악과 사건 이후 하나님과 우리 사이에는 무너뜨릴 수 없는 담이 생겼습니다. 그 담을 예수님께서 화목제물 the sacrifice of peace offerings이 되셔서 무너뜨려 주심으로 우리는 다시 하나님과 연합할 수 있게 되었습니다. 그것이 평강입니다. 로마서 5장 1절은 이렇게 증거합니다.

■    그러므로 우리가 믿음으로 의롭다 하심을 받았으니 우리 주 예
      수 그리스도로 말미암아 하나님과 화평을 누리자

　하나님께서 주셔서 우리 마음에 내재하는 평강도 중요하지만, 더 중요
한 것은 하나님과 교제하는 평강입니다. 하나님께 무엇을 받아서 누리
는 평강보다 하나님과 교제하며 누리는 평강이 훨씬 깊고 넓습니다. 또
한 하나님과 화평한 관계에 있는 사람이 사람과 화평을 이루며 살 수 있
습니다. 하나님과의 화평한 관계가 깨지면 사람과의 화평한 관계도 깨지
고 맙니다. 그래서 우리가 이 땅에서 누리는 최고의 선물은 하나님과 화
평한 관계를 이어가는 것입니다.
　다시 본문 2절입니다.


■    하나님 우리 아버지와 주 예수 그리스도로부터 은혜와 평강이
      너희에게 있을지어다

　바울은 '은혜와 평강이 너희에게 있으라'고 하지 않고 그 앞에 '하나님
우리 아버지와 주 예수 그리스도로부터'라고 긴 수식어를 붙입니다. 은혜
와 평강을 말씀하시는 분이 하나님과 예수 그리스도시라는 것입니다.
　바울이 아무리 위대한 사도라 할지라도 연약하고 한계를 지닌 인간에
불과합니다. 인간이 인간에게 전하는 은혜와 평강은 전부 기원이기 때문
에 아무런 능력이 없습니다. 그러나 하나님의 말씀은 다릅니다. 이 편지
를 보내는 것은 바울이지만, 그것을 말씀이 되게 하시는 이는 하나님입
니다. 그래서 이 말씀은 우리에게 소망이 됩니다.
　또한 바울은 '하나님과'라고만 해도 되는데 '우리 아버지'라는 말을 덧붙

였습니다. 창조주이신 하나님께서 우리 아버지가 된다는 것입니다. '아버지'는 '아빠'와 같은 말입니다. 구약성경의 하나님은 대부분 '왕'의 개념이기 때문에 다스리시는 것이 기본입니다. 예수님께서 이 땅에 오셔서 전한 메시지의 핵심이 '하나님의 나라'였습니다. 그래서 다스림은 똑같습니다. 그러나 예수님은 하나님을 왕이라고 부르라 하지 않으시고, 아버지(아빠)라고 부르라고 하셨습니다. 그래서 그 아빠이신 하나님은 다스리지 않으시고 사랑한다고 하십니다. 아버지이신 하나님을 가장 잘 표현한 것이 누가복음 15장에 나오는, 집 나간 둘째를 기다리는 아버지입니다.

아버지는 자식의 의식주를 나 몰라라 하지 않습니다. 자녀가 신체적·정신적으로 바르게 자라도록 최선을 다해 돕습니다. 혹시 중간에 어긋난 길로 가면 때로는 말로, 때로는 회초리로 훈계합니다. 나중에는 자신의 모든 것을 물려주고 싶어 합니다.

하나님께서 우리를 그렇게 대하십니다. 우리의 필요를 아시고, 바르게 성숙하도록 인도하시며, 엉뚱한 길로 갈 때는 인생 채찍과 사람 막대기로 우리를 훈계하십니다. 그리고 하늘에 속한 모든 복을 주시고, 영생을 주십니다.

우리에게 임한 은혜와 평강은 하나님 아버지뿐만 아니라 '주 예수 그리스도'로부터도 왔습니다. '주'라는 말은 '하나님'을 가리키는 말입니다. 이스라엘 자손들은 하나님의 이름을 부르지 못했습니다. 대신 '아도나이'라고 불렀습니다. 이 단어를 헬라어로 번역하면서 '주―퀴리오스'라고 했습니다. '예수'는 '구원자'이고, '그리스도'는 '기름부음을 받은 자'입니다. 그래서 '주 예수 그리스도'는 '하나님이신 분이 기름부음 받은 나의 구원자'라는 말입니다. 오직 이분만이 우리를 위해 당신의 몸을 찢어 십자가에서 피 흘려 주심으로 우리를 하나님의 자녀가 되게 해주셨습니다. 이 예수 그리스도를 보내 주신 하나님이 우리 아버지가 되심이 얼마나 소망이 되는지 모릅니다.

오래전에 한 여성이 기독교 잡지에 아버지에 대해 기고한 글을 읽어 드리겠습니다.

■ 　어렸을 때 기억으로 공직자였던 아버지는 매우 엄하신 분이었습니다. 육성회비, 학용품 값을 타려면 늘 어머니께서 중간 역할을 해주셨을 만큼 우리 형제들은 아버지를 어려워했습니다. 1980년 5월의 일이었습니다. 나는 광주로 와서 대학생 오빠와 여고 1년생인 동생과 자취하며 학교를 다니고 있었습니다. 그런데 그때 광주민주화항쟁이 일어났습니다. 광주 시내가 긴장된 분위기 속으로 빠져들면서 모든 교통은 제 기능을 잃었고, 시외 전화마저 끊겨 부모님이 계신 고향에 내려갈 수도 없었고, 전화도 드릴 수 없는 상황이었습니다. 그때 고향 쪽에서는 광주민주화항쟁에 대한 온갖 유언비어가 난무해 광주 시내에 있는 대학생은 집 수색을 당해 모조리 잡혀가 죽었다는 말이 떠돌았다고 합니다.

그 말을 듣고 밤잠을 설치신 아버지께서 날이 밝자 고무신이 해어지고도 남을 거리를 걸어서 광주까지 오셨습니다. 오직 자식의 생사를 확인하기 위해서 말입니다. 우리를 찾으러 오시다가 우리가 세 들어 사는 주인집으로 전화를 거신 아버지께서는 신호만 가고 아무도 받지 않자 '무사하지 못하구나'하는 불안 때문에 그곳에서부터는 다리가 후들후들 떨려 발걸음이 떨어지지 않으셨다고 합니다. 전화가 있는 곳에서 우리가 살던 집까지는 세 개의 동을 거쳐야 하는 거리인데 아버지께서는 허약한 발걸음을 재촉해 다시 그 먼 거리를 걸어오신 것입니다.

초인종 소리에 나는 빨래를 하다 말고 대문을 향해 뛰어가면서 "누구세요" 하고 물었습니다. "나다." 뜻밖의 목소리였습니다. 놀라서 대문을 열자 동생도 뒤따라 나왔습니다. "너희들 살아 있었구나." 문이 열리자마자 우리 손을 꼭 잡으시던 아버지. 그리고는 목이 메신지 더 이상 아무 말도 하지 못하셨습니다. 그때 나는 아버지의 눈물을 처음 보았습니다. 아버지의 넘쳐흐르는 눈물에서 그리고 우리 손을 꼭 잡은 따뜻한 손에서, 딱딱한 껍질을 깬 아버지의 진한 사랑이 느껴져 왔습니다.

그때 아버지께서는 먼지로 뒤범벅이 되어 색깔조차 흐려진 하얀 고무신에 낡은 헌 옷 차림이라 우리를 놀라게 했는데, 그날은 그럴 만한 이유가 있었던 것입니다. 광주 시내로 향하는 진입로마다 계엄군이 지키고 있어서 시내로 들어오고 나가는 데 어려움이 있으리란 판단에 과감히 양복을 벗어 버리고 가난한 시골 농부의 모습으로 변장하신 것입니다. 사랑하는 자식들을 위해 수십 년 동안 흐트러짐이 없던 체면을 한순간에 내던진 아버지. 오월이 가까워질 때마다 그때 아버지의 모습이 많이 생각납니다. 자식을 찾아 그 먼 길을 찾아오신 발자국 수만큼이나 먼지로 뒤범벅되어 빛을 잃고 있었던 아버지의 하얀 고무신. 말이 없으나 항상 따뜻한 분이었으며 이해하지 못하는 것 같으나 위급한 때 목숨을 걸어 주시는 보호자였으며, 자식을 위해 필요할 때는 평생 공직자로 굳은 모든 허물을 한순간 벗어 버릴 줄 아는 고무신 같은 어른. 아! 나의 아버지.

유한한 육신의 우리 아버지도 자녀를 사랑하며, 위급한 상황에 자녀를 보호하고, 자녀의 평강을 확인하기 위해 목숨을 겁니다. 하물며 하늘에 계신 하나님 아버지이시겠습니까? 하나님께서 형편없는 우리를 사랑하시고 포기하지 않으시며, 당신의 아들을 보내서 십자가에 죽게 하기까지 우리에게 은혜를 베푸셨습니다. 그래서 우리는 오늘도 하나님과 평화를 누리며 살고 있습니다. 하나님 우리 아버지와 주 예수 그리스도로부터 오는 은혜와 평강이 성도님들께 있기를 빕니다.

---

하나님 아버지!

우리는 하나님이 어떤 분이신지 몰랐고, 영원한 가치가 있는 것이 무엇인지 깨닫지 못하는 존재였음에도 우리를 총애하여 주시고 은혜를 베풀어 주셔서 감사합니다. 하나님의 그 내리사랑이 오늘 우리가 있도록 만들었음을 고백합니다. 또한 주님께서 화목제물이 되어 주심으로 우리가 하나님과 화평한 관계에 있게 해주심도 감사합니다.

그렇기 때문에 우리가 이 땅을 살아가면서 교만하지 않게 하시고, 우리의 출발이 어떠하였는지 잊지 않게 해주옵소서. 때로 인생이 생각이나 계획과 다르게 흘러갈 때도 하나님의 인도하심을 의심하지 않게 해주옵소서. 육신의 아버지가 위기에 처한 자식을 위해 체면을 버리고 찾아가는 것도 큰 감동이 됩니다. 하지만 주님께서는 우리에게 영원한 생명을 주기 위해 온갖 고

합당하게 생활하라

난과 수치를 당하시고, 십자가에 죽어 주기까지 하셨습니다. 이 은혜가 우리 평생의 감격이 되게 하옵소서.

또한 세상과 화평한 관계를 유지하려다 하나님과의 관계를 서먹하게 만드는 어리석음을 범치 않게 하시고, 하나님과의 관계를 뒤틀어 놓고도 그것이 눈에 잘 드러나지 않는다고 가면을 쓰고 사는 일도 없게 하여 주옵소서. 오직 우리의 평생이 은혜와 평강이라는 꼭짓점 위에 있게 하옵소서. 예수님 이름으로 기도 드립니다.

아멘.

# 03

## 나의 하나님께 감사하며

**가난한 날의 행복**

살아가다 문득 지나온 과거의 한 사건을 기억에 떠올리며 미소 지을 때가 있습니다. 미소 짓게 하는 과거의 그 일은 비록 오늘이 힘들다 할지라도 용기를 갖게 해주는 촉진제와 같고, 오늘이 풍부하다 할지라도 교만하지 않게 해주는 억제제와 같습니다.

제가 중학교 때 국어 교과서에 실린 수필 중에 김소운 선생의 '가난한 날의 행복'이라는 것이 있었습니다. 가난한 부부 세 쌍의 실화를 하나로 모은 옴니버스 형식의 수필입니다. 내용은 이렇습니다.

첫 번째는 남편은 실직하여 집에 있고, 아내는 집에서 가까운 회사에 다니는 가난한 신혼부부의 이야기입니다.

어느 날 아침, 아내는 쌀이 떨어져서 아침을 굶고 출근했습니다. 출근하는 아내에게 남편은 이렇게 말했습니다.

"어떻게든지 변통을 해서 점심을 지어 놓을 테니, 그때까지만 참으오."

마침내 점심시간이 되어 아내가 집에 돌아와 보니, 남편은 보이지 않고 방 안에는 신문지로 덮인 밥상이 놓여 있었습니다. 아내는 조용히 신문지를 걷었습니다.

상 위에는 따뜻한 밥 한 그릇과 간장 한 종지가 있었습니다. 쌀은 어떻게 구했지만, 찬까지는 마련할 수 없었던 모양이었습니다. 아내는 수저를 들려다가 문득 상 위에 놓인 쪽지를 보았습니다.

'왕후王侯의 밥, 걸인乞人의 찬……. 이걸로 우선 시장기만 속여 두오.'

낯익은 남편의 글씨였습니다. 순간 아내는 눈물이 핑 돌았습니다. 왕후가 된 것보다도 행복했고, 만금萬金을 주고도 살 수 없는 행복감에 가슴이 부풀었습니다.


두 번째는 역시 가난한 시인 부부의 젊은 시절 이야기입니다.

어느 날 아침, 남편은 세수를 하고 들어와 아침상을 기다리고 있었습니다. 그때, 시인의 아내가 쟁반에다 삶은 고구마 몇 개를 담아 들고 들어와 말했습니다.

"햇고구마가 하도 맛있다고 아랫집에서 그러기에 우리도 좀 사왔어요. 맛이나 보셔요."

남편은 본래 고구마를 좋아하지 않았고, 식전食前에 그런 것을 먹는 게 왠지 부담스럽게 느껴졌지만, 아내를 대접하는 뜻에서 그중 제일 작은놈을 하나 골라 먹었습니다. 그리고 쟁반에 함께 놓인 홍차도 마셨습니다.

아내가 웃으며 또 이렇게 권했습니다.

"하나면 정이 안 간대요. 한 개만 더 드셔요."

남편은 마지못해 또 한 개를 먹었습니다. 어느새 나갈 시간이 가까워지자 남편은,

"인제 나가 봐야겠소. 밥상을 들여요" 하고 재촉했습니다.

"지금 잡숫고 있잖아요. 이 고구마가 오늘 우리 아침밥이에요."

"뭐요?"

남편은 비로소 집에 쌀이 떨어진 줄을 알고, 무안하고 미안하여 얼굴이 화끈거렸습니다.

"쌀이 없으면 없다고 왜 좀 미리 말을 못하는 거요? 사내 봉변逢變을 시켜도 유분수지." 뿌루퉁해서 한 마디 쏘아붙이자, 아내가 대답했습니다.

"저의 작은아버님이 장관이셔요. 어디를 가면 쌀 한 가마 없겠어요? 하지만, 긴긴 인생에 이런 일도 있어야 늙어서 얘깃거리가 되잖아요."

잔잔한 미소를 지으며 이렇게 말하는 아내 앞에서 아무 말을 하지 못했지만 가슴 속에는 형언 못할 행복감이 밀물처럼 밀려왔습니다.


세 번째는 어느 중로中老의 여인이 들려준 것인데, 그 여인의 젊을 때 이야기입니다.

남편의 거듭된 사업 실패로, 이 부부는 가난에 빠지고 말았습니

합당하게 생활하라

다. 남편은 다시 일어나 사과 장사를 시작했는데, 서울에서 사과를 실고 춘천에 가서 넘기고 약간의 이윤을 남기는 것이었습니다. 그런데 한번은, 춘천으로 떠난 남편이 이틀이 되고 사흘이 되어도 돌아오지 않았습니다. 당일 돌아오지는 못해도, 이틀째에는 틀림없이 돌아오는 남편이었습니다. 아내는 기다리다 못해 닷새째 되는 날 남편을 찾아 춘천으로 떠났습니다.

춘천에만 가면 만나리라 생각했는데, 막상 도착하고 보니 정말 막막했습니다. 아내는 여관이라는 여관은 모두 뒤졌지만 찾지 못하고, 그날 밤을 여관에서 뜬눈으로 지새웠습니다. 이튿날 아침, 문득 남편의 친한 친구가 도청에서 일한다는 것이 생각나서 그곳으로 가다가 혹시나 하고 정거장에 들렀더니, 매표구 앞에 늘어선 줄 속에 남편이 서 있었습니다. 아내는 너무 반갑고 원망스러워 말이 나오지 않았습니다. 빌린 트럭에다 사과를 실고 춘천으로 떠난 남편은, 가는 길에 사람을 몇 태웠다고 했습니다. 그런데 그들이 사과 가마니를 깔고 앉는 바람에 사과가 상해서 제값을 받을 수 없었습니다. 꼭 이윤을 남겨야 했기 때문에 남편은 친구 집에 기숙하면서, 시장에 자리를 구해 사과를 직접 팔아 어젯밤에야 겨우 다 팔았다고 했습니다. 당시는 8·15 직후여서 전보 치는 것도 쉽지 않은 시절이었습니다.

함께 춘천을 떠나 서울로 향하는 차 속에서 남편은 아내의 손을 꼭 쥐었습니다. 당시에는 경춘선이 세 시간 넘게 걸렸는데, 남편은 한 번도 아내의 손을 놓지 않았습니다. 아내는 한 손을 남편에게 맡긴 채 너무도 행복해서 그저 황홀에 잠길 뿐이었습니다.

하지만 그 남편은 6·25 때 죽었다고 합니다. 혼자 된 여인은 어린 자녀들을 키우기 위해 모진 세파世波와 싸워야 했습니다.

그 여인은 조용히 웃으며 이렇게 말을 맺었습니다.

"이제 아이들도 다 커서 대학엘 다니고 있으니, 그이에게 조금은 면목이 선 것도 같아요. 제가 지금까지 살아올 수 있었던 것은 춘천서 서울까지 제 손을 놓지 않았던 그이의 손길, 그것 때문일지도 모르지요."

힘들고 어려웠을지라도 이런 아름다운 추억은 사람을 행복하게 만들어 줍니다.


## 신앙에서의 가난한 날의 행복

신앙에도 동일하게 적용됩니다. 하나님께서 동행하시고, 역사하셨던 아름다운 신앙의 기억을 떠올리는 것은 우리를 미소 짓게 합니다. 현재의 상황이 활짝 핀 꽃밭에 있다면 그 기억은 그 꽃밭을 비추는 햇살과 같고, 칠흑 같은 어둠 속에 있다면 그 기억은 한 줄기 빛과 같아서 다시 마음을 다지게 합니다.

빌립보서를 기록하는 바울에게도 동일한 신앙의 역사가 있었습니다. 오늘 본문 3절이 이렇게 증거합니다.


■　　내가 너희를 생각할 때마다 나의 하나님께 감사하며


빌립보서 1장 1-2절은 표면적으로는 당시 서신 형식의 서론이자 인사말이지만 실상은 기독교 신앙의 핵심이라고 말씀드렸습니다. 특히 '은혜'

가 신앙의 출발점이라면, '평강'은 신앙의 종착점과 같다고 했습니다.

우리말은 영어 같은 서양 언어와는 어순이 다릅니다. 그래서 3절 가장 뒤에 있는 '감사하며'(I thank)가 서양 언어는 물론 헬라어에도 가장 먼저 나옵니다. 시제는 현재형입니다. 인사를 끝낸 바울의 첫 마디가 '감사하다'입니다. 하지만 바울은 지금 외형적으로는 감사할 상황이 아닙니다. 그는 로마로 끌려와 투옥되어 있습니다. 그가 세운 교회나 복음을 전했던 그리스도인들에게 할 수 있는 거의 유일한 일이 편지 쓰는 것입니다. 그럼에도 '감사하며'로 말문을 여는 것은 바울의 신앙의 태도가 '감사'였음을 의미합니다.

바울이 이 편지를 쓰고 있는 지금의 상황은 빌립보교회를 시작할 때와 비슷합니다. 성령님께서는 바울 일행이 소아시아에서 말씀을 전하지 못하게 하시고, 비두니아로 가려는 것도 막으셨습니다. 그런 중에 마게도냐 사람이 "건너와서 도와주십시오"라고 말하는 환상을 보고 빌립보로 왔습니다. 그러나 바울 일행을 기다리고 있는 사람은 아무도 없었습니다. 귀신 들려 점치는 소녀를 고쳐 주었는데, 그다음에 기다리고 있었던 것은 심하게 매질을 당하는 것과 투옥됨이었습니다. 사도행전 16장 23-25절이 이렇게 증거합니다.

■ 많이 친 후에 옥에 가두고 간수에게 명하여 든든히 지키라 하니 그가 이러한 명령을 받아 그들을 깊은 옥에 가두고 그 발을 차꼬에 든든히 채웠더니 한밤중에 바울과 실라가 기도하고 하나님을 찬송하매 죄수들이 듣더라

바울과 실라는 감옥 안에서 기도하며 찬송했습니다. 죄수들은 하나님

께 찬송할 만한 상황도 아니었고, 마음의 여유도 없는 사람들입니다. 재수 없어서 잡혔다고 생각할 수도 있고, 나만 잘못한 게 아니라고 여길 수도 있습니다. 법이 잘못 적용되어 많은 형량이 떨어졌다고 생각할 수도 있습니다. 그런 사람들에게 찬송은 아주 거리가 멉니다.

사실 빌립보 감옥에 갇힌 사람 가운데 가장 억울한 사람이 바울과 실라입니다. 그들은 잘못한 것이 없었습니다. 그런 상황은 바울로 하여금 하나님을 향해 분노를 품게 할 수도 있고, '하나님의 인도하심은 도대체 무엇인가?'라는 의문이 들게 할 수도 있습니다. 심한 좌절감과 처절한 절망감에 사로잡히게 할 수도 있습니다. 그러나 바울과 실라는 칠흑같이 어두운 지하 토굴 감옥에서 기도하고 하나님을 찬송했습니다. 그것도 들릴 듯 말 듯 작은 소리로 읊조린 것이 아니라 다른 죄수들이 들을 수 있도록 크게 찬송했습니다. 그것은 그렇게 인도하신 하나님을 원망하지 않고 신뢰한다는 의미이기도 하고, 그런 상황을 그대로 수용했다는 의미이기도 합니다. 그래서 어떤 사람의 신앙 상태를 가늠하는 가장 적절한 방법은 그 사람에게서 감사와 찬송이 있는지 확인하는 것입니다. 다시 3절입니다.

■ 　　　　내가 너희를 생각할 때마다 나의 하나님께 감사하며

바울은 감사의 대상이 '나의 하나님'이라고 합니다. 바울은 자기만 해당하는 경우에도 '우리'라고 복수형을 즐겨 썼습니다. 그래서 2절에서도 '하나님 나의 아버지'라고 하지 않고, '하나님 우리 아버지'라고 했습니다. 그럼에도 '나의 하나님'이라고 하는 것은 비록 자신이 영어囹圄의 몸이 되어 있을지라도 그것이 하나님과 자신의 관계를 깨뜨리지 못한다는 뜻입니다. 그래서 3장 8절에서도 이렇게 고백했습니다.

　　　　　　　　　　　　　　　　　　　합당하게 생활하라

　　　또한 모든 것을 해로 여김은 내 주 그리스도 예수를 아는 지식이 가장 고상하기 때문이라 내가 그를 위하여 모든 것을 잃어버리고 배설물로 여김은 그리스도를 얻고

　바울은 자신의 주 되신 예수 그리스도가 가장 고상하다고 합니다. 바울에게는 유대인들이 고상하게 여길 만한 것이 많았습니다. 그는 정통 유대인이고, 다소에 살았지만 히브리말을 할 줄 알았고, 율법을 철저히 지키는 바리새인이었습니다. 게다가 당대 석학 가말리엘의 문하생이었습니다. 그럼에도 그것이, 형편없는 자신을 찾아와 주시고 사도로 삼아 주신 그리스도를 아는 것에 비하면 정말 하찮게 여겨진다는 것입니다.

　우리는 많은 사람과 관계를 맺으며 살지만, 나에게 특별하게 여겨지는 사람들이 있습니다. '친구', '선생님', '목사님' 하면 누가 가장 먼저 떠오르십니까? 그 사람들이 바로 '내 친구' '내 선생님', '내 목사님'입니다.

　학창시절 제게 가장 괴로운 수업은 미술 시간이었습니다. 그림을 잘 그릴 줄 모르기 때문이었습니다. 제가 이해할 수 없었던 것은 미술 시간이 두 시간씩 붙어 있는 것이었습니다. 때로는 그림을 그리기 싫어서 고의로 준비물을 갖고 가지 않은 적도 있었습니다. 그림 그리는 것보다 벌서는 것이 더 편했기 때문입니다.

　초등학교 4학년 미술 시간이었습니다. 미술 수업 두 시간 중 첫 시간에 그림을 다 그렸습니다. 그리고 쉬는 시간이 되었고, 다음 수업시간이 시작되었습니다. 저는 교실로 들어가지 않고 운동장 구석에서 돋보기로 종이를 태우고 있었습니다. 얼마 후, 고개를 들었더니 담임선생님이 제게 걸어오고 계셨습니다. 저는 몹시 혼나리라 생각했는데 선생님께서는 저에게 이렇게 말씀하셨습니다. "한조는 미술보다 자연을 더 좋아하는가

봐." 저는 '선생님' 하면 그분이 떠오릅니다. 그분은 지금 제게 기억으로만 남아 있지만, 바울에게 하나님은 늘 동행하시는 분이었습니다. 바울이 하나님께 언제 감사하였는지를 3-4절이 이렇게 증거합니다.

■ 　　내가 너희를 생각할 때마다 나의 하나님께 감사하며 간구할 때마다 너희 무리를 위하여 기쁨으로 항상 간구함은

바울은 빌립보교회를 생각할 때마다 항상 감사하고, 기쁨으로 간구했다고 합니다. '생각'에 해당하는 헬라어 '므네이아mneia'는 '기억remembrance'으로 번역할 수도 있고, '언급mention'이라고 번역할 수도 있습니다. 그러니까 기도 중에 빌립보교회를 기억하는 것도 감사하고, 언급하는 것도 감사하다는 의미입니다.

이 구절에서 '때마다', '무리', '항상'은 '파스pas'라는 어근에서 왔는데, '모두all'라는 의미입니다. 어근이 같은 단어를 3-4절에서 네 번씩이나 사용한 것은 두 가지 이유가 있는 것으로 보입니다.

첫째 이유는, 연합을 권면하는 것입니다.

문학용어 중에 '복선複線'이란 말이 있습니다. 소설이나 희곡 등에서 앞으로 일어날 일을 미리 슬며시 암시해 두는 것입니다.

창세기 39장에는 형들의 계략으로 애굽의 보디발 장군의 집으로 팔려 온 요셉에 대한 기록이 있습니다. 하나님께서 요셉과 함께하심으로 그가 형통한 사람이 되었습니다. 그의 주인은 요셉을 가정 총무로 삼고 모든 재산을 관리하게 했습니다. 그래서 그때부터 그 주인의 집에는 하나님께서 주시는 복이 넘치기 시작했습니다. 그런데 창세기 39장 6절은 이렇게 증거합니다.

■　　주인이 그의 소유를 다 요셉의 손에 위탁하고 자기가 먹는 음식 외에는 간섭하지 아니하였더라 요셉은 용모가 빼어나고 아름다웠더라

주인이 요셉을 전적으로 신뢰했기 때문에 음식 외에는 아무것도 간섭하지 않았다는 기록 뒤에는 '요셉은 천재적인 머리를 가졌더라', '요셉은 숫자에 밝아서 단 한 번도 계산이 틀린 적이 없었더라', '요셉은 기억력이 비상하여 비치해 둔 물건은 모르는 것이 하나도 없었더라' 등이 이어져야 자연스러운 연결로 받아들여집니다.

그런데 '요셉은 용모가 빼어나고 아름다웠더라'라고 기록되어 있습니다. 요셉이 가정총무의 역할을 잘한 것과 용모가 수려한 것은 맥락이 잘 닿지 않습니다. 이것이 '복선'입니다. 요셉의 용모와 관련된 일이 있을 것에 대한 암시입니다. 이후 요셉은 주인 보디발 장군의 아내의 유혹으로 참 많은 어려움을 겪었습니다. 그러나 억울하게 보이는 옥살이를 통해 하나님께서는 요셉을 애굽의 총리로 만들어 가셨습니다.

바울이 '모두'라는 말을 계속 사용하는 것은 빌립보교회의 분열과 관련된 복선입니다. 바울 서신들은 그 교회의 문제점들에 대한 답을 주려고 쓴 것입니다. 갈라디아서는 갈라디아교회의 율법주의 문제를 해결하기 위해, 골로새서는 골로새교회 안의 영지주의 문제 해결을 권면하기 위해 보내졌습니다. 그러나 빌립보서는 바울이 옥에 갇혀 있을 때 에바브로디도를 통해 보내 준 선물에 대한 감사의 표시로 보내졌습니다. 그렇다고 빌립보교회에 아무런 문제가 없었던 것은 아닙니다. 빌립보서 4장에서 바울은 "내가 유오디아를 권하고 순두게를 권하노니 주 안에서 같은 마음을 품으라"(4:2)라고 권면합니다. 어쩌면 이 두 여인이 서로 자신들이

야말로 바울의 정신을 잘 나타내고 있다고 주장하며, 바울이 은근히 자기편을 들어 주기를 원했는지 모릅니다. 그러나 이에 대해 바울은 '모두'라는 단어를 거듭 사용하여, 자신은 일부 사람들의 목회자가 아니라 전체의 목회자이기에 모두를 기억하고, 모두의 이름을 언급하며 기도한다고 하는 것입니다. 가정에서든 일터나 학교에서든, 교회에서든 다른 사람들을 자기편, 자기 라인으로 만드는 사람이 아니라 주님을 향하게 하는 사람이 건강한 인격과 바른 신앙의 소유자입니다.

바울이 '모두'라는 말을 반복해서 사용하는 둘째 이유는 빌립보교회를 향한 깊은 애정과 감격 때문입니다. 이것은 5절과 관련이 있는데 잠시 후 살피겠습니다. 다시 4절입니다.

■　　　간구할 때마다 너희 무리를 위하여 기쁨으로 항상 간구함은

바울은 빌립보교회를 위해 기쁨으로 '간구'했다고 합니다. '간구'에 해당하는 헬라어 단어가 '데에시스déēsis'인데, 이 단어는 '결핍하다'는 뜻의 '데오마이déomai'에서 왔습니다.

하나님은 우리를 결핍함이 없도록 인도하시는 분이지만, 때로 우리에게 꼭 필요함에도 결핍을 허락하실 때가 있습니다. 그 결핍이 나를 짓누를 수도 있고, 주눅 들게 할 수도 있지만 그 결핍은 우리를 하나님께 매어 주는 훌륭한 도구가 됩니다.

한나는 자식이 없었습니다. 같은 남편을 두고 있는 브닌나가 자식을 순풍 순풍 낳는 것을 보면, 한나는 자기에게 틀림없이 문제가 있다고 생각했을 것입니다. 그러나 그 결핍이 한나로 하여금 하나님 전에서 통곡의 기도를 하게 했습니다. 그리고 그 간구로 인해 그녀는 사무엘을 얻었고,

　　　　합당하게 생활하라

그가 사사시대의 문을 닫고 왕정시대의 문을 여는 사람이 되었습니다.

갈릴리 가나에서 혼례가 있었습니다. 당시의 혼례에는 일주일 동안 잔치가 이어졌습니다. 그런데 잔치 중간에 포도주가 떨어졌습니다. 마리아는 하인들에게 예수님께서 무슨 말씀을 하시든지 그대로 행하라고 했습니다. 그래서 결핍이 있었던 그 가나는 예수님의 공생애 중에 행하신 첫 표적의 현장이 되었습니다.

바울이 빌립보교회를 위해 기도할 때마다 감사하게 되는 이유를 5절이 이렇게 증거합니다.

■    너희가 첫날부터 이제까지 복음을 위한 일에 참여하고 있기 때문이라

바울로 하여금 하나님께 감사함으로 빌립보교회를 위해 기도할 수 있게 해준 것은 처음부터 지금껏 복음을 위한 일에 동참하는 것이었습니다. 바울의 사역에 물질로 후원한 교회는 빌립보교회가 유일했습니다.

'첫날'은 빌립보교회가 세워진 날일 것입니다. 빌립보교회의 시작은 바울에게 '가난한 날의 행복'과 같았습니다. 기도하는 곳에서 만난 루디아는 '왕후의 밥과 걸인의 찬'을 먹는 여인과 같았습니다. 그의 자색 옷감 사업은 빌립보교회의 시작에 많은 도움이 되었을 것입니다. 귀신 들려 점치던 소녀는 쌀이 떨어져서 고구마로 아침을 준비해야 했던 여인과 같았습니다. 그 역시 가진 것이 아무것도 없었지만, 그의 고침은 많은 사람들에게 하나님의 역사를 보여 주는 증거가 되었을 것입니다. 그리고 빌립보 감옥의 간수와 그 가족들은 사과장수 부부와 같습니다. 아내는 남편이 춘천에서 왜 돌아오지 않는지 몰라 그곳까지 찾아갔습니다. 하

지만 돌아오는 길에는 사과 판 돈보다 훨씬 소중하고 따뜻한 남편의 손을 느꼈습니다. 간수의 아내는 남편이 일하는 감옥에서 무슨 일이 일어났는지 몰랐습니다. 하지만 남편과 함께 온 바울을 통해 세례를 받고 영원한 생명을 주시는 주님을 만났습니다. 이것을 깊이 인식하고 있는 바울이 어찌 빌립보교회의 모든 사람들을 위해 기도하며 감사드리지 않을 수 있었겠습니까?

사랑하는 성도님들!

우리 각자의 신앙에도 '가난한 날의 행복'이 있지 않습니까? 지난날들을 돌아보면 우리 영혼이 주리고 목말라하고 있을 때, 영원한 생명의 양식이 되시는 주님께서 수많은 말씀의 '쪽지'로 우리를 격려해 주시지 않으셨습니까? 또한 그 누구에게도 이해받지 못하고 광야에 홀로 서 있는 것 같을 때, 잔잔한 미소를 지으며 들려 주신 주님의 음성은 영원한 행복을 느끼게 해주지 않았습니까? 그리고 인생의 고비마다 우리 손을 잡아 주신 주님의 손길은 지금도 그 따뜻함이 느껴지지 않으십니까? 그 주님이 바울이 감사하는 '나의 하나님'과 동일한 분이 아니십니까? 그 하나님께 감사드릴 수 있다면, 삶의 자리가 푸른 초장에 있든, 사망의 음침한 골짜기에 있든 우리는 참 복된 인생입니다.

---

하나님 아버지!
바울이 감사하는 '나의 하나님'이 우리에게도 '나의 하나님'이 되심을 감사합니다.
바울이 영어의 몸이 되어 있을지라도 빌립보교회를 위한 중보

기도에서 감사드릴 수 있었던 것은, 그가 어떤 상황에서도 하나님께 찬송하며 감사하는 신앙인이기에 가능했음을 일깨워 주심도 감사합니다. 그러나 우리의 감사 기도는 마음 깊은 곳에서 우러나오는 고백이 아니라 형식적이고 반복적인 주문과 같거나, 세상적으로 만족한 결과가 주어졌을 때만 드려졌음을 고백합니다.

하나님 아버지!

우리 인생에도 가난한 날이 있었음을 감사합니다. 그때 주님께서 보내 주신 말씀의 쪽지와 들어 주신 주님의 음성과 주님의 손잡아 주심으로 인해 우리가 여기까지 올 수 있었습니다. 우리가 어떤 상황에 있을지라도 주님을 향해서는 가난한 자가 되어 주님의 격려를 덧입는 자녀가 되게 하시고, 감사하는 그리스도인이 되게 하여 주옵소서. 그리하여 우리의 기도가 더 이상 부담이 아니라 주님과 더 깊은 교제를 나누는 즐거움의 자리가 되게 하옵소서. 예수님 이름으로 기도드립니다.

아멘.

# 04 그리스도 예수의 날까지

빌립보서 1장 3-6절

**장애아와 엄마**

지난 주간에 한 신문에서 장애아를 낳은 엄마에 대한 기사를 읽었습니다.

손경옥 씨는 결혼 6년 만에 시험관 아기 시술로 첫째를 낳았습니다. 그리고 3년 후 나이 마흔에 둘째를 가졌습니다. 결혼 9년 만에 자연임신은 처음이었습니다. 부부가 기뻐한 것은 말할 것도 없고, 배 속에서 아기의 발길질이 얼마나 센지 부부는 '축구 선수가 태어나려는가 보다'고 생각했을 정도였습니다.

손 씨는 건강한 출산을 위해 부업 삼아 하던 조그만 가게 일도 접었습니다. 임신 5개월이 되어 기형아 검사를 받았는데, 확진을 위해 양수 검사를 했더니 태아가 '에드워드 증후군'이라는 청천벽력 같은 결과가 나왔습니다. 이 병은 23쌍의 염색체 중 두 개여야 할 18번 염색체가 세 개가 있는 것입니다. 병원에서는 아기의 심장과 폐에 기형이 생기고, 손가락과 발가락이 곧게 펴지지 못하고 꼬이고 접히게 된다고 했습니다. 살아서 태어나도 길어야 수년밖에 살지 못한다고 했습니다.

그녀는 그 결과를 믿을 수 없었습니다. 정신을 차리지 못하고 있는데, 병원에서 낙태를 받으러 오라는 전화까지 왔습니다. 이런 진단이 나오면 대부분 그렇게 한다는 것이었습니다. 주변에서도 장애아를, 그것도 몇 년밖에 못 살 아이를 낳아 키울 자신이 있느냐며 낙태를 종용했습니다. 그러나 그녀는 "이 아이는 하나님이 나에게 주신 생명인데 어떻게 내가……" 하며 하루에도 몇 번씩 생각이 오락가락했습니다. 한번은 아는 언니의 강요에 못 이겨 병원으로 갔지만 끝내 수술대에 눕지 않고 병원을 빠져나왔습니다.

마침내 손 씨는 아기를 지키기로 결심했습니다. 그러자 마음이 편해졌습니다. "아기를 낳고 보면 후회하지 않을 겁니다"라고 말해 준 산부인과 의사의 말은 큰 격려가 되었습니다. 손 씨는 배 속의 아기에게 클래식 음악을 들려주며 대화를 나누었습니다. '세상에서 으뜸으로 아름다운 아기'라는 뜻으로 '정원靜元'이라고 이름도 지었습니다.

'공주 정원'이는 2008년 봄에 태어났습니다. 그러나 태어나자마자 엄마 품에 안기지도 못하고 곧바로 신생아 중환자실로 옮겨졌습니다. 정원이는 숨을 잘 내쉬지도 못했고, 물도 삼키지 못했습니다. 인공호흡기 튜브와 영양분을 공급하는 콧줄, 수액 주사줄 등이 몸무게 1킬로그램도 채 안 되는 정원이의 몸에 줄줄이 달렸습니다. 손 씨는 매일 중환자실을 찾아, 짜서 담아 온 모유를 콧줄을 통해 정원이에게 먹였습니다. 100일이 지나 백일 사진을 찍었는데, 배경이 인큐베이터였습니다. 가을이 되어 정원이가 살이 약간 오르자, 손 씨는 의료진에게 간청해서 산소탱크와 주사줄을 매단 채 정원이를 집으로 데려왔습니다. 하지만 며칠 지나지 않아 폐렴이 왔습니다. 그 며칠이 정원이가 엄마와 함께 보낸 유일한 시간이었습니다.

찬바람이 몹시 불던 그해 12월 말에 정원이의 심장은 멎었습니다. 손 씨는 그때 처음으로 아기를 온전히 안아 보았습니다. 모든 튜브와 주사줄을 떼고 아직 온기가 남아 있는 맨몸의 정원이를 가슴에 넣고 꼬옥 안았습니다. 손 씨는 정원이가 웃는 모습을 딱 한 번 보았다고 합니다. 엄마를 아는 듯 모르는 듯 묘한 표정을 지으며 싱긋 웃었다는 것입니다.

손 씨는 지금도 정원이가 태어났던 그 봄날이 오면 생일상을 차린다고 했습니다. 아기 낳은 걸 후회하지 않느냐는 기자의 질문에 그녀는 "아기를 본 것만으로도 행복한 시간이었고, 감당할 만한 시련이었다"고 했습니다. 오히려 낙태하러 병원에 갔던 게 미안한 생각이 든다고 했습니다.

엄마는 자궁 속에 있는 아기를 건강 상태와 상관없이 열 달 동안 지킵니다. 그 아기가 비록 병을 갖고 태어날지라도 최선을 다해서 지키는 것이 엄마입니다.

하나님께서는 교회를 그렇게 지키십니다. 비록 연약하고 상처 투성이라 할지라도 열 달 동안이 아니라 세상 마지막까지 지키십니다. 오늘 본문이 그것을 잘 깨우쳐 주고 있습니다.

합당하게 생활하라

## 하나님의 시선과 우리의 시선

바울이 빌립보교회 사람들을 생각하기만 해도 하나님께 감사가 되고 항상 기쁨으로 간구드릴 수 있었던 것은, 빌립보교회가 시작할 때부터 바울이 편지를 쓰는 순간까지 바울의 복음사역에 동참했기 때문입니다.

바울은 자비량 선교사였습니다. 유대인 가정에서 가장은 자녀들에게 반드시 두 가지를 가르칠 의무가 있었습니다. 율법과 기술입니다. 바울은 어린 시절 아버지로부터 천막 만드는 일을 배운 것으로 보입니다. 그 기술은 당시 상당히 고급 기술이었습니다. 그래서 다른 일보다 수입이 많았습니다. 바울은 뛰어난 학자였고 바리새인이었지만 그것만이 아니라 어린 시절에 배운 천막 만드는 기술도 사역에 쓰였습니다. 사도행전 20장에 보면 바울은 천막 만드는 일로 자신의 사역비는 물론 동료들의 사역비까지 벌었습니다. 여기서 유래되어 '자비량 선교사'를 '천막 만드는 사람tentmaker'이라고 합니다.

바울은 여러 교회를 개척했습니다. 그런데 바울에게 선교비(사역비)를 보내준 교회는 빌립보교회가 유일했습니다. 바울은 천막을 만들어 남긴 수익으로 사역비는 물론 생활비와 교통비까지 충당해야 했는데, 어느 날 꼭 필요한 사역비가 없어서 하나님께 기도드렸습니다. 그때 빌립보교회에서 보내 준 사역비가 도착했다면 얼마나 감사했겠습니까?

6절 말씀은 우리의 신앙에 영롱한 다이아몬드와 같고, 어두운 밤에 밝은 빛을 내는 북극성과 같습니다. 이렇게 증거합니다.

■ 　 너희 안에서 착한 일을 시작하신 이가 그리스도 예수의 날까지

이루실 줄을 우리는 확신하노라

이 구절은 우리의 신앙이 얼마나 가치 있고 존귀한 것인지, 이 세상의 교회가 시선을 어디에 두어야 하는지를 잘 설명합니다.

이 구절에서 말하는 '착한 일'이 무엇인지 구체적으로 설명되지는 않지만, 표면적으로는 5절과 관련해서 에바브로디도를 통해 보낸 후원 사역비로 볼 수 있습니다. 그러나 그것만은 아닌 것으로 보입니다. 만약 그런 의미만이라면 바울이 이렇게 말하는 것과 같습니다. "내가 만약 골로새에서 사역하다 투옥되어도 헌금을 보내 주시고, 루스드라에서처럼 돌에 맞아서 움직일 수 없으면 치료비를 보내 주실 것을 믿습니다. 그리고 그 헌금은 내가 죽을 때까지 보내 주실 것을 확신합니다." 그러나 바울은 사역 중에 후원을 요청한 적이 없습니다.

그래서 '착한 일'은 '빌립보교회에 행하신 하나님의 구원의 역사'라고 보는 것이 적절합니다. 하나님께서 빌립보교회 사람들에게 행하신 선한 일, 곧 구원을 포기하지 않고 끝까지 이루어 가시리라는 것입니다.

바울은 빌립보교회에 착한 일을 '시작하신 이'가 있다고 합니다. 그분이 누구신지 묻는 것은 우문愚問입니다. 바울은 자신이 빌립보교회를 시작했다고 하지 않습니다. 교회를 시작하기 전에 귀신 들려 점치던 소녀를 고쳐 주고 얼마나 많이 맞았는지와 빌립보 감옥에서 얼마나 고통스러웠는지를 말하지도 않습니다. 바울은 초점을 자신에게 두지 않습니다. 이것은 바울의 한결같은 태도입니다. 바울은 1차 전도여행을 마친 후 안디옥교회로 돌아가 선교보고를 했는데, 그 여행은 만 2년에 걸쳐 이루어졌습니다. 그래서 그는 할 말이 정말 많았을 것입니다. 구브로 섬 바

합당하게 생활하라

보Paphos에서 바예수Bar-jesus라는 마술사의 눈을 한동안 멀게 한 일을 설명할 수도 있고, 밤빌리아에 있는 버가에서 풍토병으로 고통을 겪었지만 목숨을 걸고 타우루스 산맥을 넘어 비시디아 안디옥까지 갔던 것은 밤을 새워 이야기해도 다 할 수 없었을 것입니다. 그리고 루스드라에서 만난, 태어날 때부터 걷지 못하던 장애인을 고쳐 주고 바나바는 제우스로, 자신은 헤르메스로 여김을 받았다가 비시디아 안디옥과 이고니온 사람들의 충동으로 돌에 맞아 죽은 줄 알고 버림받았던 경험은 눈물겨운 사연이었을 것입니다.

그러나 바울의 사역 보고 장면을 사도행전 14장 27-28절이 이렇게 증거합니다.

■　　　그들이 이르러 교회를 모아 하나님이 함께 행하신 모든 일과 이방인들에게 믿음의 문을 여신 것을 보고하고 제자들과 함께 오래 있으니라

사역 보고는 단 한 절로 끝맺는데, 초점은 바울 자신이 아니라 하나님이었습니다. 그의 보고의 핵심 단어는 '하나님이 행하신'입니다. 바울과 바나바가 전도여행을 떠날 수 있었던 것은 그들이 자원했기 때문이 아니라 성령님께서 그 둘을 따로 세우셨기 때문입니다.

바울은 빌립보에서 사역할 계획이 없었습니다. 그러나 성령님께서는 소아시아에서 말씀 전하는 것을 막으시고, 비두니아로 가려는 것도 허락하지 않으셨습니다. 바울 일행이 무시아에 있을 때 '건너와서 도와 달라'는 마게도냐 사람의 환상을 보았습니다. 그것에 대한 바울의 반응을 사도행전 16장 10절은 이렇게 증거합니다.

■ 바울이 그 환상을 보았을 때 우리가 곧 마게도냐로 떠나기를 힘
쓰니 이는 하나님이 저 사람들에게 복음을 전하라고 우리를 부
르신 줄로 인정함이러라

바울 자신은 빌립보로 갈 계획이 없었지만, 자신이 본 환상을 통해 빌
립보에서의 사역을 하나님의 뜻이라고 인정하게 되었습니다. '인정하다'
의 원 뜻은 '결합하다'입니다. 하나님의 계획과 자신의 계획은 전혀 달랐
지만, 하나님의 계획이라는 머리에다 자신의 계획이라는 발가락을 연결
했다는 의미입니다.

바울은 안식일에 기도하는 곳에서 만난 여자들에게 하나님의 말씀을
전했는데, 거기서도 '시작하시는 이'를 만날 수 있었습니다. 사도행전 16
장 13-14절이 이렇게 증거합니다.

■ 안식일에 우리가 기도할 곳이 있을까 하여 문 밖 강가에 나가
거기 앉아서 모인 여자들에게 말하는데 두아디라 시에 있는 자
색 옷감 장사로서 하나님을 섬기는 루디아라 하는 한 여자가 말
을 듣고 있을 때 주께서 그 마음을 열어 바울의 말을 따르게 하
신지라

강가에는 여러 여자들이 있었지만, 그중에서 오직 한 사람, 루디아라
하는 여자의 마음을 '주께서' 열어 주셨습니다. 그래서 그녀의 집은 빌립
보교회의 출발점이 되었습니다.

귀신 들려 점치던 소녀를 고쳐 주고, 많은 매를 맞은 후 지하토굴 감옥
에 갇혀 있을 때, 옥터를 뒤흔들어 옥문을 열어 주신 분이 계셨습니다.

합당하게 생활하라

바울은 빠삐용도 아니었고, 〈쇼생크 탈출〉의 주인공처럼 탈옥을 도모하지도 않았습니다. 그 일을 '시작하신 이'가 계셨습니다. 간수는 모든 것이 끝났다고 생각하고 스스로 목숨을 끊으려 했지만, 소리를 질러 자신들이 도망가지 않았음을 알리는 바울의 말을 듣고, 바울과 실라에게 달려 들어가서 엎드려 이렇게 물었습니다.

■　　선생들이여 내가 어떻게 하여야 구원을 받으리이까(행 16:30)

'선생'에 해당하는 헬라어 단어가 '퀴리오스'(kurios, 주)입니다. 간수는 바울과 실라가 찬송하는 소리를 듣고 처음에는 대수롭지 않게 생각했습니다. 그런데 얼마 지나지 않아 지축이 흔들리더니 옥문이 전부 열렸습니다. 그래서 간수는 바울과 실라가 인간의 모습으로 내려온 신인지도 모른다고 생각하고 구원에 대해 물은 것입니다. 그때 바울은 이렇게 답변했습니다.

■　　이르되 주 예수를 믿으라 그리하면 너와 네 집이 구원을 받으리라(행 16:31)

이 말씀은 "이 옥문을 여는 일을 시작하신 이는 내가 아닙니다. 당신이 '주-퀴리오스'로 믿어야 할 분은 예수님입니다. 그분을 믿으면 당신과 당신 집안에 구원이 이르게 될 것입니다"라는 의미입니다.

바울이 빌립보교회를 향해 '시작하신 이'가 있다고 확신하며 말할 수 있는 근거는 그의 인생에도 그러했기 때문입니다. 바울은 결코 지금과 같은 삶을 살 계획이 아니었습니다. 그는 그리스도인들을 핍박하기 위해 다메섹으로 향하고 있었습니다. 그때 주님께서 찾아와 주셔서 자신에게 새로운 인생을 시작하도록 해주지 않으셨다면 그는 지금도 여전히 그리스도인을 핍박하는 데 앞장섰을 것입니다. 그는 그리스도인이 되려고 한 적이 한 번도 없었습니다. 그럼에도 지금 그리스도를 위해 사는 것도 죽는 것도 유익하다고 고백할 수 있는 것은, 그 속에서 그 일을 시작하신 이가 계시기 때문입니다.

우리도 모두 동일하지 않습니까? 내가 오늘 이 자리에 앉아 예배드릴 수 있게 됨은 '시작하신 이'로 말미암음임을 누가 부인할 수 있겠습니까? 다시 6절입니다.

■ 너희 안에서 착한 일을 시작하신 이가 그리스도 예수의 날까지 이루실 줄을 우리는 확신하노라

구원의 역사를 시작하시는 이의 사역 현장은 바로 '우리 안'입니다. 구원과 복음은 인간을 단지 도덕적으로 변화하게 하거나, 문화적으로 깨우쳐 주거나, 교양을 고양시켜 주는 것이 아닙니다. 하나님의 역사는 우리의 겉 사람이 아니라 속사람을 직시하게 해주십니다. 바울 역시 겉 사람의 이력으로는 모든 사람들이 흠모할 만했습니다. 그러나 주님께서 보시는 그의 실상은 괴물과 같았습니다.

착한 일을 시작하시는 이가 우리를 만지시면 우리도 우리의 실상을 보게 됩니다. 이전에는 자기만 한 사람이 없고, 자신을 표준으로 삼으면 온 세상이 행복할 것처럼 여겼는데, 주님의 개입하심을 통해 자신의 실상이 얼마나 흉측한지, 세상에 자신과 같은 죄인이 없다는 사실을 인식하게 됩니다.

합당하게 생활하라

그리고 하나님께서 그 속에서 역사하시기 시작하면 그 시선이 달라집니다. 주님이 저를 인격적으로 만나 주신 뒤 바라본 세상에 대한 느낌은 '너무 아름답다'는 것이었습니다. 그때 바라본 꽃들은 어쩌면 그렇게 아름다운지, 나무들은 왜 그렇게 푸른지, 하늘의 별은 왜 그렇게 빛나는지, 쳐다보기만 해도 눈물이 나올 지경이었습니다. 불신자들도 꽃을 볼 수 있고, 꽃에 대한 지식이 저보다 훨씬 많을 수도 있습니다. 그러나 저는 꽃 속에서 불신자가 볼 수 없는 하나님의 신비와 하나님의 창조를 봅니다. 시편 8편에서 시편기자가 이렇게 노래했습니다.

■　　　주의 손가락으로 만드신 주의 하늘과 주께서 베풀어 두신 달과 별들을 내가 보오니 사람이 무엇이기에 주께서 그를 생각하시며 인자가 무엇이기에 주께서 그를 돌보시나이까(시 8:3-4)

이것은 하나님께서 그 속에 역사하시기 시작한 사람들만 할 수 있는 고백입니다. 그들은 하늘과 달과 별만 보는 것이 아니라 하나님의 손가락으로 하신 일을 봅니다. 그들 속에는 하나님의 흔적이 있기 때문입니다.
다시 6절입니다.

■　　　너희 안에서 착한 일을 시작하신 이가 그리스도 예수의 날까지 이루실 줄을 우리는 확신하노라

우리 속에서 착한 일을 시작하시는 이는 '그리스도 예수의 날'까지 완성해 가신다고 하십니다. 바울은 '빌립보교회의 루디아나 간수와 그 가족들이 교회를 지키는 날까지'라고 하지 아니합니다. '자신이 죽거나 순

교하는 날까지'라고도 하지 않습니다. 비록 사람은 죽어 사라진다 할지라도 하나님께서 빌립보교회 사람들을 인도해 가시리라는 것을 확신하고 있는 것입니다. 이 '그리스도 예수의 날'은 하나님의 구원의 사역이 완성된 날입니다. 아담과 하와의 범죄에서부터 새 하늘과 새 땅을 완성하실 때까지 하나님께서는 오늘도 이루어 가고 계십니다.

성경에 나오는 믿음의 사람들은 모두 '그날'에 초점을 두고 산 사람들입니다. 아브라함이 그랬고, 이삭과 야곱과 요셉이 그랬습니다. 모세도 그랬고, 다윗이 그랬고, 여러 선지자들이 그랬습니다. 예수님도 그러하셨고, 사도들 역시 그러했습니다. 그래서 예수님의 말씀과 사도들이 전한 말씀의 핵심은 '하나님의 나라'였습니다.

하나님의 시선이 '그리스도 예수의 날'에 있다면 우리의 시선 역시 그러해야 합니다. 그러나 우리의 시선은 '내가 생각하는 날'에 있습니다. 그것이 우리의 신앙의 성장과 성숙을 막는 걸림돌입니다.

우리나라에 처음 기독교가 들어왔을 때의 그리스도인들은 '그리스도 예수의 날'에 시선을 두고 있었습니다. 먹고살기가 힘들었기 때문이기도 하고, 일제의 강제 합병으로 말할 수 없는 고통을 겪었기 때문이기도 합니다. 해방 후에도 어렵기는 마찬가지였습니다. 보릿고개를 피해 갈 수 없었고, 6·25동란이 있었습니다. 수천 년 동안 대를 이은 가난은 언제 끝날지를 몰랐습니다. 병이 나도 병원에 갈 돈이 없었기에 교회로 와서 "하나님! 어디 기댈 데도 없어요. 하나님께서 고쳐 주세요"라며 눈물로 기도드렸습니다. 그리고 "하나님! 제발 밥만이라도 먹고 살게 해주십시오. 공부를 해야 되는데 돈이 없습니다. 공부만 하게 해주십시오"라고 처절한 기도를 드렸습니다. 그래서 그때는 정말 '그날'이 빨리 다가오기를 손꼽

합당하게 생활하라

아 기다렸습니다. 그래서 교회와 주님의 이름은 존중받았습니다.

하나님께서는 그리스도인들의 기도를 들으셔서 세계에서 유례를 찾아볼 수 없을 정도로 가난에서 벗어나 부유하게 해주셨습니다. 한국 교회도 많이 성장하게 해주셨습니다. 그러고 나니 신앙이 변질되고, 시선이 '그날의 그곳'에서 '이날의 이곳'으로 바뀌었습니다. 전에는 그토록 하나님께 매달렸는데 이제는 하나님보다 돈을 믿고, 세상에서 큰소리치는 것을 믿기 시작했습니다. 말은 틀림없이 하나님을 믿는데, 삶은 하나님보다 세상을 더 믿습니다. 그래서 오늘날 한국 교회는 만신창이가 되었고, 주님의 이름은 그리스도인들에 의해 땅에 떨어지고 있습니다. 이 교회, 저 교회에서 들리는 추문은 그리스도인의 얼굴을 들 수 없게 만듭니다.

오늘날 한국 교회는 스스로 자랄 수 있는 힘을 잃었다고 합니다. 그럼에도 강단에서 생명의 말씀, 진리의 말씀이 선포되기보다 건강강좌, 긍정적 사고방식과 같은 주제, 유명한 사람이 쓴 책이 하나님의 말씀처럼 설교되고 있습니다. 그래서 10년 후, 20년 후 한국 교회가 죽을 거라고 하는 사람들까지 있습니다.

그러나 우리가 절망하지 않고 소망을 가질 수 있는 것은, 한국 교회를 시작하신 분이 하나님이시기에, 그리스도 예수의 날까지 완성해 가실 것을 믿기 때문입니다. 한국 교회와 우리 신앙의 진정한 회복과 성숙은 우리의 시선을 '그리스도 예수의 날'에 두는 데서 비롯합니다.

하루살이는 하루밖에 살지 못하기 때문에 한철을 사는 메뚜기, 잠자리 등을 절대로 이해할 수 없습니다. 하루의 시각으로 어떻게 몇 개월을 생각할 수 있겠습니까? 또 메뚜기, 잠자리 등의 한철 곤충은 수년을 사는 다람쥐를 이해하지 못합니다. 몇 개월과 몇 년은 시선의 관점 자체가 다릅니다. 그렇다고 다람쥐가 모든 것을 이해하는 것은 아닙니다. 다람쥐는 100년 가까이 사는 사람을 이해할 수 없습니다. 어떻게 몇 년의 시야와 100년의 시야가 동일할 수 있겠습니까?

그러나 사람이라고 해서 모두 같은 시야를 갖고 사는 것은 아닙니다. 오늘만 보고 사는 사람도 있고, 내일에 시선이 머무는 사람도 있고, 영원에 시야를 두고 사는 사람도 있습니다.

인간은 오늘을 살아야 하는 존재입니다. 하나님께서 우리에게 허락하신 것이 오늘이기 때문입니다. 어제를 사는 사람은 과거의 잘잘못에 매여 헤어 나오지 못합니다. 내일만을 살려는 사람은 두 발을 땅에 두려 하지 않고 구름 위에 두려고 합니다. 그러나 우리가 오늘을 살아야 한다고 해서 시선도 오늘에 두어야 하는 것은 결코 아닙니다. 시선을 오늘에 두면 하루살이와 같은 인생을 살아가게 됩니다. 시선을 오늘에 두는 사람은 내일에 두는 사람보다 결코 더 나은 삶을 살지 못합니다. 그리고 시선을 내일에 두는 사람은 영원에 두는 사람보다 절대로 바르게 살지 못합니다. 지금 한국 교회와 우리 신앙에 가장 필요한 것은 윤리를 세우는 것보다 시선을 하나님께로 향하는 신앙의 회복입니다.

■    너희 안에서 착한 일을 시작하신 이가 그리스도 예수의 날까지
     이루실 줄을 우리는 확신하노라(빌 1:6)

하나님 아버지!
참으로 신비한 방법으로 바울을 빌립보로 향하게 하시고, 빌립보교회를 시작하게 하셨습니다. 그 하나님의 역사하심이 한국 교회와 우리의 신앙에도 동일하게 이루어짐을 감사합니다.

합당하게 생활하라

이 땅에 선교사들이 들어오기 전에 이미 만주에서, 일본에서 성경이 조선말로 먼저 번역되는 은총을 베풀어 주시고, 일제의 강제 점령으로 소망 없이 살아갈 수밖에 없을 때 수많은 선교사들을 보내어 그리스도 예수의 날을 바라보도록 역사해 주셔서 감사합니다. 그뿐만 아니라 수천 년 이어졌던 가난도 걷어 주시고, 세계에서 유례를 찾아볼 수 없을 정도로 교회가 성장하도록 인도해 주심도 감사합니다.

그러나 하나님 아버지! 우리 그리스도인의 신앙이 참 많이 변질되었고, '그날의 그곳'을 향해야 할 시선이 '이날의 이곳'으로 바뀜으로 세상에는 큰소리 칠 수 있게 되었을지 몰라도 주님의 이름은 땅에 떨어져 몸둘 바를 모르겠습니다. 그러나 이런 상황이 한국 교회와 우리를 버리셨기 때문임이 아니라 여전히 이루어 가고 계시다는 것을 믿기에 더욱 감사합니다. 우리 한 사람 한 사람이 영적 하루살이나 메뚜기, 잠자리, 다람쥐처럼 살아가지 아니하고 그리스도 예수의 날에 시선을 두고 하루하루 하나님께 순종하며 살아가게 하여 주옵소서. 그리하여 지금보다 더 나은 신앙 환경을 후손에게 물려주게 하시고, 주님의 이름이 이 땅에서 가장 존귀하게 하옵소서. 예수님 이름으로 기도드립니다. 아멘.

## 05

예수 그리스도의
심장으로

### 잭슨5의 노래 〈벤〉

일반인을 가수로 만드는 TV 프로그램에서 한 소녀가 잭슨5The Jackson Five가 불렀던 〈벤Ben〉이라는 노래를 부르는 것을 보았습니다. 잭슨5는 고故 마이클 잭슨이 여섯 살 때, 친형들과 결성한 5인조 그룹입니다. 이 노래는 마이클 잭슨이 열네 살 때 불렀습니다. 가사가 이렇습니다.

벤, 우리 두 사람 더 이상 찾지 않아도 돼/ 우린 모두 기대하던 걸 찾았으니까/ 내가 부를 나만의 친구가 있으니/ 난 결코 외롭지 않을 거야/ 친구, 너도 알게 될 거야/ 내 안에 친구가 있다는 것을
벤, 너는 항상 여기저기 뛰어다니고/ 어디서도 너를 원하지 않는다고 느끼지/ 네가 지난날을 돌아보고/ 네가 찾은 것을 좋아

하지 않는다면/ 네가 꼭 알아야 할 것이 있어/ 넌 갈 곳이 있었다는 것을 말이야

나는 나라고 늘 말했지만/ 이제는 우리야 우리

벤, 모든 사람들이 너를 외면해도 / 난 사람들이 하는 말을 하나도 듣지 않아 / 사람들은 내가 너를 아는 것처럼 너를 알지 않아/ 난 그들도 나처럼 너를 알려고 했으면 좋겠어/ 난 그들이 다시 생각할 것이라 확신해/ 벤 같은 친구를 가진다면 말이야

벤 같은/ 벤 같은

사람들이 내 말을 늘 귓등으로 듣는 것 같고, 내 진심이 받아들여지지 아니할 때 삶의 무게는 세상의 무엇과도 비교할 수 없을 정도로 무겁게 느껴집니다. 또한 이해받지 못함의 서글픔은 말로 형용할 수 없습니다. 그러한 때 누군가가 잡아 준 손은 세상의 그 무엇과도 비교할 수 없을 정도로 따뜻하게 여겨질 것입니다. 또한 자신을 알아주는 친구가 한 명만 있어도 결코 좌절하지 않을 것이고, 세상을 살아갈 의미와 용기를 얻게 될 것입니다.

## 빌립보서를 이루어 가는 21세기 사람들

노랫말에 나온 '나와 벤'처럼, 빌립보교회와 바울의 관계는 참으로 돈독했고, 서로에게 잊히지 않는 의미와도 같았습니다. 하나님께서 바울을 통해 빌립보교회를 세우셨으니, 빌립보교회를 통해 복음을 접하고 주님을 인격적으로 만난 사람들은 하나님의 은혜에 얼마나 감사했겠으며, 또 바울이 얼마나 고마웠겠습니까?

바울에게 빌립보교회도 마찬가지였습니다. 다른 사람들과 다른 교회들이 바울을 이해해 주지 못할 때, 빌립보교회는 이해해 주었고, 바울이 투옥되어 있을 때 오직 빌립보교회만 에바브로디도와 물질을 보내어 격려해 주었습니다.

본래 바울은 머리끝에서 발끝까지 철저한 유대인이었습니다. 그의 몸 속에도 유대인의 피가 흘렀고, 그 피가 세상에서 가장 우수한 것이라고 믿었습니다. 그래서 그는 스스로 바리새인이 되었습니다. 바리새인은 율법을 철저히 지키겠다고 결단한 사람들인데, 유대인들 중에서 6천 명 정도만 바리새인이었습니다. 그런 그가 다메섹으로 가다 부활하신 주님을 뵙게 됨으로 그리스도인으로 바뀌었습니다.

이 일은 당시 유대인들은 물론 그리스도인들에도 큰 충격이었습니다. 만약 저나 이재철 목사님이 외국으로 가다가 비행기 안에서 알라신을 환상 중에 보고 무슬림으로 개종하게 되었다고 해보십시다. 그러면 어떤 생각이 드시겠습니까? "그럴 수도 있지 뭐. 종교의 자유가 있으니까"라고 생각하시겠습니까? 아니면 "그냥 새로운 목사를 한 명 뽑으면 되지"라고 생각하시겠습니까? 개종했다는 사실보다도 '그렇다면 도대체 지금까지 설교 시간마다 그토록 강조했던 진리는 무엇이었는가?', '나를 위해 피 흘려 주신 분은 예수 그리스도밖에 없다고 새신자반 강의 때마다 이야기했던 것은 도대체 무엇인가?', '주님을 더 잘 따르기 위해 나를 부인하며 살 수밖에 없다고 고백했던 것은 전부 거짓인가?' 등등의 질문이 꼬리에 꼬리를 물 것입니다. 급기야는 기독교 신앙을 가짜인 것처럼 만들어 놓고 떠난 것에 분노가 치밀어 오를 것입니다.

무슬림의 입장에서도 마찬가지일 것입니다. '이 사람이 비행기 안에서

합당하게 생활하라

개종했다고 하는데 그게 사실일까?' '혹시 정신이 온전하지 않거나 고소 공포증高所恐怖症이 있어서 헛것을 본 건 아닐까?' '그렇지 않으면 무슬림에 기독교를 심기 위해 위장 개종을 시켜서 보낸 첩자는 아닐까?' 등등의 생각을 할 것입니다. 그러고는 '이 사람이 정말 개종한 것이 맞는지 아닌지 지켜보는 게 좋겠어'라고 결론을 맺을 것입니다.

바울도 동일했습니다. 그는 유대인들에게는 배신자로 낙인찍혔고 암살 대상 1호였습니다. 그래서 암살자들을 피하기 위해 광주리에 담겨 성벽에서 달아 내려져 도망간 적도 있습니다. 사도행전 23장에는 '바울을 죽이기 전에는 먹지도 마시지도 않겠다'며 음모를 꾸민 사람들이 40여 명이나 등장합니다.

바울이 받아들여지지 않기는 초기 교회에서도 마찬가지였습니다. 바울은 그리스도인들과 사귀기를 원했지만, 그리스도인들은 그를 두려워해서 만나려고도 하지 않았습니다. 그래서 바울은 13년 동안이나 고향 다소에서 칩거해야 했습니다. 마침내 바나바의 초대로 안디옥교회의 일원이 되었고, 함께 1차 전도여행을 다녀왔습니다. 그러나 2차 전도여행을 앞두고 두 사람은 서로 다른 강을 건너고 말았습니다. 신학적인 문제와 바나바의 사촌동생 마가요한이 전도여행 중 버가에서 예루살렘으로 돌아간 일 때문입니다.

성령님께서는 바울 일행이 소아시아에서 하나님의 말씀을 전하지 못하게 하시고, 비두니아로 가려는 것도 허락하지 않으셨습니다. 그래서 마게도냐 사람의 환상을 통해 빌립보에 이르게 되었습니다. 빌립보교회를 시작하게 된 사람들은 자색 옷감 장사 루디아와 귀신 들려 점치던 소녀, 빌립보 감옥의 간수와 그 가족들이었습니다.

빌립보 감옥의 옥문이 열린 다음 날 빌립보의 치안관들은 부하들을 보내서 바울과 실라를 석방하라고 명령했습니다. 그러나 바울은 석방을 기뻐하지 않고 이렇게 말했습니다.

■　치안관들이 로마 시민인 우리를 유죄 판결도 내리지 않은 채 사람들 앞에서 때리고 감옥에 가두었다가 이제 와서, 슬그머니 우리를 내놓겠다는 겁니까? 안 됩니다. 그들이 직접 와서 우리를 석방해야 합니다.(행 16:37, 표준새번역)

　부하들에게서 이 말을 보고받은 치안관들은 두려워했습니다. 로마법에 의하면 '로마 시민은 재판을 받지 않고서는 누구에 의해서도 매 맞거나 구속되어서는 안 된다'고 되어 있기 때문입니다. 그러나 바울과 실라는 재판 없이 매를 맞았을 뿐만 아니라 투옥되기까지 했습니다. 그래서 치안관들이 직접 감옥까지 찾아와서 바울과 실라를 위로하고 데리고 나가서 그 성에서 떠나 달라고 요청했습니다.
　"나는 로마시민입니다." 이 한마디만 했으면 바울은 모진 매를 맞지 않을 수 있었을 뿐만 아니라 투옥되지 않아도 되었을 것입니다. 그러나 그렇게 하지 않았습니다. 그리고 자신의 신분을 밝히지 않고 떠날 수 있었음에도 그는 자신의 신분을 밝혔습니다. 그 까닭은 무엇이었겠습니까? 바로 '빌립보교회'입니다. 바울은 자신이 떠나고 난 뒤에도 빌립보교회가 당국에 의해 좌지우지되지 않고 자유롭게 주님을 섬길 수 있기를 원했던 것입니다. 이 사실이 빌립보교회에게 얼마나 큰 감동이 되었겠습니까? 그래서 빌립보교회는 다른 교회들보다 훨씬 많은 애정이 바울에게 있었습니다. 오늘 본문 7절에서 빌립보교회를 향한 바울의 애정은 이렇게 표현됩니다.

　　　　　　　　　　　　　　합당하게 생활하라

■   내가 너희 무리를 위하여 이와 같이 생각하는 것이 마땅하니 이
    는 너희가 내 마음에 있음이며 나의 매임과 복음을 변명함과 확
    정함에 너희가 다 나와 함께 은혜에 참여한 자가 됨이라

　바울은 빌립보교회를 생각할 때마다 하나님께 감사하고, 간구할 때마다 기쁨으로 하며, 하나님께서 빌립보교회에 구원의 역사를 시작하셨기 때문에 끝까지 책임져 주실 것을 확신하고 있습니다. 그리고 그런 생각을 하는 것을 마땅하다고 여기고 있습니다. 그 이유를 두 가지로 말합니다.

　첫째는 '너희가 내 마음heart에 있기 때문이라'고 합니다. 즉 바울이 빌립보교회 사람들을 마음에 품고 있기 때문에 생각할 때마다, 간구할 때마다 감사가 되고 기쁨이 된다는 것입니다. 그런데 이 구절은 '내가 너희 마음에 있기 때문'이라고 번역할 수도 있습니다. 즉 빌립보교회 사람들의 마음에 바울이 자리 잡고 있다는 것을 알고 있기 때문에 바울도 그들을 생각할 때마다, 간구할 때마다 감사가 되고 기쁨이 되는 것은 마땅하다는 의미입니다.

　둘째로, 바울이 빌립보교회를 생각할 때마다, 간구할 때마다 감사와 기쁨이 되는 이유는 '바울의 매임과 복음을 변명할 때나 확정할 때 동참했기 때문'이었습니다.

　'복음을 변명함'은 바울이 재판을 받으면서 기독교의 가르침이 로마제국과 세상에 얼마나 적대적인 것인지를 공격받을 때 그것에 대한 반론으로 복음이 해로운 것이 아님을 말한 것을 의미합니다. 그리고 '복음을 확정함'은 재판에서 최후진술과 같습니다. 즉 가말리엘의 문하생으로, 바리새인으로 탄탄대로를 걷던 자신이 왜 이 자리에 서게 되었는지, 자신이 전하는 복음이 왜 얼마나 진리인지, 그 복음이 얼마나 인류에게 존귀

한 것인지를 말했던 내용을 의미합니다.

법원에서 재판하는 것을 보신 일이 있습니까? 대학 시절, 아주 가까운 지인이 국가보안법 위반으로 재판을 받았는데, 그때 법원을 자주 간 적이 있습니다. 거기서 여러 종류의 재판을 보았습니다. 절도, 강도, 강간, 도박, 사기 등등의 죄를 지은 죄수들의 재판에서는 특별한 경우가 아니면 변호사들이 변호할 말이 별로 없다는 사실을 알았습니다. 검사의 기소에 이은 변호사의 변론은 거의 이러했습니다.

"피고는 그때 남의 집 담을 넘을 때 술에 몹시 취해 있었죠?"

그러면 피고가 대답합니다.

"예!"

"그때 들고 나온 물건이 무엇인지도 잘 몰랐죠?"

"예!"

"지금 그때 행한 일에 대해 많이 후회하고 있죠?"

"예"

"존경하는 재판장님! 피고는 지금 자신의 행한 일에 대해 깊이 반성하고 있습니다. 선처해 주시기 바랍니다."

마지막에 재판장이 피고인에게 최후진술을 하라고 하면 거의 이렇게 말했습니다.

"이번 일로 물의를 일으켜 죄송합니다. 한 번만 선처해 주시면 다시는 이런 일을 하지 않고 성실하게 살아가겠습니다."

반면, 국가보안법 위반과 같은 시국사범의 재판은 양상이 달랐습니다. 검사는 피고가 한 일이 얼마나 국가에 손해를 끼쳤고 적국을 이롭게 하는지 등등을 말하면서, 그 행위가 국가를 배신하는 간첩 행위와 방불

하다고 했습니다. 그러면 변호사는 피고의 행동은 우국충정의 심정에서
이 땅의 민주화를 위해 행한 것이라고 반박했습니다. 피고의 진술도 마
찬가지였습니다. 자신의 행동과 삶이 얼마나 정당한지를 당당하게 변호
했습니다.

　바울도 재판을 받으면서 자신이 본래 예수라는 분에 대해 어떤 마음이
었는지, 그의 가르침을 전하는 사람들에게 얼마나 적대적이었는지, 그랬
던 자신이 어떻게 예수라는 분께 사로잡히게 되었는지, 왜 예수라는 분이
그리스도가 되는지, 그리고 어떤 과정을 통해 자신이 이 법정에까지 서게
되었는지를 변론했을 것입니다. 그 변론 자체가 바울의 신앙간증 같고 전
도집회 같았을 것입니다. 그래서 그 재판을 지켜보던 사람들과 군인들은
왜 바울이 그런 인생을 살게 되었는지, 또 왜 감옥에 갇히게 되었는지 알
게 되었을 것입니다. 이것은 바울이 죄수가 되지 않았다면 결코 할 수 없
었던 일입니다. 로마를 바꾸기 위한 하나님의 역사는 그렇게 신비하게 진
행되고 있었던 것입니다. 계속해서 8절이 이렇게 증거합니다.


　■　　　내가 예수 그리스도의 심장으로 너희 무리를 얼마나 사모하는
　　　　지 하나님이 내 증인이시니라


　'심장'으로 번역된 헬라어 '슈플랑크논splanchnon'은 심장만을 의미하
지 않고, '장기臟器'를 뜻합니다. 7절에 있는 '마음'이 심장을 가리키는 말
입니다. 거의 대부분의 언어에서 장기는 사람의 감정과 관련이 있습니
다. 당시 사람들도 장기가 감정, 특히 사랑이나 동정심이 솟아나오는 곳
이라고 생각했습니다. 우리말에서도 장기와 감정은 밀접한 관련이 있습
니다.

맥박이 빨라지면서 흥분하는 것을 '심장이 뛴다'고 합니다. 겁이 없는 것을 '간이 부었다'고 하고, 몹시 두려워지거나 무서워지는 것을 '간이 콩알만 해지다'라고 합니다. 또 몹시 초조하고 안타까워 속을 많이 태우는 것을 '애간장을 태운다'고 합니다. 우리 옛 가요 중에 이런 노래가 있습니다.

■ 　　미아리 눈물 고개 님이 넘던 이별 고개/ 화약 연기 앞을 가려 눈 못 뜨고 헤매일 때/ 당신은 철사 줄로 두 손 꽁꽁 묶인 채로/ 뒤돌아보고 또 돌아보고 맨발로 절며 절며/ 끌려가신 이 고개여 한 많은 미아리 고개

'단장의 미아리 고개'라는 제목의 노래입니다. '단장斷腸'이 바로 '창자가 끊어지다'라는 뜻입니다. 즉 '창자가 끊어질 정도로 슬픈 미아리 고개'라는 뜻입니다.

바울은 자신의 심장(장기)으로 빌립보교회를 간절하게 사모한다고 하지 않고, 예수 그리스도의 심장으로 그렇게 한다고 합니다. 그것은 바울 자신도 빌립보교회 사람들을 사랑하지만, 예수 그리스도께서 더 여러분을 그렇게 사랑하신다고 일깨워 주는 것입니다. 인간의 사랑은 유한하고 변질될 수 있지만, 주님의 사랑은 영원하고 언제나 한결같기 때문입니다. 이처럼 바울과 빌립보교회의 교제는 눈물겹도록 아름답습니다.

좋고 건강한 교회는 주일예배와 구역성경공부와 같은 소그룹이 유기적이고 은혜로운 곳입니다. 주일예배를 통해 신앙의 총론을 배우고 적용한다면, 구역성경공부를 통해서는 신앙의 각론을 익히고 실천합니다. 우리 각자가 교회입니다. 그래서 우리의 신앙이 건강해지기 위해서도 주일예

배와 구역성경공부라는 바퀴가 잘 돌아가고 있어야 합니다. 주일예배가 중요하다는 것은 강조하지 않아도 잘 알고 있지만, 구역성경공부의 중요성을 인식하지 못하는 그리스도인들이 많습니다. 구역성경공부가 중요한 것은 하나님께서는 성경을 통해 말씀을 주실 뿐 아니라, 다른 사람을 통해서도 깨우침을 주시기 때문입니다.

1월 22일 세상을 떠난 고 박완서 선생님의 책 중에 《한 말씀만 하소서》가 있습니다. 이 책은 소설이 아니라 일기입니다. 박완서 선생님은 1988년 5월에 남편을 암으로 잃었습니다. 그리고 3개월 만에 레지던트였던 아들을 과로사로 잃었습니다.

아들이 세상을 떠났을 때는 서울올림픽을 불과 20일 앞둔 시점이어서 온 나라가 흥분된 분위기 속에 있었지만 박완서 선생님은 참담한 시간을 보냈습니다. 아들을 잃고 2주 후부터 쓴 일기를 2년 후인 1990년 9월부터 가톨릭 잡지 〈생활성서〉에 1년간 연재했는데, 그것을 묶은 것이 《한 말씀만 하소서》입니다. 박 선생님은 아들을 잃고 난 후 일기에 이렇게 썼습니다.

"원태야, 원태야. 내 아들아. 이 세상에 네가 없다니 그게 정말이냐? 하느님 너무하십니다. 그 아이는 세상에 태어난 지 25년 5개월밖에 안 됐습니다. 병 한 번 치른 적이 없고, 청동기처럼 단단한 다리와 매달리고 싶은 든든한 어깨와 짙은 눈썹과 우뚝한 코와 익살부리는 입을 가진 준수한 청년입니다. 걔는 또 앞으로 할 일이 많은 젊은 의사였습니다. 그 아이를 데려가시다니요. 하느님 당신도 실수를 하시는군요. 그럼 하느님도 아니지요."

박 선생님은 서울 집에 있을 수 없어서 부산의 큰딸 집으로 갔는데, 그

집 베란다에서는 올림픽 요트 경기가 열리는 수영만이 한눈에 들어왔습니다. 박 선생님은 일기에 이렇게 적었습니다.

"오나가나 그놈의 88올림픽, 정말 미칠 것 같다. 서울 집도 잠실경기장과 올림픽공원 사이에 있어 그 들뜬 야단법석이 싫어도 들리고 보일 것 같더니만 여기까지 그 축제가 따라올 게 뭐람. 내 아들이 죽었는데도 기차가 달리고 계절이 바뀌고 아이들이 유치원 가려고 버스를 기다리고 있다는 것까지도 참아 줬지만 88올림픽이 여전히 열리리라는 건 도저히 참을 수 없을 것 같다. 내 자식이 죽었는데도 고을마다 성화가 도착했다고 잔치를 벌이고 춤들을 추는 걸 어찌 견디랴. 아아, 만일 내가 독재자라면 88년 내내 아무도 웃지도 못하게 하련만."

박 선생님은 아들이 없는데도 모든 것이 정상적으로 돌아가는 것을 받아들일 수 없었습니다. 게다가 음식은 먹으면 전부 토해 올렸기 때문에 맥주와 수면제로 하루하루를 연명해 갔습니다. 자신의 생일도, 추석도 아무 의미 없게 여겨졌고, 미사를 드려도 아무런 위로가 되지 못했습니다.

그래서 이해인 수녀님의 권유로 분도수녀원에 한동안 들어가게 되었습니다. 그 안에서도 감정의 부침浮沈은 계속되었지만 약간씩 변화가 있었습니다. 수녀원 안으로 안내해 준 젊은 수녀님과 산책을 하게 되었을 때, 박 선생님은 그녀가 상투적인 위로를 할 거라고 생각했는데, 위로의 이야기는 단 한마디도 하지 않고 교황 요한 23세에 관한 이야기만 했습니다. 그 이야기가 얼마나 재미있었는지, 소설가인 박 선생님이 빨려 들어갈 정도였습니다. 그러다가도 혼자 있게 되었을 때는 "주님, 당신이 과연 계신지, 계신다면 내 아들이 왜 죽어야 했는지, 왜 내가 고통받아야 하는지 더도 말고 덜도 말고 한 말씀만 해보시라"고 방안을 돌멩이처럼 데굴데굴 구르며 처절하게 몸부림쳤습니다. 그러나 며칠이 지나도 아무런 말씀을 들을 수 없었습니다.

하나님의 말씀은 예상하지 못한 곳에서 왔습니다. 몇몇 생기발랄한 여자 청년들이 수녀원을 방문했습니다. 그중에 서울에서 온 여고생이 있었는데, 알고 보니 서울에서 같은 성당을 다니고 있었습니다. 그 아가씨들과 함께 있으면서 식사량이 약간씩 늘었습니다. 아무것도 모르는 아가씨들은 그렇게 조금씩 먹고 어떻게 사시느냐고 물었지만, 박 선생님은 내심 2~3일 동안 늘어난 식사량에 스스로 놀라고 있었습니다.

청년들이 떠나던 날 저녁에 한 부인이 들어왔습니다. 수녀가 되기 위해 들어와 있는 딸을 만나기 위해서였습니다. 그 부인은 이야기를 나누자며 박 선생님을 새벽에 깨웠습니다. 부인은 병들었던 딸이 낫자마자 수녀가 되겠다고 해서 수녀원으로 보냈는데, 1년도 되지 않아 재발했다는 것이었습니다. 그래서 다시 데려가려고 왔는데 속이 너무 상해서 말동무라도 하려고 깨웠다고 했습니다. 그 부인의 표정은 뭔가 위안의 말을 듣기를 원하는 기색이 역력했습니다.

박 선생님은 그만 한 일로 자식 걱정하는 것에 화가 나서 이렇게 말했습니다. "나는 외아들을 잃었답니다. 그래도 이렇게 밥 잘 먹고, 잠 잘 자고, 살아 있습니다." 그 말을 들은 부인은 당황하며 자기 방으로 들어갔습니다. 박 선생님은 그렇게 건조한 말을 하는 자신의 모습에 놀라고, 지금까지 아들이 죽었다는 것을 한 번도 입에 담은 적이 없는데 이제는 말을 할 뿐만 아니라 말하는 대로 살고 있다는 사실에 더 많이 놀랐습니다.

수녀원에 온 지 10여 일 만에 토하지 않게 되었고, 변비도 사라졌습니다. 끼니 때가 되면 배가 고프다는 것도 인식하게 되었습니다. 떠나기 전날 밤에는 수녀님들이 송별 모임도 베풀어 주었습니다. 아들은 없지만 딸이 넷이나 있다는 사실도 인식하게 되었습니다.

귀경 후 미국에 있는 막내딸을 만나러 가기로 하자, 딸은 동생 장례 때 신부님의 도움을 많이 받았노라며 떠나기 전에 본당 신부님을 뵈라고 귀띔해 주었습니다. 신부님을 뵙고 긴 위로의 말씀을 들었지만, 자식을 낳아 보지도 않은 분이 어떻게 내 마음을 알까 싶어 괴로운 마음으로 경청했습니다. 그러다 탁자 위에 놓인 백자 필통에 쓰인 글귀가 눈에 띄었습니다. 거기에는 '밥이 되어라'라고 쓰여 있었습니다. 박 선생님은 그 말을 입에서 계속 되뇌었습니다. 분도수녀원에서 맡은, 이 세상에서 가장 맛있는 밥 냄새를 떠올렸고, 어쩌면 그때 주님은 밥으로 오셨던 것이 아닐까를 떠올렸습니다.

'밥으로 오신 주님! 밥으로 한 말씀 하시는 주님!' 참 시사하는 바가 큽니다. 우리가 다른 사람과 함께 나눈 밥이 주님의 말씀이 될 수 있습니다. 주님이 영원한 양식이 되시는 분이시기 때문입니다.

목사가 성도님들에게 "제 안에 당신들이 있습니다"라고, 성도님들이 목사에게 "우리 안에 당신이 있습니다"라고 말할 수 있고, 구역 식구들이 서로 "제 속에 당신들이 있습니다"라고 말할 수 있다면, 우리 모두는 21세기에 빌립보서를 이루어 가고 있는 것입니다. 그 고백 속에 예수 그리스도의 심장이 함께하시기 때문입니다.

---

하나님 아버지!

하나님의 아들을 보내시어 우리의 구원자가 되게 해주실 뿐만

합당하게 생활하라

아니라 우리의 영원한 친구가 되게 해주셔서 감사합니다. 주님께서 나와 함께 '우리'가 되어 주심도 진심으로 감사드립니다. 우리가 사랑해야 할 사람들을 사랑하지 못하고, 섬겨야 할 사람들을 섬기지 못했던 것은 예수 그리스도의 심장이 아니라 내 심장으로 하려고 했기 때문임을 고백합니다. 조변석개朝變夕改하는 감정이나 유한한 이성으로 우리 신앙의 기초를 놓지 않게 하시고, 오직 주님의 마음과 주님의 말씀으로 신앙의 집을 지어 가게 하옵소서. 그리하여 바울과 빌립보교회의 아름다운 관계가 주님과 우리의 관계가 되게 하시고, 성도님들 간의 관계가 되게 하여 주옵소서. 우리가 주님 안에, 주님이 우리 안에 계심으로 우리가 더욱 그리스도인답게 살아가게 하시고, 성도님들 서로가 다른 사람들을 자신을 사랑하듯 섬기게 하여 주옵소서. 예수님 이름으로 기도드립니다.

아멘.

# 06

## 내가
## 기도하노라 Ⅰ

빌립보서 1장 9–11절

농어 낚시

《마음을 열어주는 101가지 이야기 *Chicken Soup for the Soul*》
라는 책에 이런 내용이 있습니다.

열두 살 된 소년은 아버지와 함께 뉴햄프셔 주에 있는 호수 한
가운데의 섬으로 낚시를 가곤 했습니다. 주 정부에서는 농어를
보호하기 위해 해마다 정해진 기간 동안에만 농어를 잡도록 했
습니다.

농어 낚시 시즌이 시작되기 바로 전날, 소년은 아버지와 이른 저
녁부터 낚시를 시작했습니다. 낚싯바늘에 지렁이를 끼우고 작
은 민물고기들을 잡았습니다. 낚시를 물에 던지면 황혼에 반사
되어 수면에 형형색색의 물결이 일었습니다. 이윽고 달이 떠오
른 뒤부터는 은색 물결이 일기 시작했습니다.

밤이 깊어 가는 중에 갑자기 낚싯대가 크게 휘었고, 소년은 뭔가

합당하게 생활하라

큰 물고기가 걸렸다는 것을 직감했습니다. 소년이 혼자 힘으로 그 큰 물고기를 끌어올리는 동안 아버지는 아들이 대견하다는 듯이 지켜보았습니다. 마침내 소년은 지쳐 힘이 빠진 물고기를 간신히 물 밖으로 끌어올렸습니다. 여태까지 본 어떤 물고기보다도 큰 놈이었습니다. 하지만 그것은 농어였습니다.

소년과 아버지는 달빛을 받으며 바닥에서 퍼덕이는 그 물고기를 내려다보았습니다. 아버지는 성냥불을 켜서 손목시계에 비추었습니다. 밤 10시였습니다. 농어 낚시가 허용되려면 아직 두 시간이 남아 있었습니다. 아버지는 물고기를 한 번 쳐다보고 아들을 쳐다보았습니다.

아버지가 말했습니다. "다시 물속으로 보내 줘야 한다."

소년은 소리를 질렀습니다. "아빠!"

아버지는 고개를 가로저으며 말했습니다. "두 시간 뒤에 다시 낚으면 되잖아!"

소년은 울음을 터트렸습니다. "이만큼 큰 농어는 다시 잡지 못할 거예요."

소년은 호수 주위를 둘러보았습니다. 달빛 속에 근처의 다른 낚시꾼들이나 낚싯배들은 보이지 않았습니다. 소년은 다시 아버지를 쳐다보았습니다.

소년이 농어 잡는 것을 아무도 목격하지 않았다 할지라도, 또 그것을 잡은 것이 몇 시였는지 모른다 해도, 소년은 아버지의 분명한 목소리에서 이미 결정이 내려졌다는 것을 알았습니다. 소년은 한숨을 쉬며 커다란 농어 입에서 낚싯바늘을 빼내고 물속으로 돌려보냈습니다. 이내 농어는 물속으로 사라졌습니다. 소

년은 앞으로 그만큼 큰 물고기를 다시는 잡을 수 없으리라 생
각했습니다.

그것은 30년 전의 일이었습니다. 그 소년은 뉴욕 시에서 성공
한 건축사가 되었습니다. 호수 한가운데 있는 섬 낚시터는 지금
도 그대로 남아 있습니다. 그는 가끔 아들과 딸을 데리고 바로
그 장소로 낚시를 가곤 했습니다.

그는 오래전 캄캄한 밤에 물속에 놓아 준 농어만큼 큰 것을 잡아
본 적이 없었지만 생의 순간순간 스쳐가는 생각과 도덕성이 부
딪힐 때마다 그 물고기를 생각했습니다. 농어 사건은 그에게 '농
어라는 이익'보다도 '올바름'을 선택하는 원리가 되었습니다.

그날 그 소년은 농어를 놓아 주는 것이 아깝고, 아버지가 야속하
고 어리석다고 생각했을 것입니다. 그날 그 농어를 집으로 가지
고 왔다면 가족들은 맛있는 식사를 했을 것입니다. 그러나 그것
으로 끝났을 것입니다. 그런데 그날 그 농어를 놓아 주었기 때
문에 그것과 비교할 수 없는, 인생에 좌표가 되는 큰 교훈을 가
슴에 담을 수 있었습니다.

자녀에게 눈앞의 이익보다 더 큰 원리를 가르쳐 주는 부모와, 자
기 욕망을 움켜쥐기보다 부모의 가르침에 순종하는 자녀가 있
는 가정은 참 행복할 것입니다.


## 바울의 기도에서 배우는 우리의 기도

오늘 본문은 바울이 빌립보교회를 위해 기도드린 내용이 무엇
인지 구체적으로 말씀합니다. 바울의 기도는 우리 신앙에 목전의 이익보

　　　　　　　　　　　　합당하게 생활하라

다 더 큰 원리를 가르쳐 줍니다.

바울과 빌립보교회의 관계는 참 아름다웠습니다. 바울이 빌립보로 오게 된 것도 참 오묘하신 하나님의 인도하심이었고, 빌립보교회의 시작은 더욱 신비한 하나님의 역사였습니다. 그 사실을 잘 알고 있는 빌립보교회의 바울을 향한 애정은 다른 교회와 비교할 수 없을 정도였습니다. 그렇게 소중하게 여겨지는 교회를 위한 기도였기 때문에, 우리에게도 이 기도는 참 소중합니다. 우리 모두에게도 소중한 사람들이 있기 때문입니다. 그 소중한 사람들은 가족들일 수도 있고, 바울과 빌립보교회처럼 복음을 전해 주고 받은 사람들일 수도 있습니다.

10여 년 전 제가 사역할 때는 초등학생, 중고등학생, 대학생이었는데 지금은 20~30대 청년이 된 사람들이 우리 교회에 있습니다. 그들을 볼 때마다 정말 고맙다는 생각이 듭니다. 그들의 신앙 성장은 제 사역이 무의미하지 않았음을 보여 주는 증명서같이 여겨지기 때문입니다.

바울에게 빌립보교회처럼, 성도님들에게는 어떤 사람들이 소중하게 여겨지십니까? 또 그들을 위해 무엇을 기도해 주고 싶으십니까?

바울은 빌립보교회를 위해 이렇게 기도했습니다. 9절이 이렇게 증거합니다.

■      내가 기도하노라 너희 사랑을 지식과 모든 총명으로 점점 더 풍성하게 하사

바울은 빌립보교회를 위해 기도하면서 가장 먼저 '사랑이 점점 더 풍성하기'를 빌고 있습니다. 빌립보교회는 다른 교회들보다 사랑이 많은 교회였습니다. 그랬기 때문에 다른 교회들은 아무도 하지 않는데 투옥된

바울에게 선교비는 물론 에바브로디도를 보내 옥바라지를 하도록 해주었습니다.

그것은 바울에게 굉장한 감동이 되었을 것입니다. 바울의 사역은 참 고독했습니다. 다른 사도들과 달리 예수님의 공생애 동안 한 번도 주님을 뵌 적이 없던 바울은 부활하신 주님을 뵙게 됨으로 사도가 되었습니다. 그래서 그는 유대인들에게는 배신자가 되어 암살 대상 0순위였고, 그리스도인들에게도 그의 전력前歷으로 인해 경계 대상 1호였습니다. 다른 사도들은 가는 곳마다 복음을 전하면 복음을 받은 이들에게 숙식을 제공받고, 다음 행선지까지의 여비를 받아서 다녔습니다. 심지어 기혼자 사도 베드로는 부인과 함께 다녔습니다. 그러나 바울은 그 모든 것을 스스로 해결해야 했습니다. 그래서 밤낮으로 일하면서 복음을 전했습니다. 극소수의 사람들만 바울과 그의 사역을 존중해 주었습니다. 그중에 가장 앞서 있었던 사람들이 빌립보교회였습니다.

로마의 감옥에 구금되어 있던 바울에게 아무도 면회조차 오지 않았습니다. 바울을 파송했던 안디옥교회마저 외면하고 있었습니다. 그런 바울에게 옷가지와 음식을 보내 주고 에바브로디도를 보내 옥바라지를 하게 해준 빌립보교회는 바울의 사역이 의미 없는 것이 아니었음을 보여 주는 하나님의 위로와 같았을 것입니다. 그런 교회를 위해 기도하면서 바울은 사랑이 점점 더 풍성해지기를 기도하고 있습니다. 초점이 '사랑'에 있지 않고 '점점 더'에 있습니다.

달리는 말에 채찍질을 더한다는 뜻의 '주마가편走馬加鞭'이란 말처럼 빌립보교회에 사랑이 없기 때문이 아니라 많기 때문에 더 많아지기를 기도하는 것입니다.

많은 사람들은 사랑이 '감정의 결정체'라고 생각합니다. 그러나 사랑

합당하게 생활하라

은 그것만이 아닙니다. 감정의 사랑은 그리 오래 지속되지 않습니다. 얼마 전에 난 한 신문기사에 의하면 감정의 사랑은 유효기간이 900일이라고 합니다. 시간이 지날수록 만날 때의 설렘과 헤어질 때의 아쉬움은 사라진다는 것입니다. 그러나 이런 기사가 아니어도 우리는 경험적으로 잘 알고 있습니다. 결혼한 지 10년, 20년 또는 그 이상이 지났는데도 남편이 직장에 출근할 때면 헤어지기 싫고, 귀가하면서 아내를 만날 것을 생각하니 설렘으로 가슴이 뛰어 과속을 하게 된다면, 그분은 병원으로 가 보셔야 할지도 모릅니다.

사랑에는 감정적인 요소보다 의지적인 요소가 더 많습니다. 사랑이 어떠한 것인지는 바울이 고린도교회에 보낸 편지에 잘 나타나 있습니다. 고린도전서 13장 4-7절이 이렇게 증거합니다.

■　　사랑은 오래 참고 사랑은 온유하며 시기하지 아니하며 사랑은 자랑하지 아니하며 교만하지 아니하며 무례히 행하지 아니하며 자기의 유익을 구하지 아니하며 성내지 아니하며 악한 것을 생각하지 아니하며 불의를 기뻐하지 아니하며 진리와 함께 기뻐하고 모든 것을 참으며 모든 것을 믿으며 모든 것을 바라며 모든 것을 견디느니라

가장 먼저 언급되는 사랑의 특성은 '오래 참는 것'이라고 합니다. '참는 것'은 '기다려 주는 것'을 의미합니다. 그래서 7절에서도 사랑은 "모든 것을 참으며 모든 것을 믿으며 모든 것을 바라며 모든 것을 견디느니라"라고 말씀합니다.

아기가 태어나는 순간부터 걷는 경우는 없습니다. 아기가 태어나서 걷

는 데는 1년이라는 기간이 필요합니다. 그것도 수없이 많이 넘어지고 다치고 한 뒤에 가능합니다. 아기가 태어나자마자 걷기를 원하는 부모가 있다면 그 부모는 정상이 아니거나, 아기를 사람이 아니라 송아지쯤으로 생각하고 있는 것일 터입니다. 부모가 자녀를 기다려 주는 것은 사랑하기 때문입니다.

부부가 된다는 것은 서로 이해되지 않는 남녀가 서로 다른 인생길을 걷다가 한 인생길을 걷는 것입니다. 부부가 서로 사랑한다는 것은 상대방을 잘 기다려 주는 것입니다. 마지못해서가 아니라 하나님께서 내 배우자를 새롭게 빚어 갈 것을 믿기 때문입니다. 다른 사람들을 사랑하는 것도 마찬가지입니다. 그들을 사랑한다는 것은 하나님께서 예수 그리스도의 날까지 그들을 완성시켜 가실 것이기 때문에 미숙함이 있을지라도 잘 기다려 주는 것입니다.

또한 사랑하는 것은 온유한 것, 즉 친절한 것입니다. 사랑은 상대에게 예의를 다하는 것입니다. 멀리 있는 사람보다 가까이 있는 사람의 장점을 보는 것이 더 쉽지만, 단점은 훨씬 잘 보입니다. 다른 사람과 좋은 관계를 오랫동안 지속하려면 서로 예의를 다해야 합니다. 예의를 다한다는 것은 늘 경어敬語를 사용하고 격식을 갖추는 것만을 의미하지 않습니다. 예의를 다하는 것은 상대를 인격적으로 존중하는 것입니다.

세상에서 가장 가까이 있는 사람이 자기 배우자이기에 배우자의 장단점을 누구보다 잘 알고 있습니다. 그래서 많은 부부가 배우자에게 무례히 행합니다. 그러나 그것은 사랑이 아닙니다. 사랑한다는 것은 예의를 잘 지키는 것이기에, 세상에서 가장 예의를 잘 갖추어 대해야 하는 사람이 자기 배우자입니다.

그리고 사랑한다는 것은 상대를 다른 것과 비교하지 않고 절대적으로

합당하게 생활하라

생각하는 것입니다. 시기, 자랑, 교만, 무례히 행함, 자기 유익을 구함 등은 모두 비교의식에서 나오는 것들입니다.

요즘 '엄친아'(엄마친구아들)와 '엄친딸'(엄마친구딸) 같은, 사전에 나오지도 않는 말이 유행합니다. 공부도 잘하고, 외모도 잘생기고/예쁘며, 성격도 좋을 뿐만 아니라 좋은 직장에 다니고 부자 부모까지 두어서 어느 하나 빠지는 데가 없는 사람을 지칭하는 말입니다. 성적표를 받아온 자녀에게 "네 친구는 몇 등 했어!"라고 묻는 것은 자녀를 몹시 분노하게 만듭니다. 자기 자녀를 존재하지도 않는 '엄친아', '엄친딸'과 비교하는 것은 자녀를 사랑하지 않는 것입니다. 우리말 '엄친嚴親'은 '남에게 자기 아버지를 지칭할 때' 사용하는 말입니다. 그러니까 '엄친아', '엄친딸'은 바로 자기 자녀여야 합니다.

이처럼 사랑은 '감정의 결정체'만이 아니라 '의지의 산물'입니다. 그래서 오늘 본문에서도 바울은 빌립보교회가 '사랑이 점점 더 풍성하기를 기도한다'고 하지 않습니다. 9절을 다시 봉독하겠습니다.

■        내가 기도하노라 너희 사랑을 지식과 모든 총명으로 점점 더 풍
          성하게 하사

사랑이 지식과 모든 총명으로 점점 더 풍성하기를 기도하고 있습니다. 사랑에 지식이 더해지지 않으면 그 사랑은 맹목적이기 쉽습니다. 그리고 총명이 없는 사랑은 편협하거나 근시안적이기 쉽습니다. '지식'에 해당하는 헬라어 '에피그노시스epignōsis'는 하나님에 대한 앎, 복음과 진리에 대한 이해, 세상에 대한 바른 이해 등을 의미하는데, 실제적이고도

온전한 앎을 뜻합니다.

세상살이에서도 '지식'의 중요성은 아무리 강조해도 지나치지 않습니다. 얼마 전 한 연예인이 방송에서 자신은 초등학교 4학년 때 한글을 깨쳤다고 했습니다. 먹고살기도 빠듯했기에 부모님은 아들이 글을 아는지 모르는지 살펴볼 여유가 없었습니다. 친구 소개로 교회에 다니게 되었는데, 예배 후 성경공부시간이 되었습니다. 몇몇 학생들이 돌아가면서 성경을 읽는데 그는 읽을 수가 없었습니다. 더구나 옆에 예쁜 여학생이 앉아 있었기에 더욱 창피했습니다. 그래서 독학으로 열심히 공부해서 마침내 한글을 깨치게 되었습니다. 그러고 나니 세상이 새롭게 보였다고 했습니다. 모르던 한글만 알게 되어도 세상은 다르게 보입니다.

무슨 운동이든지 자신이 할 줄 모를 때는 재미도 없을 뿐만 아니라, 관심은 누가 이기고 졌는지 그 결과에만 있습니다. 그러나 본인이 그 운동을 할 줄 알게 되면 결과에만 관심을 두기보다 과정을 즐기게 됩니다. 골프 선수가 클럽을 휘둘러 드라이브를 치는 모습만 보고도 놀라고, 퍼팅하는 것을 보고도 감탄합니다. 테니스 선수가 리시브를 하고, 발리로 공을 넘기는 모습을 보기만 해도 눈동자가 커집니다. 서비스를 넣을 때는 어느 위치에 서는지, 공은 어디쯤 올리는지, 발의 모습은 어떠한지 등등을 눈여겨 볼 것입니다.

이처럼 무엇이든지 어떤 분야에 지식이 있는 것과 없는 것은 차이가 큽니다. 세상 일에도 그러하다면 하물며 영적인 일이겠습니까?

그리스도인이 가장 바른 지식을 갖고 있어야 하는 대상이 '하나님'입니다. 호세아 선지자는 하나님을 섬긴다는 이스라엘 땅의 실상이 어떠한지, 만군의 왕이신 하나님을 예배하는 삶을 산다고 하는데 왜 국운이 점점 기울어 가는지를 이렇게 묘사합니다. 호세아 4장 1절과 6절입니다.

합당하게 생활하라

■ 　　이스라엘 자손들아 여호와의 말씀을 들으라 여호와께서 이 땅
　　　주민과 논쟁하시나니 이 땅에는 진실도 없고 인애도 없고 하나
　　　님을 아는 지식도 없고

　　　내 백성이 지식이 없으므로 망하는도다 네가 지식을 버렸으니
　　　나도 너를 버려 내 제사장이 되지 못하게 할 것이요 네가 네 하
　　　나님의 율법을 잊었으니 나도 네 자녀들을 잊어버리리라

　하나님을 섬긴다는 이스라엘 땅에 진실도, 사랑도 없고 하나님을 아
는 지식마저도 없다고 합니다. 하나님에 대한 무지는 나라를 패망하게
만들었을 뿐만 아니라, 하나님께서도 그들을 잊어버리겠다고 말씀하십
니다. 그래서 호세아 선지자는 하나님의 심정을 이렇게 외칩니다. 호세
아 6장 6절입니다.

■ 　　나는 인애를 원하고 제사를 원하지 아니하며 번제보다 하나님
　　　을 아는 것을 원하노라

　이스라엘 자손들은 제사—오늘날로 하면 예배—가 너무 중요하다는 사
실을 잘 알고 있습니다. 그래서 그들은 다양한 종류의 제사를 드렸습니
다. 그러나 그것으로 끝이었습니다. 하나님께서 왜 그렇게 다양하게 제
사를 드리라고 하셨는지, 그렇게 말씀하시는 하나님은 어떤 분이신지에
대해서는 알려고 하지 않았습니다. 바른 신앙은 하나님에 대해 눈떠 가
는 것입니다. 그래서 그분이 원하시는 것을 내 삶으로 이루어 가는 것
입니다.

신약에서도 마찬가지입니다. 예수님께서 이렇게 말씀하셨습니다. 요한복음 17장 3절이 이렇게 증거합니다.

■        영생은 곧 유일하신 참 하나님과 그가 보내신 자 예수 그리스도
        를 아는 것이니이다

하나님과 예수 그리스도를 아는 것 자체가 영원한 생명이라고 합니다. 하나님이 영원하신 분이기 때문입니다.

'박태환'이나 '김연아'를 아십니까? "2008년 베이징 올림픽 수영 자유형 400미터에서 금메달을 딴 선수고, 2010년 밴쿠버 동계올림픽 여자 싱글 피겨 스케이팅 챔피언이다." 이러한 정보가 있는 것을 '안다'고 하지 않습니다. 성경이 말하는 '안다'는 것은 그 사람의 깊은 속마음과 됨됨이, 성격 등을 안다는 의미입니다. 즉 '안다'는 것은 인격적인 교제가 있는 상태를 의미하는 말입니다.

바울은 빌립보교회를 위해 사랑이 점점 더 풍성하기를 기도하면서 그 사랑에 지식과 함께 '모든 총명'이 더해져야 한다고 말합니다.

'총명'에 해당하는 헬라어 '아이스테시스aisthēsis'는 '감각sense'과 관련이 있는 단어입니다. 그래서 '통찰력insight'으로 번역되기도 하고, '안목discernment'으로 번역되기도 합니다. 세상 일과 영적인 일에 대한 적용력을 토대로 매우 힘든 결정을 해야 할 상황에서 적절한 판단을 내릴 수 있는 역량을 의미하는 말이 '총명'입니다. 지식이 이론적이라면, 총명은 실제적이라 할 수 있습니다.

무엇을 배울 때 책을 통해 배우는 사람이 있고, 경험을 통해 배우는 사

합당하게 생활하라

람이 있습니다. 책을 통해 배우는 것이 익숙한 사람이라면 자신이 배우기를 원하는 분야의 책을 구해서 읽거나 책에 있는 내용을 더 넓고 깊게 배울 수 있는 방법을 궁리할 것입니다. 반면에 경험을 통해 배우는 것이 익숙한 사람은 '연습이 완전함을 만든다'는 격언을 마음에 두고 실천에 실천을 거듭할 것입니다.

서양에서 인재를 두 부류로 나눌 때 공부를 많이 해서 총명한 사람을 '북 스마트book smart'라고 합니다. 문자 그대로 책을 통해 총명한 사람입니다. 많은 책을 읽고, 좋은 학교를 졸업하고, 시험을 보기만 하면 우수한 성적을 얻는 사람입니다.

반면에 길(경험)에서 배워서 총명한 사람을 '스트리트 스마트street smart'라고 합니다. 많은 책을 읽은 것도 아니고, 좋은 학교도 졸업한 것도 아니지만, 자기 분야에서는 산전수전 겪으며 노하우를 몸에 축적한 사람을 지칭합니다.

우리 사회에서는 아직까지는 '북 스마트'의 사람이 인재로 여김받습니다. 그래서 명문 대학에 들어가려고 몸부림쳤고, 자신이 졸업하지 못했다면 자식을 통해서라도 꿈을 이루려 합니다. 출신 학교로 그 사람의 인격까지 규정하는 일도 허다합니다. 우리 사회가 더 발전하고 더 건강해지려면 '스트리트 스마트'의 사람들도 존중되어야 합니다. 그들은 북 스마트의 사람들이 생각한 것을 구현해 내는 사람들이기 때문입니다. 그래서 '북 스마트'와 '스트리트 스마트'는 대립적 관계가 아니라 상호보완적 관계입니다. 북 스마트에게 지식이 있다면, 스트리트 스마트에게는 총명이 있습니다.

그런데 이 둘을 결합한 이상적인 인재를 '딥 스마트deep smart'라 한다고 합니다. 그들에게는 고도의 내적인 힘이 있고, 단순한 시작이나 단순한 기술을 넘어서 전체를 보며 중도를 지켜 내는 통찰력이 있습니다.

빌립보교회를 위한 바울의 기도에서 '지식'이 '하나님의 말씀을 통한 영성book spirituality'이라 한다면, '총명'은 '경험과 체험을 통한 영성 street spirituality'이라 할 수 있습니다. 바울은 빌립보교회가 그 둘을 겸비한 '깊은 영성deep spirituality'을 갖추기를 간곡히 기도하고 있습니다.

눈에 넣어도 아프지 않을 자녀나 가족을 위해 어떤 기도를 드리고 싶습니까? 하나님께서 내게 붙여 준 사람들을 위해 어떤 기도를 드리고 싶습니까? 아니, 나 자신을 위해서는 무엇을 기도드리고 싶으십니까? 이렇게 기도드리고 싶지 않으십니까?

"너희의 사랑이 지식과 모든 총명으로 점점 더 풍성하기를 내가 기도하노라."

---

하나님 아버지!

오늘 말씀을 통해 우리 기도의 내용이 어떠해야 함을 일깨워 주셔서 감사합니다. 그러나 우리 기도의 대부분은 나를 세상에서 돋보이게 해주도록 하는 것이거나, 얼마 지나지 않아 아무런 의미도 가치도 없게 될 것들은 아닌지요? 그런 기도를 드리는 것조차 외면하거나 등한히 하고 있는 것은 아닌지요?

우리 눈과 마음을 열어 주셔서 우리 자신과 우리 자녀들을 위한 기도가 '농어 한 마리라도 더 잡기 위한 것'으로 끝나지 않게 하시고, 더 높고 더 바른 가치를 위한 것이 되게 하여 주옵소서.

바라옵기는, 우리의 삶과 신앙에 사랑이 지식과 모든 총명으로 점점 더 풍성하게 하여 주옵소서. 우리 자녀들과 가족들도 그렇게 되게 하시고, 모든 성도님들이 그러하게 하옵소서. 그리하여 사랑이 없어서 냉랭하고, 사랑이 없어서 탄식 소리 가득한 이 땅에 우리 모두 하나님의 사랑의 통로가 되게 하옵소서. 예수님 이름으로 기도드립니다.

아멘.

## 07

내가
기도하노라 Ⅱ

리어 왕

셰익스피어의 4대 비극 중에서 가장 비극적인 작품은 〈리어 왕〉입니다. 영국 왕 '리어'에게는 딸이 셋 있었는데, 첫째 딸 고네릴은 알바니 공작 부인이었고, 둘째 리건은 콘월 공작 부인이었습니다. 막내 코델리아는 프랑스 왕과 버건디 공작의 청혼을 받은 상태였는데, 그 두 사람은 왕궁에 장기 체류하고 있었습니다. 리어는 80세가 넘은 노인이었기에 왕국을 딸들과 사위들에게 물려주고 여생을 편히 쉬고 싶었습니다. 그는 지도에다 자신의 영토를 3등분한 후, 딸들에게 자신을 얼마나 사랑하는지 묻고 나누어 주려 했습니다. 첫째와 둘째 딸은 욕심만 많았지 아버지를 사랑하지 않았습니다. 셋째만 아버지를 진심으로 사랑했습니다.

먼저 리어는 장녀 고네릴에게 자신을 얼마나 사랑하는지 물었

습니다. 고네릴은 이렇게 답변했습니다. "말로 표현할 수 없을
정도로 아버님을 사랑합니다. 내 눈보다도, 무한한 영토와 자
유보다도 더 사랑합니다. 훌륭하고 고귀하신 아버님은 그 무엇
보다도 소중한 분입니다. 우아하고, 건강하고, 아름답고, 영예
스런 생명만큼이나 소중하신 분입니다. 자식 된 자로서 받들 수
있는 최대의 사랑으로, 아버님께서 지금까지 받아본 적이 없을
만큼 최대의 사랑으로 아버님을 모시겠습니다."

막내 코델리아는 중얼거렸습니다. "뭐라고 해야 좋담? 아버님
을 사랑하고는 있지만 잠자코 있자."

고네릴의 말에 흡족해진 리어는 지도에 그어 놓은 경계선을 가
리키며 "그늘진 수풀과 기름진 들판을 너에게 주겠다. 그리고
물고기가 넘실대는 이 강물, 그 주변의 넓은 목장을 너에게 주
겠다. 이것은 영원히 너와 알바니의 후손들 것이다"라고 했습
니다.

이어 둘째 딸 리건에게 물었더니 이렇게 답했습니다. "저도 언
니와 한 마음 한 뜻이므로, 언니가 저의 효심을 있는 그대로 전
한 셈입니다. 다만 언니 말에 덧붙여 말씀드린다면, 저는 아무
리 고상하고 완전한 기쁨이라 할지라도 그것이 효도 이외의 즐
거움이라면 그것을 원수로 삼겠습니다. 오직 아버님께 바치는
지고한 사랑에서만 큰 행복을 느끼겠습니다."

이때도 코델리아는 혼잣말로 이렇게 말했습니다. "다음은 가
엾은 코델리아 차례구나! 하지만 내 사랑이 빈약한 것은 아니
야. 내 효성은 정말이지 혀로 표현할 수 없을 만큼 아주 아주
풍성해."

기분이 좋아진 리어는 둘째에게도 "이 3분의 1은 넓이로나 가치로나 기쁨을 주는 일에서 결코 고네릴에게 준 것 못지않다. 이 땅을 너와 네 자손들에게 물려주마"라고 했습니다.

끝으로 리어는 막내에게 이렇게 말했습니다. "막내이긴 하나 언니들 못지않게 나에게 기쁨을 안겨주는 코델리아, 언니들의 땅보다 더 큰 세 번째 영토를 너의 소유로 만들기 위해 네가 할 수 있는 일이 무엇인지 말해 보렴."

코델리아는 "아무 할 말이 없습니다"라고 답했습니다. 리어는 놀라고 화가 나서 "아무 할 말이 없다면 아무것도 받을 수 없다"며 다시 말해 보라고 했습니다.

코델리아는 이렇게 답변했습니다. "불행히도 저는 진심밖에 말할 줄 모릅니다. 아버님, 아버님은 저를 낳으시고 기르시고 사랑해 주셨습니다. 마땅히 답례를 올리는 것이 저의 의무입니다. 아버님께 복종하고, 아버님을 사랑하고 존경하렵니다. 그런데 언니들이 정말 아버님을 그토록 사랑한다면 어째서 결혼을 했단 말입니까? 제가 결혼한다면 제 배우자가 제 애정과 관심과 의무의 절반을 빼앗아갈 것입니다. 아버님께 효도만 할 거라면 저는 언니들처럼 결혼하지 않을 겁니다."

이 말에 분노를 느낀 리어는 "네 진심을 결혼 지참금으로 삼아라"며 셋째에게 주려던 영토를 반으로 나누어 두 딸에게 주었습니다. 자신은 왕의 신분만 유지하고 모든 권력과 권한과 수입은 두 사위에게 준다고 선포했습니다. 그러고는 왕관을 벗어 두 사위에게 주면서 번갈아 쓰라고 했습니다. 자신은 기사 100명을 데리고 매달 두 딸의 집에 번갈아 머물겠다고 했습니다.

합당하게 생활하라

막내 코델리아에게 청혼했던 버건디 공작은 지참금이 아무것도 없다는 것을 알고는 그냥 돌아가고, 프랑스 왕은 지참금이 없어도 코델리아만 있으면 충분하다며 그를 데리고 본국으로 돌아갔습니다.

그러나 두 딸의 집을 오가며 편안한 여생을 보내겠다던 리어의 생각은 착각이었습니다. 리어는 큰딸 고네릴의 집을 찾았다가 수모를 당했습니다. 심지어 큰딸의 종도 리어의 말을 듣지 않았습니다. 고네릴은 리어에게 어울리지 않는다며 기사를 50명으로 줄이라고 했습니다. 화가 난 리어는 둘째 딸 리건의 집으로 갔지만 그는 여행에서 금방 돌아와서 피곤하다며 얼굴도 내보이지 않았습니다. 언니와 등장한 리건은 아버지에게 기사를 25명으로 줄이라고 했습니다. 리어가 다시 고네릴에게 가겠다고 하니까 고네릴은 집에서 많은 시종들이 아버님을 보살펴드리는데 무슨 다른 사람이 필요하냐고 했습니다. 리건도 아버지 한 분이면 기꺼이 환영하지만, 단 한 명이라도 시종이 따르면 안 된다고 했습니다.

결국 리어는 미쳐서 여러 가지 들풀로 왕관을 만들어 쓰고는 들판을 헤매고 다녔고, 에드먼드를 동시에 사랑하다 질투를 느낀 언니 고네릴은 동생 리건을 독살하고, 자신도 자살했습니다. 막내 코델리아도 에드먼드에게 목 졸려 죽임을 당합니다. 리어도 두 딸의 죽음에 대해 듣고, 진심으로 아버지를 사랑했지만 자신이 알아보지 못했던 코델리아의 시신 앞에서 절규하며 죽음을 맞이합니다.

〈리어 왕〉 1막 4장에서 리어 왕은 어느 딸이 자신을 진심으로 사랑하는지 오판誤判한 뒤 광대와의 대화에서 이렇게 한탄했습니다. "여기 있는 자들아, 너희 가운데 나를 아는 자가 있느냐? 여기 있는 사람은 리어가 아니다. 리어가 이렇게 걷더냐? 이렇게 말하더냐? 리어의 눈이 어디 있느냐? 그의 생각이 둔해졌거나 판단력이 잠자고 있거나 둘 중의 하나다. 아아! 나는 잠들었는가, 깨어 있는가? 누구, 내가 누구인지 말할 수 있는 사람이 없느냐?"

어느 딸이 자기를 진심으로 사랑하는지 바르게 분별하지 못했을 뿐만 아니라 자신의 판단력이 흐려져 딸들을 바르게 분별할 수 없다는 것을 몰랐기 때문에 그는 비극의 주인공이 되었습니다.

## 온전한 토기이기 위해 필요한 것

삶과 신앙에서도 분별의 중요성은 아무리 강조해도 지나침이 없습니다. 인생은 끊임없이 분별해야 하는 일로 이어져 있기 때문입니다. 우리 앞에 펼쳐진 일을 어떻게 분별하고 선택했느냐에 따라 인생의 그림이 달라지고, 우리와 함께하는 사람들을 어떻게 분별하고 교제하는지에 따라 인생의 질이 달라집니다.

바울은 깊은 애정이 있는 빌립보교회를 위해 기도하고 있습니다. 빌립보교회는 참 연약했기에 그들에게 로마 황제의 오른팔 같은 고위층 권력자를 붙여 주셔서 방해받지 않고 하나님을 섬길 수 있게 해달라고 기도할 수도 있었고, 빌립보 상권을 쥐고 있는 경제인들을 붙여 주심으로 경제적으로 윤택한 교회가 되어 더 많은 사도들에게 물질로 후원하는 교회

합당하게 생활하라

가 되게 해달라고 간구할 수도 있었으며, 빌립보 최고의 학자들이 모두 하나님을 믿게 하여 사람들이 빌립보 사회를 선도해 가는 교회가 되게 해 달라고 빌 수도 있었습니다.

그러나 빌립보교회를 위한 바울의 기도는 그런 것이 아니었습니다. 그 기도는 눈앞의 이익이나 안일함을 위한 것이 아니라 본질적이면서도 큰 그림을 그리게 해주는 것이었습니다. 그래서 바울은 빌립보교회에 '사랑이 점점 더 풍성하기'를 기도했습니다. 그리고 그 사랑은 지식과 총명함이 더해져야 한다고 했습니다. 지식 없는 사랑은 맹목적이기 쉽고, 총명이 없는 사랑은 편협한 이기심과 눈앞만 생각하는 감정의 파도와 같기 때문입니다.

오늘 나누려는 부분은 바울이 빌립보교회를 위해 '사랑이 지식과 모든 총명으로 점점 더 풍성해지기'를 기도한 이유입니다. 10절이 이렇게 증거합니다.

■　　너희로 지극히 선한 것을 분별하며 또 진실하여 허물 없이 그리스도의 날까지 이르고

지식과 총명이 있는 사랑으로 점점 더 풍성한 빌립보교회가 되기를 소원하는 바울의 기도에는 두 가지 이유가 있었습니다.

'지극히 선한 것을 분별하며…….' 첫째는 '지극히 선한 것을 분별하기 위해서'입니다. 더 선한 것, 더 바른 것을 분별함을 통해 지식과 총명이 있는 사랑이 점점 더 풍성해질 수 있기 때문입니다.

그런데 성경을 보면 '지극히 선한 것을' 앞에 작은 글자로 1)이라 쓰여 있고, 아래 해당 각주란을 보면 '또는 같지 아니한 것을'이라 되어 있습니

다. 즉 '지극히 선한 것'의 문자적인 뜻은 '다른 것'이라는 의미입니다. 우리말에서도 '뛰어나다'는 것을 표현할 때 '다르다'라고 하기도 합니다. 자동차 광고에서 자기 회사 자동차가 타사 것보다 훨씬 우수하다는 것을 말할 때 "차원이 다른 자동차!"라고 합니다. 또 이런 카피도 있습니다. "작은 차이(다름)가 명품을 만듭니다." 사람에 대해 말할 때도 같습니다. "그 사람의 도덕성은 일반인들과는 완전히 달라." 그래서 '다름'을 '지극히 선함'이라고 번역한 것은 원래 의도를 잘 살린 것입니다.

일이나 사람, 사물을 어떻게 분별하고 어떤 선택을 하느냐에 따라 같은 환경과 능력을 갖고 태어났다 할지라도 삶의 업적은 천양지차일 수 있습니다. 아니, 어떤 사람은 입에 금 숟가락, 은 숟가락을 물고 태어났을지라도 삶이 추함의 연속이 될 수도 있고, 입에 아무것도 물지 못하고 태어났을지라도 기념비 같은 업적을 남길 수도 있습니다.

유치원생이나 초등학교 저학년 아이들은 장래 희망이 한두 가지가 아닙니다. 대여섯 가지는 보통이고, 자주 바뀌기도 합니다. 그러나 자라면서 하나씩 줄어들기 시작합니다. 그러다 나중에는 하나만 남게 됩니다. 그 하나도 실제로는 분야가 얼마나 방대한지 제대로 다 할 수 없다는 것을 알게 됩니다. 그러면 그중에서 한 부분에 집중하게 됩니다. 이 모든 것은 분별의 결과입니다 .

얼마 전 신문에 이런 기사가 났습니다. 바이올리니스트 김민진(32세) 씨가 2010년 11월 런던의 한 전철역 인근에서 전 세계에 450대밖에 없는 바이올린 '스트라디바리우스'를 도난당했다고 경찰에 신고했습니다. 김민진 씨는 세 살 때 영국으로 건너가 여섯 살 때부터 바이올린을 시작해서, 열한 살에 모차르트국제콩쿠르에서 우승하고, 열세 살 때 베를린

합당하게 생활하라

심포니와 협연으로 데뷔했으며, 열여섯 살 때 영국 왕립음악원 최연소 장학생이 되는 등 천재성을 인정받고 활동 중인 연주자입니다.

김 씨는 남자친구와 맨체스터에 있는 가족과 친구들을 만나기 위해 런던 유스턴 역으로 가던 중 잠시 가게에 들렀습니다. 그가 샌드위치와 커피를 고르기 위해 바이올린 케이스를 잠시 바닥에 내려놓은 사이 세 명의 도둑이 이를 들고 사라졌다는 것입니다. 그 바이올린은 300년 된 것으로 영국 팬이 장기 임대해 준 것인데, 가격이 120만 파운드(약 21억 6,000만 원)나 하고, 케이스 안에는 2,000만 원짜리 활도 두 개가 있었다고 합니다.

바이올린은 아직 찾지 못하고 있지만 범인과 10대 공범 두 명은 잡혔는데, 이들이 그 바이올린을 시내 한 인터넷 카페에서 그들 옆에 앉아 있던 낯선 남성에게 100파운드(약 18만 원)에 사라고 권유했던 사실이 공판에서 드러났습니다. 그런데 이 남성은 범인의 제안을 거절했습니다. 그렇게 좋은 악기를 헐값에 파는 것이 이상해서였거나 돈이 없어서가 아니라, 자기 딸이 리코더가 있기 때문에 다른 악기가 필요 없다고 생각했기 때문이었습니다.(김민진 씨는 2013년 7월 이 바이올린을 찾았다.—편집자)

그렇게 고가의 악기라면 아무리 짧은 순간이라도 손에서 떼지 않는 것이 철칙입니다. 순간의 무분별의 대가가 너무 컸던 것입니다. 인터넷 카페에 있던 그 남성도 그 바이올린에 대한 분별력이 있었다면, 그렇게 응대하지 않았을 것입니다.

우리 인생과 우리 몸이라는 악기는 스트라디바리우스보다 훨씬 귀합니다. 그 악기는 전 세계에 450대가 있지만, '우리 각자라는 악기'는 단 한 대밖에 없기 때문입니다. 그래서 우리가 우리 인생에서 하나님에 대해, 일에 대해, 사람에 대해 다름을 어떻게 분별하느냐에 따라 120만 파운드보다 훨씬 가치 있게 살 수도 있고, 그보다 못하게 살 수도 있습니다.

바울이 빌립보교회를 위해 지식과 총명 있는 사랑이 점점 더 풍성하도록 기도하는 두 번째 이유는 '그리스도의 날까지 진실하고 허물이 없기 위해서'라고 합니다.

'진실하다'는 뜻의 헬라어는 '에일리크리네이스eilikrineis'입니다. '태양'이란 뜻의 단어 '헬리오스hēlios'와 '판단하다'란 뜻의 단어 '크리노krino'의 합성어입니다. '태양에 의해 판정된'이라는 뜻이 '진실한'이라는 의미가 된 것입니다.

이것은 고대의 도자기 산업과 연관이 있습니다. 도자기는 종류는 물론 품질도 아주 다양합니다. 가격도 천차만별입니다. 값이 나가지 않는 도자기는 두껍고 투박하게 생겼고, 그런 도자기를 만드는 데는 별로 기술이 필요하지 않습니다. 그러나 작품이 되는 좋은 도자기는 두께가 아주 얇아서 만들기가 여간 어렵지 않습니다. 특히 가마에 구울 때 많이 금이 갑니다. 물론 금간 도자기는 폐기 대상입니다. 그런데 부도덕한 상인들이 금간 도자기를 밀랍으로 보수해서 팔곤 했습니다. 이렇게 투명한 밀랍으로 보수한 도자기는 육안으로 식별하기가 쉽지 않았습니다. 그래서 도자기가 온전한 것인지 아닌지 확인할 때 그것을 들어서 햇빛에 비추어 보았습니다. 그러면 밀랍으로 보수한 곳은 까맣게 나타났습니다. 그런 부도덕한 상인이 있었기 때문에 선량한 상인은 자기가 만든 도자기에 '밀랍하지 않은'이란 뜻의 라틴어 'sine cera'라는 문구를 붙여서 팔았습니다. 여기서 영어 단어 'sincere'(진실한)가 나왔습니다. 영문 편지 끝에 'Sincerely Yours'라고 쓰는데, 이 말은 '나의 삶과 마음은 밀랍으로 때우지 않은, 순결하게 당신의 것입니다'라는 의미입니다. 바울은 빌립보교회가 밀랍 칠을 하고도 하지 않은 것처럼 위장하는 가증한 삶이 아니라 끝까지 순수함을 지키기를 바란 것입니다.

'허물없다'는 말은 '다른 사람을 넘어지지 않게 하다', '스스로 넘어지지 않다'라는 뜻이 있습니다. '진실하다'가 내적인 온전함이라면, '허물없다'는 외적인 온전함입니다.

'우상에게 드려졌던 음식, 특히 고기를 먹을 수 있는가 없는가'의 문제는 고린도교회의 큰 시빗거리였습니다. 먹을 수 없다고 생각했던 사람들은 우상에 드려진 것을 알고도 먹는 것은 그 종교의식에 참여한 것과 다름없다고 주장했고, 먹을 수 있다고 생각했던 사람들은 음식은 음식일 뿐이라고 주장했습니다. 바울은 우상을 믿지 않았습니다. 그래서 우상에게 드려졌던 음식이라 할지라도 그는 아무 거리낌 없이 먹을 수 있었습니다. 그러나 바울은 그 문제에 대해 이렇게 답을 주었습니다.

■ 그러므로 만일 음식이 내 형제를 실족하게 한다면 나는 영원히 고기를 먹지 아니하여 내 형제를 실족하지 않게 하리라(고전 8:13)

자기와 다른 사람이 동시에 넘어지지 않으려면 상대를 배려하는 마음이 있어야 합니다. 하나님의 일을 하면서 하나님을 의식하지 않고, 교회를 세습하고, 사찰을 찾아가서 예배 드리거나 예수 믿으라고 큰소리치는 것은 자신을 넘어지지 않게 하는 일이라 생각할지 몰라도 실상은 자신은 물론 참 많은 사람을 넘어뜨리게 하는 일입니다. 그런데 바울의 기도는 '빌립보교회가 지극히 선한 것을 분별하는 것과 진실하여 허물 없어야 하는 목표점은 그리스도의 날까지'라고 합니다. 모든 것이 마지막에 판결나기 때문입니다.

대학 입학을 원하는 학생들에게는 대학입학수학능력고사 날이 있습니다. 고등학교 3학년 학생들과 재수생들의 생활은 그날에 초점이 맞추어져 있습니다. 그날 이후의 시간들은 그날을 어떻게 보냈느냐에 달려 있습니다. 그동안 공부를 제대로 했는지, 하는 척만 했는지가 다 밝혀집니다. 성적에 관한 한 그날은 공부한 학생들에게는 두렵기는 하지만 비상하는 날이고, 공부하지 않은 학생들에게는 추락하는 날이 될 것입니다. 물론 그동안 열심히 공부했음에도 시험 당일 교통체증으로 시험시간에 너무 촉박하게 도착해 긴장해서 시험을 잘 못 볼 수도 있고, 갑자기 몸이 아파서 제 실력을 발휘할 수 없는 경우도 있을 수 있습니다. 그러나 그리스도의 날 하나님 앞에서는 그런 일이 있을 수 없습니다. 하나님께서는 우리 삶의 진실 유무와 허물 정도를 모두 알고 계시기 때문입니다.

한순간 진실하고, 어느 기간에만 허물 없는 삶을 사는 사람은 참 많습니다. 그러나 평생 그렇게 사는 사람은 참 드뭅니다. 그래서 끊임없이 우리 시선을 그리스도의 날에 맞추어야 합니다. 그렇지 않으면 우리의 모든 진실은 내 욕망을 위한 것이 되고, 허물 없음도 내 병든 자만심을 채우기 위한 수단이 됩니다.


오늘은 주님의 고난을 묵상하며 부활을 기다리는 사순절 첫째 주일입니다.

리어 왕은 자기 딸들을 바르게 분별하지 못했습니다. 그래서 그의 인생은 완전히 조각난 도자기가 되었습니다. 그로 인해 그의 인생이 무너졌을 뿐만 아니라 딸들의 인생도 무너뜨렸습니다.

아담과 하와는 하나님께서 허락하신 완벽한 환경에서 하나님의 말씀과 사탄의 말을 바르게 분별하지 못했습니다. 아니, 분별하지 않으려고 했습니다. 그래서 그들은 선악과를 따 먹었습니다. 그로 말미암아 그들의 삶은 물론 에덴동산이 조각나 버렸습니다. 그들이 넘어졌고, 모든 인류가 원죄라는 돌부리에 걸려 넘어졌습니다.

다윗은 나가 있어야 했을 전장戰場에 있지 않고, 왕궁 옥상을 거닐다가 한 여인이 목욕하는 것을 보았습니다. 그는 그 상황을 바르게 분별하지 못했습니다. 그 결과 그의 인생은 박살 난 항아리가 되어, 자식이 형제를 죽여 넘어지는 것을 보아야 했고, 자식에게 쿠데타를 당하여 맨발로 도망가는 넘어짐을 감내해야 했습니다.

예수님을 십자가에 못 박아 죽게 한 대제사장들과 바리새인들을 위시한 유대인들은 자신들이 바른 분별력이 있다고 확신하고 있었습니다. 그래서 스스로 하나님이라, 구원자라 칭하는 예수라는 존재는 사형당하는 것이 마땅하다고 여겼습니다. 그러나 그것은 그들에게 하나님께 은혜로 택하심 받은 백성이면서도 하나님이신 예수님을 죽인 백성이라는 영원한 걸림돌을 안겨 주었습니다.

빌립보교회에 편지를 보낸 바울도 마찬가지입니다. 그는 과거 사울이었을 때, 누구보다도 바른 판단을 했고, 자신과 다른 사람을 세우고 있다고 자부하고 있었습니다. 그러나 그가 부활하신 주님을 만남으로 자기 눈에는 비늘이 끼여 있어서 자기 인생이 오판誤判의 연속이었음을 확인했을 뿐만 아니라 자기 인생은 밀랍투성이임을 자각하게 되었고, "사울아, 사울아 네가 어찌하여 나를 박해하느냐. 가시채를 뒷발질하기가 네게 고생이니라"는 주님의 말씀을 들음으로 다른 사람의 인생은 물론 자기 인생도 넘어뜨리고 있음을 직시하게 되었습니다. 바울은 그 후 바른 분별력을 가진 그리스도인이 되었고, 토기장이이신 하나님께서 빚으신 완벽한 토기가 되었습니다. 그래서 그가 써 보낸 이 빌립보서가 얼마나 많은 사람들을 일으켜 세워 주었는지 모릅니다. 2천 년이 지난 지금 우리도 이 말씀을 통해 세움을 받고 있습니다.

"너희의 사랑이 지식과 모든 총명으로 점점 더 풍성하게 되어, 가장 좋은 것을 분별할 줄 알아, 그리스도의 날까지 밀랍 칠 한 인생이 되지 않고 온전한 토기가 되며, 허물 없는 인생이 되기를 나는 기도하노라." 이것이 사랑하는 사람들을 위한 우리의 기도이기를 소망합니다.

---

하나님 아버지!

오늘 말씀을 통해 바른 분별의 중요성과 우리 삶이 그리스도의 날까지 어떠해야 하는지 일깨워 주셔서 감사합니다.

우리의 삶과 신앙에 분별력이 리어 왕처럼 흐려져 있음에도 그것을 자각하지 못하고 오판에 오판을 계속하고 있다면, 우리 눈의 비늘을 떼어 주시고 마음의 눈을 밝혀 주옵소서.

또한 사람들 앞에서는 자신이 온전한 토기인 것처럼 꾸미고 있지만, 진리의 태양이신 주님께 비추면 우리는 모두 밀랍투성이이며, 밀랍 없이는 온전한 모습을 갖추고 있기도 힘든 존재임을 고백하지 않을 수 없습니다. 그러하기에 완전하고도 영원한 토기장이이신 하나님께 우리를 올려 드립니다. 우리 모두를 그리스도의 날까지 빚어 주시기를 원합니다. 그리하여 우리가 하나님 앞에 서는 날, 우리의 모습이 하나님의 고려청자와 하나님의 조선백자 같게 하옵소서.

갑작스러운 지진과 해일로 생명을 잃고 고통 중에 있는 일본을 위해 간구합니다. 일본은 경제적으로는 부유한 나라이긴 하지만 하나님을 아는 일에 대해서는 세계에서 가장 가난한 나라의 하나입니다. 그 영혼들을 긍휼히 여겨 주시고 자비를 베풀어 주옵소서.

졸지에 가족과 재산을 잃고 깊은 절망에 있는 사람들을 위로하여 주옵시고, 속히 복구가 이루어지게 하옵소서. 이 일을 계기로 인간의 무능함을 깊이 절감하고, 구원자 되시는 예수님을 만나는 은총을 덧입혀 주옵소서. 또한 세계 곳곳에 전쟁과 독재로 짓눌려 있는 사람들에게는 참 자유를 주시고, 경제적인 궁핍으로 인해 주린 배를 움켜쥐며 고통을 겪는 이들에게는 빵과 살아야 할 의미를 주옵소서. 예수님의 이름으로 기도드립니다.

아멘.

# 08 내가 기도하노라 Ⅲ

사순절 둘째 주일

빌립보서 1장 9-11절

**끊어진 관계 다시 잇기**

기독교 상담심리학자 래리 크랩이 쓴 《끊어진 관계 다시 잇기》라는 책이 있습니다. 그는 25년 동안 사람들의 심리와 행동을 관찰하고 분석하여 해결책을 제시해 주었으며, 다른 사람들에게도 그렇게 하도록 교육하기도 했습니다. 지난 세월은 그에게 큰 만족감을 주었습니다. 그의 경력은 흠잡을 데 없었고, 앞으로 25년을 그렇게 살아간다 해도 훌륭하리라 생각되었습니다. 그러나 지금 그는 과거와 같은 사역을 하고 있지 않습니다. 그의 과거 사역이 문제 있는 사람들을 분리하고 분석해서 치유하는 과정에 초점을 두었다면, 지금은 연합을 통한 치유가 초점입니다. 그래서 마음이 상한 사람, 환경에 눌려 있는 사람, 낙심한 사람들을 공동체에 머물게 하여 다른 사람들이 내미는 손을 잡음으로 다시 시작할 용기와 살아가야 할 의미를 부여하는

합당하게 생활하라

것입니다.

그가 이렇게 사역의 방향을 완전히 바꾸게 된 것은 큰아들 켑에게 있었던 일 때문입니다. 집에서 멀리 떨어진 곳에서 열린 세미나에서 일주일 동안 강연을 할 때였습니다. 목요일 저녁 9시에 그날 강연이 끝나니 뿌듯했습니다. 강연은 성공적이었습니다. 여러 사람들이 그날 강연은 하나님께서 자기들에게 말씀하시는 것 같았다고 하기도 했습니다.

세미나 기간 동안 강연이 끝나면 그는 동료들과 호텔 식당에서 간식을 먹었습니다. 그날도 식당에 가려고 엘리베이터를 탔는데 동료가 숙소가 있는 층을 누르며 오늘은 식당에 가지 말자고 했습니다. "아니, 왜? 나 지금 배가 고픈데 뭘 좀 먹자구"라고 하니까 방에 가서 설명하겠다고 했습니다. 비로소 뭔가 일이 있음을 직감하게 되었습니다. 동료는 방으로 들어와 한동안 말이 없더니 조용하게 이렇게 말했습니다.

"자네가 강연하는 동안 부인에게 전화가 왔었네. 켑이 테일러 대학교에서 퇴학을 당했다는군. 부인이 지금 자네 전화를 기다릴 걸세."

그 세 문장은 그의 심장을 도려내는 칼과 같이 느껴졌습니다.

스무 살의 켑은 테일러 대학교 3학년이었습니다. 열일곱인 둘째 켄도 같은 학교 1학년이었습니다. 켑이 태어났을 때 크랩은 아들을 위해 기도하면서, 그 아들을 선한 길로 인도하고, 하나님의 진리를 그 아이의 마음에 채우는 일에 아버지의 역할을 다하기로 결단했습니다. 2년 6개월 후 둘째가 태어났을 때도 같은 기도를 드렸습니다.

크랩은 매일 밤 아이들이 잠들기 전에 신앙적인 이야기를 들려주며 기도해 주었습니다. 주중에는 아이들을 태권도장에 데려다 주며 같이 농구를 했고, 주말에는 같이 수영을 하며 놀아 주었습니다. 매년 생일을 맞으면 아들이 원하는 식당에 데려가 생일파티를 열었고, 거기서 열두 가지 질문을 하여 아들이 대답하면 그것을 녹음했다가 다음 생일에 틀어주어 그동안 얼마나 성장했는지를 이야기했습니다. 열세 살 때는 사춘기에 들어서는 것을 축하하는 의미에서 특별한 여행을 가서 새와 꿀벌을 관찰했고, 스물한 살이 되면 성인이 됨을 축하하는 의미에서 옛날에 갔던 곳을 돌아보는 여행을 계획하고 있었습니다.

두 아들이 각각 여덟 살, 여섯 살이 되었을 때, 크랩은 가정예배 때 쓰려고 환등기를 구입해서 신·구약과 기초신학을 공부하고 서적을 탐구했습니다. 일관성 있게 훈육하려 애썼고, 볼기라도 한 대 때렸을 때는 꼭 안아 주고 함께 기도했습니다. 그런데 도대체 무엇이 잘못된 것인지 혼란스러웠습니다. 했어야 했는데 하지 않은 것이라도 있었는지 의아했습니다.

그렇다고 즐거운 시간을 갖지 않은 것도 아니었습니다. 한번은 아들을 위해 가판대를 만들어 주고 핫도그와 레모네이드를 50센트에 팔게 했습니다. 그래서 번 돈이 21달러였습니다. 하지만 아버지 크랩이 쓴 돈은 37달러였습니다.

켑이 3학년이 되었을 때, 크랩은 학교 근처에 작은 집을 사서 아내와 함께 실내를 꾸며 주고, 아들의 몇몇 친구들과 함께 지내도록 했습니다.

크랩은 아들이 점점 더 성숙해져서 학교에서 영적인 지도자로

합당하게 생활하라

인정받고, 아들이 사는 집은 성경공부 모임장소가 되면 좋겠다고 생각했습니다. 그리고 아들이 신앙이 신실한 자매를 만나 데이트도 하고, 수련회도 함께 참석하며, 마침내 그 약혼녀와 같이 대학을 졸업하는 꿈을 꾸었습니다. 그러나 켑은 바로 그 집에서 살며 퇴학을 당했습니다.

사실 크랩에게 그런 기억만 있었던 것은 아닙니다. 크랩은 켑이 처음으로 반항기를 보였을 때 하나님께 "도대체 제가 어떻게 해야 한단 말입니까? 제가 할 수 있는 일을 전부 했단 말입니다!"라며 소리 지르며 기도했던 일을 기억했습니다. 아들이 잘못했을 때 아내에게 "당신은 뭐하고 있었느냐?"고 소리 질렀던 일도 기억했습니다. 아들에게 자동차를 사주었다가 벌로 도로 팔아 버린 것도 생각났고, 속상한 부모들이 흔히 하는 것처럼 "한 번만 더 그런 짓 하면 내쫓아 버리겠다"고 한 일도 기억났습니다. 자신은 아들에 대해 분명한 생각이 있는 아버지라 생각했지만, 사실 그것은 아들이 원하는 모습이 아니라 자기가 원하는 모습으로 만들어 가는 것이었습니다. 고등학교 졸업반이던 아들이 그에게 "아버지는 내가 대학에 가지 않을 수 있다는 생각을 전혀 하지 않으시는군요"라며 반발했던 것은 너무도 또렷한 기억으로 남아 있었습니다.

크랩은 아내와 아들 켑에게 전화해서, 내일 오전 강의를 마치고 가겠다고 했습니다. 다음 날 아침 강연 주제는 공교롭게도 '부모의 역할'이었습니다. 그날 밤, 침대에서 크랩은 이상하게도 마음이 평온했고, '이것은 기회다'라는 생각이 들었습니다. 다음 날 강연이 끝나자마자 항공편으로 집으로 돌아가 아내를 안고 울었는데, 분노나 낙담의 의미가 아니었습니다. 그리고 한 시간 반을 달려 인디애나 주에 있는 아들의 학교로 갔습니다. 차 안에서 마치 하나님이 옆에 계시는 듯한 느낌이 들었습니다. 그는 이렇게 기도했습니다.

"주님, 제가 할 수 있는 일을 다 했음에도 아들에게 닿을 수 없습니다. 이제는 무엇을 해야 할지 모르겠습니다. 제가 해야 할 일을 가르쳐 달라는 것이 아닙니다. 제 아들 속에서 그리스도를 보게 해주십시오. 가르치고 꾸짖는 것이 전부가 아님을 알겠습니다. 주님, 저를 통해 당신이 제 아들에게 전해지길 원합니다!"

크랩은 아들을 만났는데 신기하게도 화가 나지 않았습니다. 아들에게 평범한 말을 하고 있는데 뭔가 아들에게 부어지고 있는 듯한 느낌이 들었습니다. 얼마 후 아들은 아버지와 주님께 돌아왔습니다. 주님께서 아들 켑과 연합해 주심으로 그의 인생이 바뀐 것입니다. 크랩은 이렇게 말합니다.

"이 세상에 인간의 마음을 바꾸는 것은 단 두 종류입니다. 하나는 타락이고 다른 하나는 은총입니다. 즉 사람을 바꾸는 것은 사탄과 하나님밖에 없습니다. 그러나 사탄의 힘은 유한하지만, 하나님의 힘은 무한하고 영원합니다."

우리가 누구와 연합하느냐에 따라 인생의 의미와 가치가 달라질 뿐만 아니라 영원한 삶이 결정됩니다. 오늘 본문이 그 연합에 대해 잘 일러주고 있습니다.

합당하게 생활하라

## 예수 그리스도를 통한 의의 열매

　　　　본문 9-11절은 바울이 그토록 애정을 갖고 있던 빌립보교회를 위한 기도입니다. 빌립보교회는 세상적 관점으로 볼 때 참 연약한 교회였습니다. 그렇다고 바울은 빌립보에서 가장 큰 건물이 빌립보교회 예배당이 되게 해달라고 기도하지 않았고, 빌립보에 사는 권력자, 경제인, 지식인이 모두 빌립보교회 교인들이 되게 해달라고 간구하지 않았습니다.

　빌립보교회를 위한 바울의 기도는 본질적이고도 심오한 기도였습니다. 그래서 바울은 빌립보교회가 '사랑이 풍성해지기를' 기도하지 않고 '사랑이 지식과 모든 총명으로 점점 더 풍성해지기를' 기도합니다. 지식과 총명이 있는 사랑을 통해서만 맹목적이지 않은 분별력을 견지할 수 있고, 감정의 파도에 휩쓸려 다니지 않고 밀랍 칠 하지 않는 진실한 인생과 다른 사람을 넘어뜨리지 않고 자신도 넘어지지 않는 허물없는 삶을 그리스도의 날까지 이어 갈 수 있기 때문입니다. 빌립보교회를 위한 바울의 기도는 이렇게 계속됩니다. 11절이 이렇게 증거합니다.

■　　　예수 그리스도로 말미암아 의의 열매가 가득하여 하나님의 영광과 찬송이 되기를 원하노라

　바울은 빌립보교회가 지식과 모든 총명으로 사랑이 점점 더 풍성해져서 최상의 것을 바르게 분별하고, 진실한 인생과 허물 없는 삶을 살아갈 뿐만 아니라 의의 열매가 가득하기를 기도합니다. 바울이 빌립보교회가 맺어야 할 것이 단지 '열매'가 아니라 '의의 열매'라고 기도하는 것을 주

목해야 합니다.

'의'는 도덕적으로, 윤리적으로 좀더 나아 보이는 삶을 의미하는 말이
아닙니다. '의'는 하나님의 속성 가운데 하나입니다. 로마서 1장 17절에
이런 말씀이 있습니다.

■    복음에는 하나님의 의가 나타나서 믿음으로 믿음에 이르게 하
      나니 기록된 바 오직 의인은 믿음으로 말미암아 살리라 함과 같
      으니라

복음에는 하나님의 의가 나타난다고 증거합니다. 여기서 말하는 '하나
님의 의'는 '하나님의 하나님다우심'이라고 해석할 수 있습니다. 하나님
께서 하나님다우시다고 하는 것은 하나님께 무관심하거나 반항하는 인
간들을 끝까지 포기하지 않고 품고 사랑하시며, 결국에는 구원해 내시
는 성품을 의미합니다. 그러니까 '의의 열매가 가득하다'는 것은 세상적
인 성공이나 업적을 많이 남기는 것이 아니라 우리가 하나님의 자녀답게
변화되어 가는 것입니다.

그런데 오늘 본문에 나타난 '의의 열매'는 복수가 아니라 단수 형태로
되어 있습니다. '의의 열매'를 생각할 때 우리는 '성령의 열매'를 연상하
게 됩니다. 갈라디아서 5장 22-23절에서 성령의 열매를 이렇게 증거합
니다.

■    오직 성령의 열매는 사랑과 희락과 화평과 오래 참음과 자비와
      양선과 충성과 온유와 절제니 이같은 것을 금지할 법이 없느
      니라

성령의 열매 역시 복수가 아니라 단수입니다. 어떻게 아홉 가지인데 복수가 아니라 단수인지 궁금하실지 모르겠습니다. 성령의 열매는 한 분이신 성령님께서 맺게 하시는 것이기 때문입니다. 그래서 성령의 열매는 '아홉 가지 맛'을 지닌 '하나의 열매'라고 합니다. 또한 열매는 오직 생명을 통해서만 맺어집니다. 생명을 통하지 않은 것은 열매가 아니라 제품입니다. 그러니까 '의의 열매', '성령의 열매'는 우리 각자가 이루어 내야 하는 업적이나 제품이 아니라 우리의 인격과 성품 그 자체입니다. 다시 11절입니다.

■  예수 그리스도로 말미암아 의의 열매가 가득하여 하나님의 영광과 찬송이 되기를 원하노라

의의 열매는 '예수 그리스도를 통해' 맺어지는 것이라고 합니다. 예수 그리스도를 통하지 않은 것은 전부 의의 열매가 아니라 불의의 열매요, 세상의 열매요, 하나님과 상관없는 것이라는 의미입니다. 그 의미에 대해서는 요한복음 15장 1-5절이 명쾌하게 말씀해 줍니다.

■  나는 참 포도나무요 내 아버지는 농부라 무릇 내게 붙어 있어 열매를 맺지 아니하는 가지는 아버지께서 그것을 제거해 버리시고 무릇 열매를 맺는 가지는 더 열매를 맺게 하려 하여 그것을 깨끗하게 하시느니라 너희는 내가 일러준 말로 이미 깨끗하여졌으니 내 안에 거하라 나도 너희 안에 거하리라 가지가 포도나무에 붙어 있지 아니하면 스스로 열매를 맺을 수 없음 같이 너희도 내 안에 있지 아니하면 그러하리라 나는 포도나무요 너희

는 가지라 그가 내 안에, 내가 그 안에 거하면 사람이 열매를 많
이 맺나니 나를 떠나서는 너희가 아무 것도 할 수 없음이라

이 부분을 '포도나무와 가지 비유'라고 합니다만, 가지에게 열매 맺어
야 할 의무가 있음을 강조하기 위해 그렇게 부르는 것은 아닙니다. 그리
스도와 연합되지 않는다면 가지는 아무리 노력한들 결코 열매를 맺을 수
없음을 강조하기 위해 그렇게 부릅니다. 포도나무에서 떨어진 가지에 아
무리 잎이 많이 달려 있고 금방 열매를 맺을 수 있을 것 같아도, 그 가지
는 며칠 지나지 않아 땔감으로 전락해 아궁이에서 재로 바뀐다는 것을
우리는 잘 알고 있습니다.

인생도 동일합니다. 그리스도께 접붙여진 인생이 아니라면 아무리 화
려하고 값비싼 것처럼 보이고, 높은 자리에 있는 것처럼 보여도 얼마 지
나지 않아 그 인생이 아궁이 속에 던져질 마른 불쏘시개와 다를 바 없습
니다. 우리가 이런 삶을 살지 않게 하기 위해 예수님은 참 포도나무고 하
나님은 농부라고 하십니다. 우리는 열매 맺을 능력이 조금도 없지만, 우
리에게 진리의 수액과 영원한 양분을 공급해 주시는 예수님으로 인해 열
매 맺을 수 있습니다. 그리고 인생이라는 나무를 무너뜨리려는 작은 여
우와 같은 악한 세력을 우리는 막을 능력이 없지만 농부이신 하나님께서
막아 주심으로 더 많은 열매를 맺을 수 있습니다. 이러한 인생을 시편 1
편 3절에서 이렇게 노래합니다.

■    그는 시냇가에 심은 나무가 철을 따라 열매를 맺으며 그 잎사
귀가 마르지 아니함 같으니 그가 하는 모든 일이 다 형통하리
로다

합당하게 생활하라

우리는 자신의 능력으로 시냇가에서 자생한 나무가 아닙니다. 우리를 심어 주신 분이 계십니다. 또한 우리는 스스로 자양분을 공급할 수 있는 존재가 아닙니다. 우리에게 영원한 생명의 물로 계신 주님으로 인해 철따라 열매를 맺을 수 있고, 범사에 형통할 수 있습니다.

세종 27년 1445년에 지은 〈용비어천가〉는 최초의 한글 서사시입니다. 125장으로 되어 있는데 그중 2장을 현대어로 옮기면 이러합니다.

> ▪ 뿌리 깊은 나무는 바람에 흔들리지 아니하므로, 꽃이 좋고 열매가 많이 열리나니/ 샘이 깊은 물은 가뭄에 끊이지 아니하므로, 시내를 이루어 바다로 간다네

조선이 '뿌리 깊은 나무'와 같고, '샘이 깊은 물'과 같다고 합니다. 그러나 스스로 뿌리가 깊어진 나무는 없습니다. 누군가가 거기에 씨를 심지 않으면 존재 자체가 불가능하고, 물이 공급되지 않으면 이내 말라 죽고 말 것입니다. 샘이 깊은 물도 스스로 존재할 수 없습니다. 하늘에서 비를 내리지 않으면 그곳은 깊은 구덩이가 되어 누군가의 인생을 무너뜨리는 함정이 되고 말 것입니다.

우리가 '뿌리 깊은 나무'가 아니라 '시냇가에 심은 나무'라는 것을 깊이 인식하고 있을 때 우리는 비로소 예수 그리스도를 통하여 의의 열매가 가득한 인생이 될 것입니다.

빌립보교회를 위한 바울의 기도는 이렇게 끝맺습니다. 다시 11절입니다.

■ 　　예수 그리스도로 말미암아 의의 열매가 가득하여 하나님의 영
　　　광과 찬송이 되기를 원하노라

　바울은 빌립보교회가 하나님의 영광이 되고 찬송이 되기를 원한다고
합니다. 빌립보교회가 무엇을 하여 그것으로 하나님께 영광을 돌리라
고 권면하는 것이 아닙니다. 그들 자체가 하나님의 영광이 된다고 합니
다. 또한 '찬송을 많이 부르게 하겠다'가 아니라 '그들이 찬송이 된다'고
합니다.

　교회에서 익숙하게 사용하는 말 가운데 하나가 '하나님께 영광을 돌
린다'입니다. 하지만 그 의미를 바르게 이해하는 그리스도인은 그리 많
지 않습니다.

　모든 예술작품에는 그것을 만든 예술가의 영광이 있습니다. 화가가 그
림을 그리고, 작곡가가 음악을 작곡하면 그 속에 작가의 정신과 혼이 들
어간다고 합니다. 그것이 그 작품에 영광이 됩니다. 사람들은 그 작품
을 통해 "도대체 작가가 어떤 분이기에 이런 작품을 만들 수 있단 말입
니까?"라며 경탄하게 됩니다. 물론 그 작품 자체로도 최고의 상태로 있
는 것입니다. 그래서 우리가 하나님의 영광이 된다는 것은 우리의 삶과
인격과 신앙을 보고 사람들이 "도대체 당신을 그렇게 만드신 하나님이
어떤 분이시라는 말입니까?" 하며 반응을 보이는 것입니다. 그래서 우
리의 삶을 통해 하나님의 전능하심, 하나님의 사랑하심, 하나님의 하나
님 되심이 드러나는 것이 하나님께 영광 돌리는 것이고, 하나님의 찬송
이 되는 것입니다.

　오늘 본문에서 제 마음을 가장 많이 움직이고 가슴 뭉클하게 하는 것은
제일 마지막에 있는 '원하노라'입니다. 혹시 갖고 계신 성경에 이 단어가

**118**　　　　　　　　　　　　　　　　　　합당하게 생활하라

작은 글자로 쓰여 있습니까? 작은 글자로 쓰여 있는 것이 맞습니다. 작은 글자로 된 것은 원문에는 없다는 뜻입니다.

바울은 빌립보교회를 위해 편지를 쓰면서 깊은 생각에 젖어 있습니다. 바울은 참으로 하나님의 신비한 인도하심으로 빌립보로 오게 되었습니다. 빌립보교회를 시작하게 된 것도 오묘하신 하나님의 역사였습니다. 또한 자신이 갇혀 있는 동안 자신을 파송한 안디옥교회마저 아무런 관심을 보이지 않았는데, 빌립보교회는 에바브로디도를 통해 쓸 것을 보내주고, 그가 자신의 옥바라지를 해준 것 등을 생각하니 너무 감격해서 "예수 그리스도로 말미암아 의의 열매가 가득하여 하나님의 영광과 찬송이 되기를……" 하고 더 이상 편지를 쓰지 못한 것입니다.

오늘은 주님의 고난을 묵상하며 부활을 기다리는 사순절 둘째 주일입니다.

하나님께서는 우리 인간을 주님께 연결된 가지와 시냇가에 심겨진 나무와 같은 존재로 창조하셨습니다. 그래서 우리는 하나님으로부터 결코 모자람이 없는 수액을 공급받고, 영원한 생명의 물을 마셨습니다. 하지만 인간은 하나님을 떠나서도 생명의 존재가 될 수 있으며, 시냇가가 아니라 아무 곳에 있더라도 스스로 충분히 살아갈 수 있다고 자신했습니다. 그러나 나무를 떠난 가지와 물가에서 뽑힌 나무가 갈 곳이 아궁이밖에 없듯이 하나님을 떠난 인생, 예수 그리스도와 연결되지 않은 인생이 궁극적으로 가야 할 곳은 영원한 죽음이 기다리는 아궁이일 수밖에 없습니다. 아니, 하나님을 떠나고 예수 그리스도와 연결되지 않은 인생은 아무리 화려하게 보인다 할지라도 이미 죽음의 그림자가 있는 아궁이 속에 살고 있다는 것을 인정하지 않을 수 없습니다.

예수 그리스도께서는 영원한 죽음의 아궁이로 가고 있던 우리를 당신의 생명에 접붙여 주시고, 우리를 생명의 강가에 심어 주시기 위해 고난을 마다하지 않으셨고, 십자가의 처참한 죽음까지 감내해 주셨습니다. 오직 그 주님을 통해서만 우리는 지식과 총명 있는 사랑으로 풍성해질 것이고, 가장 선한 것을 분별할 수 있게 될 것이며, 밀랍 칠 하지 않은 진실한 토기로 허물없는 인생을 살게 되고, 의의 열매가 가득하여 하나님의 영광과 찬송이 될 수 있습니다.

■　　내가 기도하노라 너희 사랑을 지식과 모든 총명으로 점점 더 풍성하게 하사 너희로 지극히 선한 것을 분별하며 또 진실하여 허물 없이 그리스도의 날까지 이르고 예수 그리스도로 말미암아 의의 열매가 가득하여 하나님의 영광과 찬송이 되기를(빌 1:9-11)

이 기도가 성도님들께 온전하게 이루어지기를 축복합니다.

---

하나님 아버지!

자주 우리는 예수 그리스도를 통하지 않고 내 힘과 의지로 열매를 거두려 합니다. 자신의 실상에 대해 착각할 때도 참 많습니다. 그러나 크고 작은 일 앞에서 무너지는 자신을 보고서야 자신이 얼마나 약한지, 또한 자신이 얼마나 악한지 깨닫습니다.

우리 모두는 예수 그리스도를 통하지 않고서 결코 의의 열매를 맺을 수 없는 존재인 것을 한 순간도 잊지 않게 하여 주옵소서.

　　　　　　　　　　　　　　　　　　　합당하게 생활하라

업적을 많이 남겨야 하나님께 영광을 돌린다고 오해하지도 않게 하여 주옵소서.

주님께서 십자가에서 대속의 피를 흘려 주심으로 우리를 주님께 접붙인 가지로 삼아 주시고, 생명의 강가에 심겨진 나무가 되게 해주셔서 감사합니다. 우리 모두가 예수 그리스도로 말미암아 하나님의 영광이 되고 찬송이 되게 하여 주옵소서. 사람들이 우리의 모습을 보고 우리를 그렇게 만들어 가시는 하나님에 대하여 경탄하게 하여 주옵소서.

대지진을 당한 일본 국민들이 깊은 절망감과 좌절감을 딛고 일어설 수 있도록 은총을 더하여 주옵소서. 피해 복구와 생존자 확인 등으로 어디서 어떻게 시작해야 하는지 막막한 때 원전 사태로 방사능 오염의 공포마저 확산되고 있습니다. 일본의 이 재난으로 말미암아 전 세계가 서로 도움으로 국가와 국가, 민족과 민족의 화해가 일어나는 기적을 보게 하여 주옵소서.

예수님 당시 실로암에서 망대가 무너져 열여덟 명이 죽음을 당했을 때, 사람들은 그들이 죄를 많이 지어서 그런 변을 당했다고 생각했지만, 주님께서는 그렇지 않다고 하시며 회개하지 않으면 모두가 그렇게 망할 거라고 하셨습니다(눅 13:4-5). 일본에 일어난 천재지변을 보고, 그들이 죄가 많거나 하나님을 섬기지 않아서 이 일을 겪게 되었다고 생각하는 오류에서 벗어나게 하시고, 삶이 온전하지 못함으로 말미암아 우리 인생에 쓰나미 같은 해일이 몰려 있는 것은 아닌지, 삶의 터전이 갈라지고 있는 것은 아닌지 분별할 줄 아는 지혜를 더하여 주옵소서. 오직 주님과 연합하고 있음으로 말미암아 우리 삶에 어떤 흔들림이 있을

지라도 우리가 하나님의 영광과 찬송이 되게 하여 주옵소서.
성도님들의 사랑을 지식과 모든 총명으로 점점 더 풍성하게 하
사 성도님들이 지극히 선한 것을 분별하며, 진실하여 허물없이
그리스도의 날까지 이르고 예수 그리스도로 말미암아 의의 열
매가 가득하여 하나님의 영광과 찬송이 되기를……. 예수님의
이름으로 기도드립니다.
아멘.

합당하게 생활하라

2

# 빌립보서
## 1장 12-26절

12 형제들아 내가 당한 일이 도리어 복음 전파에 진전이 된 줄을 너희가 알기를 원하노라 13 이러므로 나의 매임이 그리스도 안에서 모든 시위대 안과 그 밖의 모든 사람에게 나타났으니 14 형제 중 다수가 나의 매임으로 말미암아 주 안에서 신뢰함으로 겁 없이 하나님의 말씀을 더욱 담대히 전하게 되었느니라 15 어떤 이들은 투기와 분쟁으로, 어떤 이들은 착한 뜻으로 그리스도를 전파하나니 16 이들은 내가 복음을 변증하기 위하여 세우심을 받은 줄 알고 사랑으로 하나 17 그들은 나의 매임에 괴로움을 더하게 할 줄로 생각하여 순수하지 못하게 다툼으로 그리스도를 전파하느니라 18 그러면 무엇이냐 겉치레로 하나 참으로 하나 무슨 방도로 하든지 전파되는 것은 그리스도니 이로써 나는 기뻐하고 또한 기뻐하리라 19 이것이 너희의 간구와 예수 그리스도의 성령의 도우심으로 나를 구원에 이르게 할 줄 아는 고로 20 나의 간절한 기대와 소망을 따라 아무 일에든지 부끄러워하지 아니하고 지금도 전과 같이 온전히 담대하여 살든지 죽든지 내 몸에서 그리스도가 존귀하게 되게 하려 하나니 21 이는 내게 사는 것이 그리스도니 죽는 것도 유익함이라 22 그러나 만일 육신으로 사는 이것이 내 일의 열매일진대 무엇을 택해야 하는지 나는 알지 못하노라 23 내가 그 둘 사이에 끼었으니 차라리 세상을 떠나서 그리스도와 함께 있는 것이 훨씬 더 좋은 일이라 그렇게 하고 싶으나 24 내가 육신으로 있는 것이 너희를 위하여 더 유익하리라 25 내가 살 것과 너희 믿음의 진보와 기쁨을 위하여 너희 무리와 함께 거할 이것을 확실히 아노니 26 내가 다시 너희와 같이 있음으로 그리스도 예수 안에서 너희 자랑이 나로 말미암아 풍성하게 하려 함이라

# 내가 당한 일이
# 도리어

영화 〈홀랜드 오퍼스〉

오늘 설교를 준비하다 예전에 본 영화가 생각나서 다시 보았습니다. 약 15년 전에 나온 〈홀랜드 오퍼스Mr. Holland's Opus〉라는 영화인데, 한 고등학교에서 30년 동안 가르친 음악선생의 이야기입니다. 오퍼스는 '작품'이라는 뜻입니다.

영화의 배경은 1964년 케네디고등학교입니다. 글렌 홀랜드는 위대한 교향곡을 작곡하는 것이 꿈이었습니다. 그러나 현실은 그것을 허락하지 않았고, 어떤 면에서는 제대로 되는 게 하나도 없는 인생이었습니다.

글렌은 10년 동안 클럽이나 결혼식, 축하행사 등에서 연주하며 생계를 유지하다 작곡할 시간을 더 많이 갖기 위해 교사가 되었습니다. 첫 출근하는 날, 자동차가 너무 낡아 위험하다고 교감에게 핀잔을 들었습니다. 첫 음악 수업에 학생들에게 '음악이란 무엇인가'라고 질문했지만 대답하는 학생은 한 명도 없었습니다. 오케스트라 반도 지도하게 되었는데 학생들의 연주 실력은 엉망이었습니다. 집으로 돌아와 아내 아이리스에게 학교에서 있었던 일을 늘어놓았습니다. 아내의 위로가 그나마 힘이 되었습니다.

거트류드 랭이라는 여학생이 있었는데, 3년 동안이나 클라리넷을 불었음에도 늘 틀리기만 했습니다. 그래서 글렌은 그녀에게 1교시 시작 30분 전에 등교하게 해서 가르쳐 주기로 했습니다. 하지만 계속된 연습에도 진전이 없었습니다. 알고 보니 그녀에게는 많은 눌림이 있었습니다. 언니는 발레 장학생으로, 오빠도 미식축구 장학생으로 각각 대학에 진학했습니다. 게다가 어머니 또한 수채화로 하도 상을 많이 받아서 주최측이 그 상을 없앨 정도였습니다. 거트류드는 가족들 중에서 유일하게 자신만 잘할 줄 아는 것이 없다고 했습니다. 글렌이 끊임없이 격려하며 잘 준비하게 해서 그녀는 마침내 졸업연주회에서 독주까지 할 수 있게 되었습니다.

글렌에게 첫 교사 생활은 참 바쁘고 힘들었습니다. 학생들의 시험 성적은 너무 나빴고, 상급교사로부터 지난 4~5개월 동안 일찍 퇴근한다고 면박을 당했습니다.

1년이 지나 아들 콜(트레인)이 태어났습니다. 글렌은 아들이 음악가가 되기를 희망하며 피아노를 열심히 들려주었습니다. 그런데 아들에게 문제가 있다는 것을 알았습니다. 글렌의 지휘로 케네디고등학교 밴드부가 여러 고등학교 밴드부와 거리행진을 할 때, 소방차가 아주 큰 소리로 경적을 울리며 지나갔습니다.

합당하게 생활하라

어른 아이 할 것 없이 모두 인상을 찌푸리며 귀를 막고 있는데, 유모차에 누워 자는 콜은 너무나 평온한 모습이었습니다. 의아했던 엄마는 집으로 돌아와 아들 뒤에서 냄비를 두드려 보고 소리를 질렀지만 아들은 아무런 반응이 없었습니다. 글렌도 뒤에서 소리를 질러 보았지만 아들은 뒤를 돌아보지 않았습니다. 병원에 갔더니 청각의 90퍼센트를 상실했기 때문에 특수교육을 해야 한다고 했습니다.

세월이 흘러 아들 콜이 학교에 갈 나이가 되었습니다. 아내는 아들을 좋은 사립 장애인학교에 보내고 싶었지만 글렌은 "돈이 없지 않느냐"며 짜증을 냈습니다. 그날 글렌은 아내와 크게 싸웠습니다. 아내는 "당신은 하루 종일 정상인들과 있지만, 나는 내 아들과 대화도 못하고, 아들이 무슨 생각 하는지도 모르고, 아들에게 사랑한다는 말도 못 해요! 나도 내 아들과 대화를 나누고 싶다고요"라며 통곡했습니다. 글렌은 아내와의 관계, 아들과의 관계가 녹록지 않았습니다. 그의 유일한 낙은 틈틈이 교향곡을 작곡하는 것이었습니다.

1980년 비틀즈의 멤버였던 존 레논의 장례식을 계기로, 글렌은 아들이 비틀즈와 존 레논에 대해 알고 있다는 사실에 놀랐습니다. 그리고 아버지가 자기를 좀더 잘 가르쳐 주면 음악을 더 잘하게 될 텐데, 아버지는 자기보다 다른 사람을 가르치는 일에 더 관심이 있다는 아들의 말에 더욱 놀랐습니다. 그 후 글렌은 조명의 색깔과 밝기로 아들에게 음악을 이해시키려고 했습니다. 그로 인해 아들과의 관계가 회복되었습니다.

세월이 흘러 1995년, 케네디고등학교에도 많은 변화가 있었습니다. 30년 전에는 교감선생님이 치마가 짧아 보이는 여학생들에게 무릎을 꿇게 했는데, 지금은 남학생끼리 손을 잡고 다니는 것도 아무런 문제가 되지 않았습니다.

교장은 글렌을 불러 음악, 미술, 연극 등의 수업을 폐지하려 한다고 했습니다. 시 위원회의 결정으로 모든 학교의 재정을 10퍼센트 감축하라는 지시가 내려왔기 때문입니다. 글렌은 "예술수업을 모두 없애고 나면 나중에 무엇에 대해 글을 읽고 쓰느냐"고 반문했지만 결정을 번복할 수 없었습니다. 퇴임을 앞두고 글렌은 오랜 지기知己인 미식축구 코치 빌과 이런 대화를 나누었습니다.

빌: 뭐 해야 할지 결정한 것 있어?

글렌: 록밴드를 하기에는 너무 늙었고, 피아노 레슨이나 하며 지내야지 뭐.

빌: 나도 은퇴하고 싶어.

글렌: 나는 은퇴하는 게 아니야. 잘린 거지. 자네야 걱정이 없겠지. 미식축구 팀 예산이 잘리는 날은 서양 문명의 마지막 날이 될 테니 말이야. 솔직히 말하면 난 정말 두려워.

빌: 모두 자네를 그리워할 거야.

글렌: 정말 그럴까? 생각해 보면 우스워. 하기 싫은데 시작한 일이 유일하게 하고 싶은 일로 변했다는 게…… 내 일생을 바쳤어. 그런데 이제는 내가 필요 없는 존재가 되었어. 웃음밖에 나오지 않는구먼.

합당하게 생활하라

표면적으로 보면 글렌 홀랜드의 삶은 고달픔과 역경의 연속입니다. 평생 경제적으로 나은 삶을 살지 못했고, 교사 생활이 쉽지 않았고, 장애아를 키워야 했고, 결국 원하지 않음에도 교직에서 물러나야 했습니다.

## 하나님나라 교향곡의 음표이자 멜로디

로마의 감옥에서 이 편지를 보내는 바울의 삶도 표면적으로 는 안 되는 일의 연속이었고, 고난과 역경으로 점철되었습니다.

빌립보서는 4장으로 되어 있습니다. 그중에서 지난 8주 동안 살핀 1-11절은 서론에 해당하는데, 문안인사와 감사의 인사말 그리고 빌립보교회를 위해 드린 기도입니다. 오늘 본문부터 본론에 해당합니다. 바울은 그 본론을 이렇게 시작합니다. 12절이 이렇게 증거합니다.

■ 　형제들아 내가 당한 일이 도리어 복음 전파에 진전이 된 줄을 너희가 알기를 원하노라

원문의 순서와 그 느낌을 토대로 이 구절을 번역하면 이러합니다. "나는 여러분이 알기를 정말로 원합니다. 형제 여러분, 나에게 일어난 이 일이 복음의 진보를 가지고 왔다는 사실을 말입니다."

바울이 '당한 일'은 두말할 필요도 없이 로마의 감옥에 갇혀 있는 것입니다. 빌립보교회 사람들은 바울의 석방에 관심이 많았습니다. 그리고 혹시 로마와 로마 황제를 모독한 죄로 사형 집행을 당하는 것은 아닌지 두렵기도 했습니다. 바울이 투옥됨으로 복음 사역이 제한되고 있다고도

생각했습니다. 그러나 오히려 바울은 자신의 투옥으로 복음이 더욱 잘 전파되고 있다고 생각하고 있었습니다.

바울은 사도가 되고 싶은 마음이 없었습니다. 사도는 고사하고 그리스도인이 되려던 생각도 없었습니다. 그는 오직 바리새인다운 바리새인이 되기를 원했고, 율법에 더 철저하기를 갈망했습니다. 그러나 그의 인생은 다메섹으로 가는 길에 부활하신 예수 그리스도께서 그를 만나 주심으로 완전히 바뀌었습니다. 그 후 그의 삶은 자신의 계획이나 생각을 초월하는 것이었습니다. 그의 삶은 글렌 홀랜드와 비교할 수 없을 정도로 고난과 질곡의 연속이었습니다.

바울의 인생은 예수 그리스도를 등진 삶에서 그분을 향한 삶으로 바뀌었지만 그를 믿어 주는 사람이 거의 없었습니다. 유대교에서는 배신자로, 기독교계에서는 요주의 인물로 낙인찍혀 있었습니다. 그래서 약 13년 동안이나 고향 다소에서 칩거했습니다. 바나바의 배려로 안디옥교회의 일원이 되고 1차 전도여행을 다녀왔는데, 2차 전도여행을 떠날 때 바나바와 심하게 다툰 후 결별하고 말았습니다. 그래서 실라와 2차 전도여행을 떠났는데, 그 길이 계속 막혔습니다. 마게도냐 사람의 환상을 보고 빌립보로 가게 되었는데, 바울 일행을 기다리는 사람은 아무도 없었습니다. 그리고 로마 시민권자들이 받아들일 수 없는 것을 전한다는 이유로 심한 매질을 당하고 옥에 갇히기까지 했습니다. 물론 그로 말미암아 빌립보교회가 시작될 수 있었지만 말입니다.

바울은 3차 전도여행 중 고린도에서 로마서를 써서 보냈습니다. 그리고 로마로 가서 그들에게 복음을 전하며 교제하기를 간절히 원했습니다. 그러나 그의 계획은 번번이 좌절되었습니다. 로마서 15장 22-24절이 이렇게 증거합니다. 표준새번역입니다.

합당하게 생활하라

■　　그래서 내가 여러분에게로 가려고 하였으나, 여러 번 길이 막혔습니다. 그러나 이제는 이 지역에서, 내가 일해야 할 곳이 더 없습니다. 여러 해 전부터 여러분에게로 가기를 바라고 있었으므로, 내가 스페인으로 갈 때에, 지나가는 길에 여러분을 만나보고, 잠시 동안만이라도 여러분과 먼저 기쁨을 나누려고 합니다. 그 다음에 여러분의 후원을 얻어, 그곳으로 가게 되기를 바랍니다.

바울은 스페인까지 가서 복음을 전하고 싶었습니다. 스페인으로 가는 중간에 로마에 들러 그곳 그리스도인과 말씀의 교제를 나누기를 원했습니다. 그러나 그의 뜻대로 되지 않았습니다. 그리고 얼마 후 바울은 죄수가 되었기 때문에 더 이상 계획을 세워서 전도여행을 다닐 수 없었습니다.

바울은 예루살렘교회를 도울 구제금과 하나님께 드릴 제물을 가지고 수년 만에 예루살렘을 찾았습니다. 예루살렘에는 기독교 신앙에 입문한 사람이 수만 명이 있었지만, 바울을 반긴 사람은 극소수였습니다.

바울은 천부장과 유대인들 앞에서 자신이 과거에 어떤 사람이었는지, 왜 지금과 같은 삶을 살게 되었는지 설명했지만, 사람들은 더 이상 들을 수 없다며 자신들의 옷을 벗어서 던졌고, '이자는 전염병 같은 놈으로 나사렛 이단의 우두머리'라며 소리를 질렀습니다.

그뿐만 아니라 바울을 죽이기 전에는 먹지도 마시지도 않겠다고 작정한 40명이 바울을 암살할 계획을 세우고 실행하려던 때에 그 사실을 우연히―실상은 하나님의 신비한 역사하심으로―바울의 생질이 알게 되어 그 계획이 실패로 끝나기도 했습니다.

바울은 유대 총독의 탐욕과 무관심으로 2년 동안 투옥되어 있기도 했습니다. 사도행전 24장 25-27절이 이렇게 증거합니다.

■   바울이 의와 절제와 장차 오는 심판을 강론하니 벨릭스가 두려워하여 대답하되 지금은 가라 내가 틈이 있으면 너를 부르리라 하고 동시에 또 바울에게서 돈을 받을까 바라는 고로 더 자주 불러 같이 이야기하더라 이태가 지난 후 보르기오 베스도가 벨릭스의 소임을 이어받으니 벨릭스가 유대인의 마음을 얻고자 하여 바울을 구류하여 두니라

바울은 벨릭스 총독에게 하나님의 말씀을 전했습니다. 총독의 마음에 찔림이 있었지만 그것으로 끝이었습니다. 그는 바울에게 죄가 없다는 사실도 알고 있었습니다. 그가 바울을 틈틈이 불러 이야기를 나누었는데, 그것은 바울이 전하는 복음이 진리인 것을 인정했거나 바울의 고상한 삶에 매료되었기 때문이 아니었습니다. 돈이 목적이었습니다. 당시 총독은 엄청난 축재蓄財를 할 수 있는 자리였습니다. 그래서 그와 바울은 재력으로는 비교할 수조차 없을 정도였습니다. 그럼에도 그는 죄수에게 뇌물을 바랐습니다. 바울은 구제금을 전달하기 위해 예루살렘으로 왔는데, 어쩌면 그것을 탐내고 있는지도 모르겠습니다. 또한 벨릭스 총독은 바울을 2년 동안이나 판결하지 않고 감금해 놓았는데, 유대인들의 원성을 사고 싶지 않았기 때문이었습니다. 벨릭스 총독의 지극히 이기적인 생각은 바울의 삶을 허송세월하게 만드는 것처럼 보였습니다.

마침내 바울은 로마 황제에게 상소해서 로마로 가게 되었습니다. 바울은 자유로운 몸으로 로마에 가서 그들과 복음을 나누기를 원했지만 하나

님께서는 그가 죄수의 신분으로 로마로 향하게 하셨습니다. 바울은 고린도교회에 편지를 보내면서 자신이 겪었던 일을 피력합니다. 고린도후서 11장 23-27절이 이렇게 증거합니다.

■ 그들이 그리스도의 일꾼이냐 정신없는 말을 하거니와 나는 더욱 그러하도다 내가 수고를 넘치도록 하고 옥에 갇히기도 더 많이 하고 매도 수없이 맞고 여러 번 죽을 뻔하였으니 유대인들에게 사십에서 하나 감한 매를 다섯 번 맞았으며 세 번 태장으로 맞고 한 번 돌로 맞고 세 번 파선하고 일 주야를 깊은 바다에서 지냈으며 여러 번 여행하면서 강의 위험과 강도의 위험과 동족의 위험과 이방인의 위험과 시내의 위험과 광야의 위험과 바다의 위험과 거짓 형제 중의 위험을 당하고 또 수고하며 애쓰고 여러 번 자지 못하고 주리며 목마르고 여러 번 굶고 춥고 헐벗었노라

흔히 이것을 '바울의 고난목록'이라고 합니다. 유대인들은 매로 치는 형벌을 내릴 때 40대 이상을 언도할 수 없었습니다. 그것은 하나님께서 정하신 것이었습니다. 40대를 매질하다 숫자를 잘못 세어 한 대씩 더 때리는 경우가 종종 있었습니다. 그래서 아예 서른아홉 대만 때렸습니다. 혹시 한 대를 더 때리게 되더라도 40대를 넘지 않으니까 하나님의 말씀을 어기지 않게 되기 때문이었습니다. 그러니까 바울이 사십에서 하나 감한 매를 맞았다는 것은 인간이 맞을 수 있는 최악의 매를 맞았다는 의미입니다. 그것을 다섯 번이나 맞았습니다. 여행 길에도 여러 종류의 위험이 있었습니다. 먼 길을 다니는 동안 자연재해의 위험이 있었고, 치안

이 좋지 않았기에 사람들로부터 오는 위험도 있었습니다. 그뿐만 아니라 먹고, 자고, 옷 입어야 하는 기본적인 것이 충족되지 못해서 오는 고통도 있었습니다. 바울의 사역에 이런 일들이 있었다는 것은 사역이 그의 뜻대로 되지 않았다는 의미입니다. 바울은 천막을 만드는 고급기술자였기에 일거리만 꾸준히 있어도 자비로 사역할 수 있었습니다. 그러나 삶은 언제나 그를 고달프게 만들었습니다.

이런 고통보다 바울의 마음을 더 짓누르는 것이 있었습니다. 방금 읽은 말씀 다음 절인 고린도후서 11장 28절입니다.

■        이 외의 일은 고사하고 아직도 날마다 내 속에 눌리는 일이 있
         으니 곧 모든 교회를 위하여 염려하는 것이라

바울의 마음을 짓누른 것은 맞아서 생긴 상처나 전도여행 중에 생긴 위험한 일이나 의식주 문제가 아니었습니다. 자신이 세운 교회가 더 건강하게 성장하고 성숙해 가면 좋겠는데, 그렇지 못한 것이 늘 큰 눌림이 되었습니다. 오직 믿음으로 구원을 얻는 것이 아니라 율법을 지켜야 구원을 얻는다는 율법주의와, 하나님의 창조와 예수 그리스도의 십자가의 죽으심을 무의미화하는 영지주의Gnosticism가 당시 교회를 힘들게 만들었습니다.

바울이 교회에 보낸 편지들은 대부분 문제 해결을 위한 것입니다. 즉 사역이 잘 되어서가 아니라 잘 안 되어서 보낸 편지입니다. 갈라디아서는 갈라디아교회에 있는 율법주의 문제를 해결하기 위해, 골로새서는 골로새교회에 있는 영지주의 문제를 해결해 주기 위해 쓴 것입니다. 특히 고린도교회는 음행, 소송, 우상제물, 성령의 은사, 부활 등 문제의 박물

관이었습니다.

이처럼 바울의 삶과 사역은 되는 것이 하나도 없는 것처럼 보입니다. 게다가 지금은 로마의 옥에 갇혀 있습니다. 그럼에도 바울은 확신을 가지고 이렇게 말합니다. 다시 12절입니다.

■　　형제들아 내가 당한 일이 도리어 복음 전파에 진전이 된 줄을 너희가 알기를 원하노라

자신의 투옥됨이 오히려 복음 전파에 큰 역할을 하고 있다고 합니다. 이것은 신앙의 신비입니다.

찬송가 373장은 〈고요한 바다로 저 천국 향할 때〉입니다. 이 찬송의 2절이 이러합니다. "큰 물결 일어나 나 쉬지 못하나 이 풍랑으로 인하여 더 빨리 갑니다."

앞에서 말씀드린 영화 〈홀랜드 오퍼스〉의 마지막은 이러합니다. 원하지 않음에도 명예퇴직을 당한 글렌 홀랜드는 학교를 방문한 아내와 아들과 짐을 챙겨 나오고 있었습니다. 그런데 강당에서 무슨 음악 소리가 들려서 들어가 보니 강당을 가득 메운 재학생과 졸업생들이 기립박수를 했습니다. 강당 정면에는 "GOOD BYE Mr. Holland"라는 현판이 걸려 있었습니다.

클라리넷을 잘 불지 못해 힘들어했던 거트류드 랭은 주지사가 되어 나타났습니다. 거트류드는 이렇게 말했습니다.

"홀랜드 선생님은 제 인생에 깊은 영향을 주었습니다. 영향을 받은 사람은 저만이 아닐 것입니다. 하지만 선생님은 인생의 대부분을 잘못 보

냈다고 생각하시는 것 같습니다. 소문에 의하면 선생님께서 작곡하고 계신 교향곡이 있는데 그것이 선생님을 유명하게 만들어 주고, 부자가 되게 해줄 거라더군요. 하지만 선생님은 부자도 아니고, 우리 작은 마을을 넘어서면 유명하시지도 않지요. 그러니 자신을 실패자로 여길 수 있지만 그건 잘못된 생각입니다. 부와 명성보다 더 뛰어난 것을 이루셨기 때문이지요. 주위를 둘러보세요. 이곳에 있는 모든 이들이 선생님의 영향을 받지 않은 사람이 없습니다. 우리는 선생님 덕분에 모두 훌륭하게 성장했습니다. 우리가 선생님의 교향곡입니다. 우리가 선생님 작품의 선율이자 음표이며, 선생님 인생의 음악입니다. 이제 우리가 선생님께 보답할 차례입니다. 선생님과 사모님은 이것을 듣기 위해 30년을 기다리셨습니다. 이 지휘봉을 잡아 주십시오. 그리고 선생님의 '아메리칸 심포니' 초연을 지휘해 주십시오."

막이 열리더니 지난 30년 동안 연도별 졸업생 중에서 뽑힌 사람들이 오케스트라를 이루고 있었습니다. 홀랜드 선생님이 자신의 작품을 감동적으로 지휘하는 것으로 영화는 끝을 맺습니다.

바울의 삶은 실패한 것처럼 보입니다. 그가 세운 교회는 제 음을 내지 못하는 초보 연주자처럼 보이고, 바울이 보낸 편지는 전부 미완성곡처럼 보입니다. 그러나 인류 역사상 예수 그리스도를 제외하고 바울보다 더 큰 영향력을 미친 사람은 없습니다. 그리고 그가 쓴 편지가 하나님의 말씀이 되었습니다.


사랑하는 성도님들!

인생이 뜻대로 나아가지 않으십니까? 계획이 뒤틀리고 무산되었습니까? 삶을 구성하는 요소들이 불필요한 음표들처럼 보이십니까? 눈을 들

합당하게 생활하라

어 보세요. 그것이 우리를 만들어 가시는 하나님의 방법입니다.

오늘은 주님의 고난을 묵상하며 부활을 기다리는 사순절 셋째 주일입니다.

표면적으로 보면 예수 그리스도보다 더 실패자로 보이는 분은 없습니다. 미혼모의 아들로 말구유에 태어나셨고, 목수의 아들로 자라나 30세까지 목수였습니다. 공생애는 단 3년밖에 되지 않았습니다. 예수님의 사역을 제대로 이해하는 사람은 아무도 없었습니다. 제자들도 예수님에 대한 허상을 갖고 있었습니다. 친척들은 예수님이 미쳤다고까지 했습니다. 그러나 주님은 온전한 분이셨고, 주님의 사역은 완벽했습니다.

이제 우리가 주님께 말씀드려야 할 차례입니다.

"우리 주 예수님은 당시 부자도 아니셨고, 유명하지도 않으셨습니다. 모진 수난을 받으셨고, 수치스러운 십자가에서 죽기까지 하셨습니다. 그래서 사람들은 주님을 실패자라고 합니다. 그러나 그것은 틀린 말입니다. 주님은 부활하셨고, 우리에게 영원한 생명을 주셨습니다. 우리 모두는 예수님으로 인해 이 땅에서 의미있게 살 수 있게 되었습니다. 우리가 주님의 교향곡입니다. 우리가 주님 작품의 선율이자 음표이며, 우리가 주님의 음악입니다. 주님! 지휘봉을 잡으시고 '영원한 하나님나라의 교향곡'을 지휘해 주십시오."

주님의 작품으로 살아가는 것보다 더 가치 있고 보배로운 삶은 없습니다.

---

하나님 아버지!
바울의 삶은 늘 부족함투성이였고, 뜻대로 되는 일은 없는 듯했

으며, 유대인들에게도 그리스도인들에게도 환영받지 못했습니다. 그가 세운 교회는 늘 문제투성이였으며, 그가 보낸 편지들은 그렇게 효과가 있는지 의심이 들 정도였습니다. 자신이 세운 교회에서마저 수용되지 못하는 참담함도 있었습니다. 그러나 하나님의 음표로, 하나님의 멜로디로 살았던 바울을 통해 하나님께서는 온 세상을 새롭게 하셨습니다. 그가 온전히 하나님의 지휘에 순종하는 삶을 살았기 때문입니다.

하나님 아버지!

삶에도 늘 결핍이 있고, 내 계획대로 되는 일이 없으며, 마음에 크고 작은 돌덩이를 안고 살아갑니다. 삶의 의미가 흐릿해지고, 바르게 살 용기마저 희미해질 때도 있습니다. 그럴 때마다 하나님께서 우리를 가장 아름답게 창조하시고, 우리를 사랑하시며, 우리의 인생을 인도해 가고 계심을 잊지 않게 하여 주옵소서. 인생에 큰 물결이 일지라도 그것마저도 더 빨리 나아가게 하시는 하나님의 은총임을 되새기게 하여 주옵소서.

그리하여 우리 인생이 못갖춘마디처럼 보이고, 후에 찢어 버릴 악보처럼 여겨진다 할지라도 그 모든 것을 통해 하나님의 교향곡의 한 부분이 되어가는 것을 잊지 않게 하여 주옵소서. 하나님의 작품으로 빚어지는 것이 평생의 기쁨과 소망이 되게 하옵소서. 예수님의 이름으로 기도드립니다.

아멘.

# 10 이들은…
그들은

아름다움은 보는 사람의 눈이나 관점에 따라 다릅니다. 세계 최고의 미술 작품이 뭐라고 생각하느냐고 물으면 사람들은 서로 다른 대답을 할 것입니다. 미를 보는 눈이 각기 다르기 때문입니다. 우리나라 소설 중에서 최고의 작품이 무엇이라고 생각하느냐는 질문에도 다양한 대답이 나올 것입니다. 작품을 보는 관점과 취향이 다르기 때문입니다. 그뿐만 아니라 가장 외모가 뛰어난 남녀 연예인은 누구인가, 당신이 생각하는 이상형의 배우자는 어떤 모습인가, 세상을 살아가는 데 꼭 필요한 것 열 가지는 무엇인가 등등의 질문에 모든 사람들이 각기 다른 답을 하는 것은 그것을 바라보는 시선이 다르기 때문입니다.

그리스도인도 각자의 가치관을 갖고 살아갑니다. 우리가 어떤 가치관을 갖고 있든 그것이 하나님의 말씀과 영원이라는 관점에서 바라본 것이 아니라면 낭패를 당할 수 있습니다.

## 인간의 시선, 주님의 시선

　　오늘 본문은 우리가 어떤 시선을 갖고 살아야 하는지를 잘 설명해 줍니다. 12절이 이렇게 증거합니다.

　■　형제들아 내가 당한 일이 도리어 복음 전파에 진전이 된 줄을 너희가 알기를 원하노라

　지난주에 살핀 바와 같이, 지금까지 바울의 삶은 외형적으로는 되는 일이 아무것도 없는 것처럼 보입니다. '바울의 삶이라는 실타래'는 꼬일 대로 꼬여서 세상적인 관점으로 그는 완전히 실패자 같습니다. 그러나 바울은 자신이 겪고 있는 일이 복음 전파에 진전이 되었다고 합니다. 마지못해 하는 말이거나, 하나님께서 그렇게 해주시리라 믿고 있다는 의미로 하는 말이 아닙니다. 이미 그렇게 되고 있다는 의미입니다.

　'진전'이라고 번역된 헬라어 '프로코페prokopē'는 '앞으로'를 뜻하는 전치사 '프로pro'와 '자르다', '꺾다'는 뜻의 동사 '콥토koptō'의 합성어입니다. 완성을 향해 점점 나아가는 것을 뜻합니다. 그래서 '성공'이라고 번역되기도 하고, '완전한 치료'라고 번역되기도 합니다. 이 단어는 군사용어이기도 합니다.

　당시 로마는 세계 최강대국이었습니다. 로마의 가장 중요한 무기는 말이 끄는 전차였습니다. 로마의 전차가 나아가려면 도로가 닦여 있어야 했습니다. 닦인 길로 로마의 전차가 지나가면 그곳은 모두 로마의 영토가 되었습니다. 로마의 전차를 당해 낼 군대가 없었기 때문입니다. 로마가 세계사에 미친 공헌 중의 하나가 도로 닦는 기술이었습니다. 그래서

생겨난 격언이 '모든 길은 로마로 통한다'입니다. 닦인 도로를 따라 가기만 하면 로마로 갈 수 있었기 때문입니다. 공병부대가 길을 닦으며 나아가는 것이 '프로코페'입니다.

빌립보교회 사람들은 바울이 갇혀 있기 때문에 복음 전파 사역이 제한되고 있다고 생각했지만, 바울은 로마의 공병부대가 거침없이 길을 닦아 가는 것처럼 복음이 전파되고 있다는 사실을 빌립보교회 사람들이 꼭 알았으면 좋겠다고 간곡하게 권면하고 있습니다. 복음이 구체적으로 어떻게 진전되고 있는지를 13절이 이렇게 증거합니다.

■ 이러므로 나의 매임이 그리스도 안에서 모든 시위대 안과 그 밖의 모든 사람에게 나타났으니

바울은 자신의 매임으로 인해 복음이 '모든 시위대' 안에 나타났다고 합니다. 같은 장소에서 기록한 에베소서에서는 '매임'에 대해 이렇게 표현합니다. 에베소서 6장 20절이 이렇게 증거합니다.

■ 이 일을 위하여 내가 쇠사슬에 매인 사신이 된 것은 나로 이 일에 당연히 할 말을 담대히 하게 하려 하심이라

바울을 매고 있었던 것은 '쇠사슬'입니다. 당시 로마에서는 중요한 죄수는 네 사람이 한 조가 되어 지켰습니다. 죄수의 왼팔과 군인의 오른팔에, 죄수의 오른팔과 또 다른 군인의 왼팔에 쇠사슬을 묶어서 죄수가 탈옥하지 못하게 했습니다. 다른 두 군인은 감옥 앞에서 보초를 섰습니다. 그렇게 매일 4교대로 근무를 섰습니다. 그러니까 매일 열여섯 명의 군인

이 바울과 대면했습니다.

이 시위대를 구성하는 사람들은 일반 군인과는 달랐습니다. 당시 로마 인구가 약 100만 명이었습니다. 그중에서 시위대 군인들은 13,000~14,000명이 있었습니다. 그들은 황제를 지키는 사람들이었기 때문에 정복지 사람들과 로마인으로 구성되는 일반 군대와 달리 로마 시민들로만 구성되었습니다. 그들은 최고의 대우를 받았고, 자부심이 대단했습니다. 이런 곳에 복음이 전해질 수 있었던 것은 바울이 죄수로 잡혀 왔기 때문입니다. 다시 13절입니다.

■　　　이러므로 나의 매임이 그리스도 안에서 모든 시위대 안과 그 밖
　　　　의 모든 사람에게 나타났으니

"나의 매임이 모든 시위대 안과 그 밖의 모든 사람에게 나타났습니다"라고 해도 될 것 같은데 바울은 '그리스도 안에서' 자신의 매임이 시위대는 물론 밖의 사람들에게 나타났다고 합니다. 즉 시위대 군인들과 그 가족 그리고 그 밖의 사람들이 바울이 매이게 된 것이 '그가 죄를 지어서'가 아니라 '그리스도로 인해서'임을 알게 되었다는 의미입니다.

루스드라에서 유대인들이 바울을 돌로 치고는 죽은 줄 알고 성 밖에 버렸습니다. 그러나 바울은 제자들이 보는 앞에서 일어나자마자 복음을 전하기 위해 다시 루스드라로 들어갔습니다. 그런 바울이 자기와 함께 쇠사슬에 매여 있는 군인들에게 얼마나 열심히 복음을 전했겠습니까? 시위대 군인들도 바울이 평범한 죄수가 아니라 예수 그리스도 때문에, 또한 예수 그리스도를 위해 스스로 죄수가 되었음을 알게 되었을 것입니다. 그래서 시위대 군인들이 복음을 받아들이게 되었습니다. 로마 왕궁 밖에서

는 결코 이루어질 수 없는 일이 이루어진 것입니다.

바울에게 복음을 들은 군인들은 집에 돌아가서 가족에게 바울과 바울이 전한 이야기에 대해 말했을 것입니다. 그래서 그 사람들이 복음을 듣는 계기가 되었습니다. 참으로 신묘막측하신 하나님의 섭리입니다.

바울의 투옥으로 말미암아 복음이 놀랄 만한 속도로 전해지게 된 것은 로마 왕궁만이 아니었습니다. 밖에서도 동일하게 일어났습니다. 14절이 이렇게 증거합니다.

■　　　형제 중 다수가 나의 매임으로 말미암아 주 안에서 신뢰함으로 겁 없이 하나님의 말씀을 더욱 담대히 전하게 되었느니라

'형제 중 다수'는 로마에 있는 그리스도인들을 가리킵니다. 그들은 아직 연약했기 때문에 자신들이 처음에는 그리스도인이 된 것을 잘 전하지 못했습니다.

우리 교회와 달리 대부분의 교회에서는 주일예배 시간에 성경구절과 찬송가 등을 영상으로 다 띄워 주기 때문에 성경책과 찬송가책을 갖고 오지 않아도 예배드릴 수 있습니다. 영상 기술이 발달하지 않았을 때는 모두 성경 찬송을 들고 다녔습니다. 그런데 아내나 자녀들의 성화에 못 이겨 교회를 갓 다니게 된 분들이 성경을 들고 오는 것을 쑥스러워하기도 했습니다. 그래서 성경 찬송을 '신문지'로 싸서 성경 찬송이 아닌 것처럼 하고 들고 다니는 분들이 있었습니다. 로마에도 그런 사람들이 많았던 것으로 보입니다.

그들은 예수를 믿는다는 게 구체적으로 어떤 것인지 잘 몰랐지만 하나님께서 바울을 사용하셔서 역사하시는 것을 보았습니다. 바울이 재판정

에서 더없이 진지한 자세로 때로는 조용한 목소리로, 때로는 목청을 돋우어 예수 그리스도에 대해 변론하는 것을 보았을 것입니다. 그것은 바울의 공개적인 불신자 초청 예배이자 간증집회와도 같았습니다. 그런 모습들 속에서 예수를 믿는다는 것이 무엇인지, 그리스도를 위해 어떻게 살아야 하는지를 바르게 배우게 된 것입니다.

오래전에 기독교계 일간신문에서 식사기도의 유형을 그린 네 컷짜리 만화를 본 적이 있습니다. 첫째 칸은 '소신형'입니다. 음식을 앞에 두고서 두 눈을 감고 두 손 모아 아주 정성스럽게 기도하는 모습입니다. 두 번째 칸은 '두통형'입니다. 음식을 앞에 두고 기도하는데 누가 볼까 두려워 한 손으로 머리를 짚고 기도하지 않는 것처럼 기도하는 모습입니다. 세 번째 칸은 '번개형'입니다. 음식을 앞에 두고 고개를 숙였다 머리를 드는 동시에 숟가락을 입으로 가져가는 모습입니다. 그리스도인들의 식사기도 유형으로 가장 흔한 경우입니다. 식사기도를 5초 이상 하는 그리스도인들을 본 기억이 별로 없습니다. 마지막 네 번째 칸은 '철면피형'입니다. "누가 보면 어때!"라며 기도하지 않고 입 안에다 음식을 가득 담고 있는 모습입니다. 이 외에도 소위 '청맹과니형'(눈뜬장님형)도 있습니다. 음식을 앞에 두고 부동자세로 눈을 뜨고 몇 초를 기다렸다가 먹는 것입니다. 그 만화를 그린 사람은 첫 번째 사람을 강조하기 위해서가 아니라 나머지 사람들을 비꼬기 위해 그렸을 것입니다. 그러나 식사기도를 '소신형' 외에 다른 형태로 하는 것은 본인도 소신형으로 기도하고 싶지만 아직 연약해서 그렇게 할 자신이 없기 때문입니다.

그러니까 14절 말씀은 믿음이 연약했던 로마의 그리스도인들이 바울의 간힘과 재판 과정을 보고 용기를 내어, 성경 찬송을 싸고 있던 신문지를 풀어서 던지게 되었고, 두통형 그리스도인, 번개형 그리스도인, 청맹과니형 그리스도인, 심지어 철면피형 그리스도인에서, 밥 한 그릇 앞에서도 은혜와 평화를 주시는 주님께 감사하고 하나님의 영광과 찬송이 되기를 결단하는 소신형 그리스도인이 되었다는 것입니다. 그들은 바울에게서 좋은 모델을 본 것입니다. 좋은 교회는 목사가 성도들에게 좋은 모델이 되고, 성도들끼리 서로 좋은 모델이 되는 것입니다.

많은 그리스도인들이 바울의 모습을 보며 그리스도인으로서 어떻게 살아야 하는지 결단하고 삶을 바꾸었습니다. 그런데 그것을 보고 시기하는 사람들도 있었습니다. 15절이 이렇게 증거합니다.

■   어떤 이들은 투기와 분쟁으로, 어떤 이들은 착한 뜻으로 그리스도를 전파하나니

로마 교회가 어떻게 세워지게 되었는지 성경은 말하지 않습니다. 로마에는 하나의 교회만이 아니라 다수의 가정교회가 있었던 것으로 보입니다. 그 교회들 중에는 바울의 사역을 지지하는 곳도 있었고, 베드로나 다른 사도들을 지지하는 곳도 있었을 것입니다. 가톨릭에서 말하는 대로 로마 교회를 베드로가 시작했다면 더욱 그러했을 것입니다.

바울의 사역에 평생의 걸림돌은 그가 예수님의 공생애 기간 동안 주님과 함께하지 않았다는 것입니다. 그래서 바울을 반대하는 그리스도인들은 바울은 진짜 사도가 아니라고 했습니다. 사도가 되려면 예수님과 3년을 같이 지내야 주님의 가르침을 바르게 이해할 터인데 바울은 3년은 고사하고 3일도 따라다니지 못한 사람이니, 어떻게 그런 사람이 사도가 될 수 있느냐고 했던 것입니다.

그러나 사람들은 바울의 내면을 잘 몰랐습니다. 부활하신 주님께서 친히 바울을 만나 주시고, 그를 택한 그릇이라 말씀하여 주시고, 이방인을 위한 사도로 쓰겠다고 하셨습니다. 또한 바울은 주님을 만나고 난 뒤 광야 지역인 아라비아와 다메섹에서 3년 동안 복음을 듣고 배웠습니다. 그래서 갈라디아서에서 "내가 사도가 된 것은 사람으로 말미암은 것이 아니요, 오직 예수 그리스도와 그를 죽은 자 가운데서 살리신 하나님 아버지로 말미암아 되었다"고 합니다. 3년 동안 주님께서 바울을 과외수업 시켜 주신 것입니다. 이것을 사람들은 몰랐고, 인정하려 하지도 않았습니다.

그래서 그들은 바울이 투옥되어 있을 때, 복음을 더 열심히 전해서 자기들의 교회가 성장하고 성숙하는 것을 보면 자연스레 바울이 가짜 사도임을 드러낼 수 있기 때문에 복음을 열심히 전한 것이었습니다. 16절이 이렇게 증거합니다.

■ 　　　이들은 내가 복음을 변증하기 위하여 세우심을 받은 줄 알고 사랑으로 하나

'이들'은 15절의 '착한 뜻으로 그리스도를 전파하는 사람들'입니다. 이 사람들은 바울이 법정에서 복음에 대해 변호하는 것을 보고, 하나님께서 왜 바울이 그토록 가기 원했던 스페인으로 보내지 않으시고 로마의 법정에 서게 하셨는지를 깨닫고, 그것을 자신의 삶을 바꾸는 출발점으로 삼았습니다. 계속해서 17절이 이렇게 증거합니다.

■ 　　　그들은 나의 매임에 괴로움을 더하게 할 줄로 생각하여 순수하지 못하게 다툼으로 그리스도를 전파하느니라

'그들'은 15절의 '투기와 분쟁으로 그리스도를 전하는 사람들'입니다. 이 사람들은 로마교회의 지도자나 그에 상응하는 사람들이었을 것으로 여겨집니다. 그들은 바울이 로마에 도착하기 전에는 모든 존경과 칭찬을 한몸에 받았을 것입니다. 그러나 바울이 도착하고 나서는 사람들의 관심이 바울에게 쏠리자 바울이 틀렸다는 것을 증명하기 위해 발버둥친 것입니다.

〈아마데우스〉라는 영화에서 살리에리는 오스트리아 황제 요제프 2세의 궁정음악가였습니다. 살리에리는 어린 시절부터 자신에게 음악적인 재능을 주시면 그 음악으로 하나님께 영광을 돌리고 평생 헌신하며 살겠다고 기도했습니다. 마침내 그는 궁정음악가가 되었습니다. 그래서 자신의 기도가 응답받은 줄 알았습니다. 그러나 그가 25세 때의 어느 날, 잘츠부르크에서 온 천박하게 생긴 아이—모차르트—의 연주를 듣고는 자기가 그토록 오랜 세월 하나님께 구했던 재능이 다른 사람에게 주어져 있는 것을 알게 되었습니다. 모차르트의 등장으로 살리에리의 음악은 어린아이의 장난처럼 우습게 되었습니다. 모차르트의 악보를 보고 있노라면 그 천재성에 감탄하지 않을 수 없었습니다. 그래서 하나님께 드리는 기도는 불평으로, 불평에서 원망으로, 급기야 분노로 바뀌고 말았습니다.

마침내 그는 서재에 걸어 둔 십자가를 떼어 벽난로의 불꽃 속으로 던져 버렸습니다. 그리고 라이벌 모차르트를 죽이기 위해 음모를 꾸몄습니다. 모차르트의 성격과 그의 어려운 환경을 교묘히 이용하여 레퀴엠 즉 진혼곡을 쓰는 동안 과로로 죽게 만들었습니다. 하나님을 떠나고 동료 음악가를 죽음으로 몰고 가는 데 성공한 살리에리는 결국 자신의 인격도 파괴되어 정신병동에서 비참한 죽음으로 생을 마감합니다.

바울의 반대편에서 복음을 전했던 사람들은 살리에리처럼 로마에서 나름대로 열심히 사역을 하고 있었을 것입니다. 그러나 바울이 죄수로 와서 전하는 복음 때문에 자신들의 지위가 흔들린다고 생각했을 것입니다. 그래서 자신들이 옳다는 것을 증명하기 위해서라도 경쟁적으로 복음을 전했던 것입니다. 이런 모습을 본 바울의 반응을 18절이 이렇게 증거합니다.

■ 　그러면 무엇이냐 겉치레로 하나 참으로 하나 무슨 방도로 하든 지 전파되는 것은 그리스도니 이로써 나는 기뻐하고 또한 기뻐하리라

바울은 사역의 초점을 자기 자신에게 두지 않고 그리스도에게 두었습니다. 또한 인생의 목적을 자기 자존심을 세우는 것에 두지 않고 주님을 높여드리는 것에 두었습니다. 그래서 예수 그리스도께서 전파되는 것이 그의 기쁨이었습니다.

바울의 투옥을 두고 그리스도를 전하는 두 부류의 사람들이 있었습니다. 그들은 그리스도를 전한다는 면에서는 동일했지만 속은 동일하지 않았습니다. 방법이 어떻든 그리스도가 전해지는 것을 바울은 기뻐한다고 했습니다. 그렇다고 해서 우리도 아무 방법이든 취해도 되는 것은 아닙니다. 우리의 중심이 바르지 않으면 마지막에 낭패를 볼 수 있습니다.

예수님께서 산상수훈 마지막에 이런 말씀을 하셨습니다. 마태복음 7장 22-23절이 이렇게 증거합니다.

■ 　그 날에 많은 사람이 나더러 이르되 주여 주여 우리가 주의 이

　　　　　　　　　　　　　합당하게 생활하라

름으로 선지자 노릇 하며 주의 이름으로 귀신을 쫓아내며 주의 이름으로 많은 권능을 행하지 아니하였나이까 하리니 그 때에 내가 그들에게 밝히 말하되 내가 너희를 도무지 알지 못하니 불법을 행하는 자들아 내게서 떠나가라 하리라

선지자 노릇하는 것은 오늘날로 하면 목회자의 역할을 하는 것입니다. 귀신을 내쫓는 것, 불치병에 걸린 사람을 치유하는 것 같은 능력을 행하는 것은 얼마나 대단하게 보입니까? 만약 제가 지금보다 설교를 100배쯤 잘하고, 귀신들린 사람을 쳐다보기만 해도 귀신이 도망가고, 게다가 위장병, 두통, 신경통 같은 병들은 홍보관에 들어오지 않고 교육관이나 별관에서 영상으로 제 얼굴을 보기만 해도 낫고, 중풍이나 암 환자는 기도하기만 하면 거의 나음을 입는다면 사람들이 얼마나 저를 대단하게 여기겠습니까? 그런데 예수님께서는 그런 사람들을 향해 "네가 누구냐?"고 하시며 오히려 '불법을 행하는 자'라고 화를 내셨습니다. 그러고는 "내게서 떠나가라"고 하셨습니다. 마지막 날 주님에게서 떠나면 어디로 가야 합니까? 그들의 겉은 하나님의 사람인지는 몰라도 속은 야망과 자기 과시로 가득했기 때문입니다.

겉보다 속이 더 중요함을 잘 알고 있었던 바울은 고린도전서 9장 26-27절에서 이렇게 고백합니다.

■    그러므로 나는 달음질하기를 향방 없는 것같이 아니하고 싸우기를 허공을 치는 것같이 아니하며 내가 내 몸을 쳐 복종하게 함은 내가 남에게 전파한 후에 자신이 도리어 버림을 당할까 두려워함이로다

바울은 자신의 겉이 사역자이고 전도자라는 사실에 만족하지 않았습니다. 나중에 하나님 앞에서 겉은 멀쩡하지만 속은 텅 비어 있는 쭉정이로 판정받지 않도록 자기 몸을 쳐서 복종시킨다고 합니다. 이것은 당시 격투기 용어로 눈 아래를 때리는 것을 의미합니다. 복싱에서 '복부는 맞으면 맞을수록 강해지고, 턱은 맞으면 맞을수록 약해진다'는 말이 있습니다. 복싱 선수는 맷집을 키우기 위해 배 맞는 연습을 많이 합니다. 그러나 맞아도 끄떡없는 강력한 무쇠 머리를 만들기 위해 머리를 맞는 연습을 하는 선수는 없습니다. 그래서 아마추어 경기에서는 아예 머리에 헤드기어를 쓰고 합니다. 머리를 보호하기 위해서입니다.

바울은 나중에 주님 앞에 서게 되었을 때 "바울아, 바울아. 내가 너를 정말 잘 안다. 너는 말씀의 법을 행하는 사람이었다. 이리 오너라"는 말을 듣고 싶다고 고백하는 것입니다.


오늘은 주님의 고난을 묵상하며 부활을 기다리는 사순절 넷째 주일입니다. 이 절기에 우리의 실상은 어떠합니까? 겉은 그리스도를 높이는 멀쩡한 그리스도인인데, 속은 야망과 탐욕, 자기 과시를 일삼는 자기 숭배자인 것은 아닙니까?

참회의 절기인 사순절에 유한한 인간의 시선을 버리고 영원하신 주님의 시선을 갖는다면, 비록 우리 삶이 갇혀 있는 것 같고 크고 작은 일들의 사슬이 우리를 매고 있는 것 같아도 우리는 우리 신앙의 도로를 닦아 가시는 하나님을 발견하게 될 것입니다. 또한 인생에 아무리 높은 파도가 인다 할지라도 그 파도가 넘볼 수 없는 영원한 배가 되시는 예수 그리스도 안에 있음으로 말미암아 우리는 세월이 지날수록 그리스도인다운 그리스도인이 되어 갈 것입니다. 그렇게 된다면 주님의 고난이 부활로 열매

합당하게 생활하라

맺었듯이 우리의 삶의 고난은 생명으로 결실하게 될 것입니다.

하나님 아버지!

삶에 일어나는 일들을 어떻게 바라보아야 하는지 일깨워 주셔서 감사합니다. 언제나 우리 시선의 출발은 나 자신이었던 것을 고백합니다. 그래서 작은 일에도 교만하거나 낙심하곤 했습니다. 우리 자신과 인생에 일어나는 일들을 하나님의 시각에서 바라볼 줄 아는 믿음을 주옵소서. 그리하여 상황에 함몰되지 아니하고, 우리를 사랑하시는 하나님께서 왜 그런 상황을 주셨는지, 그 속에서 무엇을 깨우치기를 원하시는지, 우리가 어떻게 변해야 하는지를 배우는 자녀가 되게 하여 주옵소서.

또한 하나님의 말씀을 통해 하나님께서 무엇을 좋아하시고 싫어하시는지 정확하게 알게 하시고, 하나님께서 좋아하시는 것을 우리도 좋아하게 하시고 하나님께서 싫어하시는 것은 그것이 아무리 매력적으로 보일지라도 포기할 줄 알게 하여 주옵소서.

우리 속에 정淨한 마음을 창조하여 주시고, 정직한 영을 새롭게 해주셔서 우리의 삶과 하나님을 향한 헌신과 열정이 처음부터 끝까지 순수하게 하여 주옵소서. 그리하여 우리 삶을 통해 그리스도가 높아지고 주님이 존귀하게 되는 것이 우리의 기쁨과 감사의 제목이 되게 하옵소서. 예수님의 이름으로 기도드립니다. 아멘.

# 11 그리스도가 존귀하게

사순절 다섯째 주일

**빌립보서 1장 18-21절**

**존재의 이유**

노래방에 가면 한번 불러보고 싶은 노래가 있습니다. 그 노래 가사 1절입니다.

언젠가는 너와 함께하겠지 지금은 헤어져 있어도/ 네가 보고 싶어도 참고 있을 뿐이지 언젠간 다시 만날 테니까/ 그리 오래 헤어지진 않아 너에게 나는 돌아갈 거야/ 모든 걸 포기하고 네게 가고 싶지만 조금만 참고 기다려 줘
알 수 없는 또 다른 나의 미래가 나를 더욱 더 힘들게 하지만/ 니가 있다는 것이 나를 존재하게 해/ 니가 있어 나는 살 수 있는 거야/ 조그만 더 기다려 네게 달려갈 테니 그때까지 기다릴 수 있겠니

합당하게 생활하라

김종환이 부른 '존재의 이유'라는 제목의 노래입니다. 무슨 이유인지는 알 수 없지만 남자는 뭔가를 이루기 위해 여자 친구와 떨어져 있습니다. 아직은 성공하지 못해서 여자 친구와 함께하지 못하고 있지만, 보란 듯이 성공해서 금의환향錦衣還鄉하기를 갈망하고 있습니다. 그리고 사랑하는 사람이 있다는 것만으로도 자신에게 힘이 된다는 것을 말하고 있습니다.

많은 사람들, 특히 남자들이 이런 생각을 많이 합니다. 지금은 자신의 삶이 초라하게 보일지라도 나중에는 사람들 앞에서 큰소리치며 사는 것을 꿈꿉니다. 또 지금은 사람들이 자신을 내려다볼지라도 나중에는 자신을 우러러보며 자기 앞에서 머리를 숙이게 하고 말겠다며 굳은 결심을 하기도 합니다. 그래서 더 많은 부를 움켜쥐려 하고, 더 많은 배움의 기회를 가지며 더 좋은 의자에 앉으려고 발버둥 칩니다. 그러나 자신이 그토록 원했던 것을 소유하지 못하거나 누리지 못하게 되면 그 자괴감은 쓴 뿌리가 되어 자신을 괴롭히고, 부족한 자신의 능력과 재능에 절망하게 됩니다. 반대로 그토록 원했던 것을 소유하거나 누리게 되어도 큰소리 칠 일이 거의 없고, 각고의 노력으로 앉게 된 의자 역시 자신이 원하지 않음에도 그 자리에서 일어서야 할 때가 있습니다. 그러면 내가 무엇을 위해 여기까지 달려왔으며, 내가 이 땅에 존재하는 이유는 무엇인지 본질적인 질문을 하게 됩니다.

## 성령님께서 지휘하시는 합창단

　　　　오늘 본문은 오직 예수 그리스도가 존재의 이유와 목적이었던 바울을 소개합니다.

바울의 삶은 표면적으로는 꼬일 대로 꼬인 실타래처럼 되는 일이 아무 것도 없는 것 같고, 실패자처럼 보입니다. 그러나 바울은 빌립보교회 사람들이 걱정하는 것처럼 복음 전파가 중단되었거나 퇴보하는 것이 아니라 오히려 진전하고 있다고 자신 있게 말합니다. 마치 로마 군대의 전차가 지나갈 수 있도록 나무를 베고 돌을 골라내어 길을 닦는 것처럼 복음이 전해지고 있다고 말합니다.

바울의 확신에 찬 이 말은, 죄수가 되지 않고서는 결코 복음이 전해 질 수 없었던 시위대 군인들에게 복음이 전해지고 있었고, 그 군인들에 의해 그 가족들에게, 또 다른 사람들에게 전해지는 계기가 되었기 때문입니다.

그뿐만 아니라 바울은 법정에서 자신이 어떤 사람이었는지, 예수 그리스도란 분이 어떤 분이신지와 그분이 자신의 삶에 어떻게 개입하셨는지, 그분을 위해 사는 것이 무엇인지, 자신이 어떤 소망을 갖고 살아가고 있는지 변론했습니다. 그 모습을 보고 신앙이 연약했던 많은 그리스도인들이 예수 그리스도가 어떤 분이신지 더욱 뚜렷이 알게 되었고, 자신들이 어떤 삶을 살아야 하는지 깨닫고 복음을 전하게 되었습니다. 그런데 로마에는 바울과 바울의 사역을 지지하는 그리스도인들만 있었던 것이 아니었습니다. 바울을 지지하지 않는 그리스도인들도 있었는데, 그들은 바울을 힘들게 하려고 열심히 복음을 전했습니다.

중요한 것은, 바울을 지지하는 사람들과 지지하지 않는 사람들이 전하는 것이 모두 복음이었다는 것입니다. 바울을 지지하지 않는 사람들이 전한 것이 복음이 아니라 율법주의나 영지주의의 가르침이었다면 바울은 갈라디아교회에 편지를 보낼 때처럼 "우리나 혹은 하늘로부터 온 천사라도 우리가 너희에게 전한 복음 외에 다른 복음을 전하면 저주를 받을지어다"(갈 1:8)라고 말했을 것입니다. 오늘 본문 18절이 이렇게 증거합니다.

> ■ 　그러면 무엇이냐 겉치레로 하나 참으로 하나 무슨 방도로 하든지 전파되는 것은 그리스도니 이로써 나는 기뻐하고 또한 기뻐하리라

　바울은 그리스도를 전하는 사람들에게 집중하지 않고, 전하는 내용—그리스도—에 집중했습니다. 그래서 바울은 기뻐할 수 있었습니다. 만약 바울이 그리스도를 전하는 사람들에게 집중했다면 결코 기뻐할 수 없었을 것입니다. 이처럼 사람에게 집중하느냐 그리스도에게 집중하느냐에 따라 우리는 다른 삶을 살게 됩니다. 그리고 우리가 어디에 집중했느냐에 따라 시간이 지날수록 삶과 신앙의 성숙도는 점점 크게 차이가 납니다.

　또한 바울은 그리스도께서 전파되는 것을 기뻐한다며 두 번 반복해서 표현합니다. 이것은 기쁨에 대한 강조입니다. 헬라어 문법에서 '과거형 동사'(현재형 동사)와 '미래형 동사'를 나란히 쓰는 것은 '확고한 의지'를 뜻하는 관용적 표현입니다. 고린도후서 11장 9절에 이런 말씀이 있습니다.

> ■ 　또 내가 너희와 함께 있을 때 비용이 부족하였으되 아무에게도

그리스도가 존귀하게

누를 끼치지 아니하였음은 마게도냐에서 온 형제들이 나의 부족한 것을 보충하였음이라 내가 모든 일에 너희에게 폐를 끼치지 않기 위하여 스스로 조심하였고 또 조심하리라

바울은 장막 짓는 일을 하면서 그 수입으로 복음을 전했습니다. 그래서 늘 사역비가 넉넉하지 않았습니다. 그 부족분을 빌립보교회가 있는 마게도냐에서 온 그리스도인들이 전해 준 것으로 보충했을지라도 고린도교회에 폐를 끼치지 않기 위해 그들의 도움을 받지 않았다고 합니다. 당시 순회성경교사들과 달리 바울은 자비량으로 사역했습니다. 그것이 다른 성경교사들에게 모함거리가 되었습니다. 바울이 거짓 사도이고 자격 없는 교사이기 때문에 자비량으로 사역한다고 했습니다. 그러나 바울은 고린도교회 사람들에게 "너희에게 폐를 끼치지 않기 위하여 스스로 조심하였고, 또 조심하리라"고 말합니다. 이것은 바울의 굳은 결단과 의지를 표명하는 것입니다.

그래서 바울이 겉치레든 진심이든 그리스도가 전해지는 것에 대해 "나는 기뻐하고 또한 기뻐하리라"고 하는 것은 기뻐하는 태도가 변하지 않을 것에 대한 확고한 의지의 표현입니다.

한편, '기뻐하고 또한 기뻐하리라'는 표현에서 앞의 '기뻐하다'는 18절에, 뒤의 '기뻐하다'는 19절에 연결해서 볼 수도 있습니다. 즉 "겉치레든 참으로든 복음이 전해지는 사실이 저는 기쁩니다. 그런데 또 기뻐할 것이 있습니다"라는 의미입니다. 그 기쁨이 무엇인지 19-20절이 이렇게 증거합니다.

■ 이것이 너희의 간구와 예수 그리스도의 성령의 도우심으로 나

합당하게 생활하라

를 구원에 이르게 할 줄 아는 고로 나의 간절한 기대와 소망을 따라 아무 일에든지 부끄러워하지 아니하고 지금도 전과 같이 온전히 담대하여 살든지 죽든지 내 몸에서 그리스도가 존귀하게 되게 하려 하나니

바울은 두 가지 사실로 기뻐한다고 합니다. 첫째는 빌립보교회 사람들의 기도와 성령님의 도우심이 자신을 구원에 이르게 할 것이기 때문이고, 둘째는 아무 일에든지 부끄러움을 당하지 않고, 자신의 몸에서 그리스도가 존귀하게 되기 때문이라고 합니다. 이것이 바울의 기쁨의 이유이자 목적이었습니다.

19절에서 말하는 '구원'은 '옥에서 풀려남'과 '성화의 완성됨', '죽음 후 하나님 앞에 서는 것'을 모두 포함하는 말입니다. 바울은 자신이 구원에 이를 수 있는 이유로 두 가지를 말하는데, 첫째가 빌립보교회의 간구 때문입니다. '간구'는 기도 중에 특별한 목적을 두고 드리는 기도를 의미합니다. 빌립보교회가 바울을 위해 드린 간구를 바울의 기도로 풀어서 말씀드리면 이러합니다. "하나님, 만약 제가 석방되어 신실한 삶을 살게 된다면 그것은 빌립보교회가 기도해 주었기 때문입니다. 혹 제가 석방되지 못하고 이 땅에서 마지막 숨을 내쉬고 하나님 앞에 신실한 모습으로 서게 된다면 그것 또한 빌립보교회가 기도 주었기 때문입니다." 바울은 삶과 사역에 간구(기도)가 얼마나 중요한지를 잘 알고 있었습니다.

담임목사님의 안식월로 인해 제가 주일 설교를 하면서 행복하고 감사한 것 중의 하나는, 예배 기도자가 기도할 때 저를 언급해 주시는 것입니다. 그때 저도 "기도자의 기도로 오늘도 성도님들에게 하나님께서 주시기로 작정하신 은혜가 임하게 해주십시오. 오늘 말씀이 성도님들에게 한

주간의 영적 양식이 되게 해주십시오"라고 기도드립니다. 그러니까 매주일 전해지는 말씀이 성도님들에게 자그마한 울림이라도 있고, 영혼을 움직이는 깨우침이 있다면 그것은 전적으로 제 능력이 아니라 기도자의 기도에 대한 하나님의 응답입니다.

또한 몇몇 성도님들에게서 새벽기도나 개인적으로 기도하실 때 저를 위해 기도하고 계신다는 말을 들었습니다. 그때마다 마음이 울컥울컥해지고 감동이 됩니다. 저뿐만 아니라 담임목사와 다른 전임교역자, 교회학교 교역자들을 위해 기도해 주신다면 그것은 무엇과도 비할 수 없는 큰 기쁨이 될 것입니다.

둘째로, 바울은 자신이 구원(석방)에 이를 수 있는 것은 빌립보교회 사람들의 간구(기도)와 더불어 '예수 그리스도의 성령의 도우심 때문'이라고 고백합니다. 성령님의 도우심은 기도보다 훨씬 중요합니다. 사실 우리는 우리가 무엇을 구하는 것이 삶에 유익한지, 또 우리를 바르게 세워 주는지 잘 모르기 때문입니다. 로마서 8장 26-27절이 이렇게 증거합니다.

■ 이와 같이 성령도 우리의 연약함을 도우시나니 우리는 마땅히 기도할 바를 알지 못하나 오직 성령이 말할 수 없는 탄식으로 우리를 위하여 친히 간구하시느니라 마음을 살피시는 이가 성령의 생각을 아시나니 이는 성령이 하나님의 뜻대로 성도를 위하여 간구하심이니라

성령님께서 하나님의 뜻대로 우리를 위해 간구해 주실 수밖에 없는 것은, 기도가 그리스도인의 특권임에도 우리는 '마땅히 기도할 바를 알지 못하기 때문'입니다. 우리는 기도를 통해 하나님과 교제하며 하나님께 우

리의 사정을 아룁니다. 그래서 우리의 기도는 지금 우리의 상황에서 가장 필요하다고 생각되는 것들을 구합니다. 예를 들면, 자신과 가족이 병들지 않고 건강한 것, 경제적으로 지금보다 조금이라도 나아지는 것, 공부해야 할 자녀들이 지금보다 좀더 잘하는 것, 자신이나 자녀들이 취직과 결혼 등을 무난하게 잘하는 것 등등입니다. 그러나 이런 것들이 인생에 꼭 필요한 것임에는 틀림없지만 우리를 온전한 그리스도인으로 만들어 가는 데 그리 많은 도움이 되지 않음을 부인할 수 없습니다. 게다가 우리가 지금까지 구한 모든 것을 하나님께서 응답해 주셨다면 우리가 지금보다 더 훌륭한 그리스도인이 되기보다 오늘 예배드리는 이 자리에 있지 않을 가능성이 훨씬 많습니다.

우리가 응답받기 원하는 내용과 하나님께서 우리에게 주기 원하시는 것이 얼마나 다를 수 있는지는 이 편지를 보내고 있는 바울의 예를 보아도 잘 알 수 있습니다. 고린도후서 12장 7-9절이 이렇게 증거합니다.

■ 여러 계시를 받은 것이 지극히 크므로 너무 자만하지 않게 하시려고 내 육체에 가시 곧 사탄의 사자를 주셨으니 이는 나를 쳐서 너무 자만하지 않게 하려 하심이라 이것이 내게서 떠나가게 하기 위하여 내가 세 번 주께 간구하였더니 나에게 이르시기를 내 은혜가 네게 족하도다 이는 내 능력이 약한 데서 온전하여짐이라 하신지라 그러므로 도리어 크게 기뻐함으로 나의 여러 약한 것들에 대하여 자랑하리니 이는 그리스도의 능력이 내게 머물게 하려 함이라

하나님께서는 바울을 통해 놀라운 능력을 행하셨습니다. 장막을 만들

때 사용한 손수건이나 앞치마를 가져다가 병든 사람에게 얹어도 그 병이 치유될 정도였습니다. 그러나 정작 바울에게는 '육체의 가시'가 있었습니다. 이 가시가 무엇인지는 학자들마다 의견이 다릅니다. 안질이나 간질 혹은 말라리아라고도 합니다. 반대파 사람들의 공격이라고도 하고, 혼자 사는 외로움에서 오는 유혹이라고도 합니다. 그것이 무엇인지는 정확하게 알 수 없습니다. 그러나 그것이 무엇이든 가시가 '사탄의 사자'라고 표현하는 것으로 보아 바울의 사역에 치명적인 것이었음에 틀림없습니다. 바울이 복음을 전하면 사람들은 '가시'나 먼저 해결하라고 했을 것입니다. 그래서 바울은 이 가시 때문에 참 많은 눌림을 경험했을 것입니다. 그래서 그 가시를 떠나보내 달라고 간구했습니다. "하나님! 단지 저를 위해 이 기도를 드리는 게 아닙니다. 이 가시만 없으면 제가 더 헌신하고, 하나님께도 더 영광을 돌리게 되지 않겠습니까?"라고 기도했을 것입니다. 이것을 세 번이나 간구했습니다. 세 번은 횟수만을 의미하는 말이 아닙니다. 간절하고도 처절한 기도를 드렸다는 의미이기도 합니다.

하지만 하나님께서는 "내 은혜가 네게 충분하니 그만 기도하라"고 하시며 "내 능력이 약한 데서 온전하여짐이라"고 하셨습니다. 바울의 육체에 가시가 있기 때문에 그의 사역이 그의 능력이 아니라 하나님께서 행하시는 것임을 알게 된다는 의미입니다. 바울이 사도로서 하나님의 사역을 오랫동안 했을지라도 그 역시 무엇을 구해야 하는지 잘 몰랐던 것입니다.

앞에서 말씀드린 바와 같이 바울은 로마의 감옥 중에서도 시위대가 있는 곳에 갇혀 있습니다. 그래서 바울은 자신의 신분으로는 밖에서는 결코 만날 수 없는 사람들을 만나게 되었고, 그들이 복음을 받아들이고, 그

합당하게 생활하라

가족들이 예수를 믿게 됨에 따라 약 250년 후 기독교는 로마의 국교가 되었습니다. 우리는 무엇이 더 유익한 것인지, 무엇이 더 우리를 바르게 만들어 가는 것인지 잘 모르는 경우가 많습니다. 하나님께서 응답하시고 역사해 가시는 방법이 우리의 한계를 초월할 때가 많습니다. 그래서 성령님께서 우리를 위해 말할 수 없는 탄식으로 간구해 주시는 것입니다. 이것을 바울은 깊이 인식하고 있었습니다.

특별히 19절에 있는 '성령의 도우심'에서 '도우심'(에피코레기아, epicho-rēguia)이라는 단어는 '합창단 지도자' 또는 '합창단을 창설하고 운영하는 사람'을 뜻하는 말에서 왔습니다. 합창단을 운영하려면 많은 비용이 듭니다. 그래서 동사형은 '풍성하게 공급하다'의 뜻이 되었습니다.

합창단 단원은 자기 소리를 잘 내기만 하면 될지 몰라도 지휘자와 합창단을 꾸려가는 사람은 전체를 보고 무엇이 부족한지 파악하고 그 부분을 보완함으로 훨씬 더 나은 합창단이 되게 만듭니다. 우리가 인생에 테너가 필요하다고 처절하게 기도해도 성령님은 베이스를 보완해서 소리를 더 튼튼하게 만들 수 있고, 이제 소프라노는 더 이상 필요없다고 해도 성령님은 더 많은 소프라노가 있게 하심으로 더 높은 소리로 하나님을 높여 드리게 할 수 있습니다. 그래서 성령님께서 인생을 지휘해 주심으로 우리는 세월이 지날수록 아름다운 하나님의 소리를 지닌 합창단이 되어 가는 것입니다. 20절이 이렇게 증거합니다.

■ 나의 간절한 기대와 소망을 따라 아무 일에든지 부끄러워하지 아니하고 지금도 전과 같이 온전히 담대하여 살든지 죽든지 내 몸에서 그리스도가 존귀하게 되게 하려 하나니

'간절한 기대apokaradokia'가 원문에는 한 단어로 되어 있습니다. '머리를 앞으로 내밀어 멀리서 오는 소식을 조금이라도 더 빨리 접하려고 하다'라는 의미입니다. 한자성어에 그 의미에 딱 들어맞는 말이 있는데 '학수고대鶴首苦待'입니다. '머리가 학과 같이 되어 괴로운 상태로 기다리다'라는 뜻입니다. 자기 목이 학인지, 타조인지, 기린인지 구분이 안 될 정도지만 기다리는 소식이 간절하여 목이 아픈 게 아픈 게 아니라는 의미입니다.

지금은 휴대전화와 이메일이 보편화되었기 때문에 손으로 편지 쓸 일이 별로 없습니다. 30년 쯤 전에 자기가 마음에 두고 있는 사람에게 청혼하는 편지를 보냈다고 해보십시다. 편지가 상대방에게 도착하는 데 2~3일, 상대가 편지를 받아서 읽고 생각하고 답장을 쓰는 데 1~2일, 그 답장이 도착하는 데 또 2~3일 걸릴 것입니다. 그래서 편지를 보내고 답장을 받기까지는 최소한 일주일은 걸릴 것입니다. 그렇다고 해서 청혼한 사람이 편지 쓴 지 4~5일 후부터 집 우편함을 보는 것이 아닙니다. 그다음 날부터, 아니 그날 오후부터 볼 것입니다. 우편함에 편지가 꽂혀 있는지 아닌지 지나가면서 살펴볼 뿐만 아니라 우편함을 열고 안쪽을 샅샅이 살펴볼 것입니다. 사흘쯤 뒤부터는 식음을 전폐하고라도 집 앞에서 기다릴 것입니다. 그러다가 집배원이 지나가면 "아저씨! 우리 집에 편지 온 거 없어요?"라고 물어볼 것입니다. 그러다가 일주일이 지났는데도 편지가 안 오면 불안해지기 시작하고, 일이 손에 잡히지도 않을 것입니다. '내 편지가 그 집에 도착하지 않고 중간에 없어진 것은 아닐까?' '편지가 도착했지만 우편함을 열지 않은 건 아닐까?' '다른 사람이 몰래 읽고 없애 버린 건 아닐까?' '편지를 꺼내 읽는다고 해놓고 책 속에 끼워 두고 잊어버려서 읽지 않은 건 아닐까?' 등등의 생각이 꼬리에 꼬리를 물 것입니다.

합당하게 생활하라

그러다가 집배원을 다시 만나면 괜스레 시비를 걸어 봅니다. "아저씨! 배달은 잘 하고 계시지요? 혹시 우편물 한 박스 땅에 파묻은 건 아니지요?" 그랬다가 욕을 먹기도 합니다. 그것이 간절한 기대, 곧 학수고대입니다.

바울이 목이 빠지도록 기다리는 것은 아무 일에도 부끄럽지 않고, 살든지 죽든지 자신의 몸에서 그리스도가 존귀하게 되는 것이었습니다.

바울은 로마 황제를 '주님'이라고 고백하던 시기에 십자가에 달리신 죄수 예수님을 '주님'이라고 전했기에 투옥되어 재판을 받고 또 재판을 기다리고 있습니다. 자신이 전한 내용을 부인하면 그는 풀려날 수 있었을 것입니다. 그러나 재판이 다가온다 할지라도 재판에서 예수 그리스도를 부끄러워하지 않고, 그분이 로마를 넘어 만유를 다스리는 '주님'이시라고 고백하겠다는 것입니다. 그래서 21절에서 이렇게 고백합니다.

■　　　이는 내게 사는 것이 그리스도니 죽는 것도 유익함이라

이것은 "내가 이 땅에 존재하는 이유도 예수 그리스도이고, 존재하는 목적도 예수 그리스도이고, 하나님과 사람을 섬기는 능력의 원천도 예수 그리스도이고…… 내가 순교하게 되면 그것도 그리스도를 높이는 내 삶의 목적을 달성하는 것입니다"라는 의미입니다.

작년 특별새벽기도회 때 말씀드린 기억이 있습니다만, 찬송가 586장은 "어느 민족 누구게나 결단할 때 있나니"라고 시작합니다. 이 찬송 3절 가사의 첫 번째 소절이 이러합니다. "순교자의 빛을 따라 주의 뒤를 좇아서……."

이 가사는 우리가 주님의 뒤를 따라가도록 순교자들이 등불을 들고 있어 준다는 뜻이 아닙니다. '순교자들이 살았던 빛과 같은 삶을 본받아 우리도 세상의 빛과 같은 삶을 살자'는 의미도 아닙니다.

이 부분의 영어 가사가 이러합니다. "By the light of burning martyrs(불타고 있는 순교자들의 빛을 따라), Jesus' bleeding feet I track(예수님께서 피 흘리시는 발이 내가 따라야 할 길입니다.)"

이 가사를 머릿속에 영상으로 그려 보십시오. 예수님께서 머리에 가시관을 쓰시고, 채찍에 맞으시며, 십자가를 지시고 대속의 길을 가셨습니다. 그 길 위에는 주님께서 흘리신 핏방울이 있고, 피로 젖은 발자국이 있습니다. 우리가 그 발자국을 밟으며 가야 하지만 길이 어두워 따라 걸을 수가 없습니다. 그런데 화형당하고 있는 순교자들의 몸이 횃불이 되어 길을 밝혀 주고 있습니다. 그래서 우리가 예수님의 발자국 위로 한 걸음씩 한 걸음씩 걸어갈 수 있습니다. 이것이 "순교자의 빛을 따라 주의 뒤를 좇아서……"입니다. 순교자들은 어떻게 그런 삶을 살 수 있었겠습니까? 그들도 바울처럼 오직 예수 그리스도만을 인생의 이유와 목적으로 삼았기 때문입니다.

오늘은 주님의 고난을 묵상하며 부활을 기다리는 사순절 다섯째 주일입니다.

우리나라 구제역의 충격과 일본 대지진의 처참함만큼이나 한국 교회의 상처는 깊고도 아픕니다. 그리스도인으로서, 목회자로서 얼굴을 들고 다니기가 민망할 정도로 주님께 송구스럽습니다. 이 모든 결과의 원인은 한 가지로 설명할 수 있습니다. 예수 그리스도를 삶의 이유와 목적으로 삼지 않고 세상을 의미와 목적으로 삼았기 때문입니다. 우리 모두가 그 일에 공범입니다.

합당하게 생활하라

참회의 절기인 사순절에 우리 모두 예수 그리스도를 인생의 이유와 목적으로 삼기로 다짐하며 마음의 허리띠를 다시 동여맵시다. 그리고 주님 말씀에 우리 인생을 얹어서 예수 그리스도를 존귀하게 하십시다. 그러면 존귀하신 예수 그리스도께서 우리와 한국 교회를 존귀하게 해주실 것입니다. 옥살이와 참수형을 당해 죽음을 맞이했을지라도 오직 주님만을 존귀하게 여기며 살았던 바울을 존귀하게 해주신 것처럼 말입니다.

---

하나님 아버지!

바울의 인생은 사방이 막힌 것처럼 보여도, 그가 오직 예수 그리스도만을 존재의 이유와 목적으로 삼고, 그의 몸에서 예수 그리스도가 존귀하게 되기를 학수고대했기에 주님께서는 그를 통해 온 세상에 진리의 도로가 사방으로 뻗어나가도록 역사해 주셨음을 일깨워 주셔서 감사합니다.

우리의 삶과 신앙을 돌아보면, 우리의 간절한 기대와 소망은 우리 몸에서 그리스도가 존귀하게 되는 것이 아니라 그리스도의 능력을 빌어서 우리 몸이 존귀하게 되는 것이었음을 부인할 수 없습니다. 그래서 우리의 신앙은 오랜 세월이 지나도 정체되어 있고, 우리 모두의 연합인 한국 교회는 만신창이가 되었습니다. 우리의 허물을 용서하여 주옵소서.

이제는 눈에 부족하게 보이는 것을 채우기 위해 하나님께 매달리기보다, 그 부족함을 은혜와 역사하심으로 채워 주시는 하나님께 감사하는 우리 모두가 되게 하여 주옵소서. 그리하여 완전한 지휘자이신 하나님께서 얼마나 우리 인생을 잘 지휘해 주셨는지를 세월이 지날수록 더욱 또렷하게 확인하게 하옵소서.

또한 우리는 인생에 무엇이 더 유익한지, 무엇이 우리를 더욱 하나님의 자녀답게 만들어 주는지 잘 모름을 고백합니다. 그러하기에 성령님께서 우리의 연약함을 도와주시고, 하나님의 뜻대로 간구하여 주심으로 우리 몸과 삶에 예수 그리스도가 더욱 존귀하게 하옵소서. 진실로 그러하기를 소원합니다. 예수님의 이름으로 기도드립니다.

아멘.

합당하게 생활하라

# 12  더<br>유익하리라

### 히스기야 왕

유다왕국에 히스기야라는 왕이 있었습니다. 25세에 왕이 되어 29년 동안 유다를 다스린 그는 왕위에 오르자마자 산당을 제거하고 우상을 부수어 버렸습니다. 그의 가장 큰 치적의 하나는 모세가 만든 놋뱀을 깨뜨려 버린 것입니다. 오직 하나님의 역사로 말미암아 출애굽한 이스라엘 자손들은 광야 생활 중에 끊임없이 불평과 불만을 터트렸습니다. 애굽에서 괜히 나왔다고 하고, 먹을 것도 마실 것도 없고, 만나는 진절머리가 난다고 했습니다. 그때 나타난 불뱀에게 물려 이스라엘 자손들이 많이 죽었습니다. 하나님께서 모세에게 놋뱀을 만들어 장대에 달게 하심으로 그 놋뱀을 쳐다보는 사람마다 살게 하셨습니다.

그러나 하나님의 은혜의 상징이던 놋뱀이 시간이 지나자 우상이 되었습니다. 이스라엘 자손들은 놋뱀이 능력이 있다고 생각하고 그 놋뱀을 히스기야 시대까지 약 700년 동안 숭배했습니다. 그 놋뱀을 다윗 왕도, 솔로몬 왕도 없애지 못했습니다. 그것을 히스기야 왕이 없애고는 '느후스단' 즉 놋조각이라고 했습니다. 뱀 모양의 놋조각에 무슨 능력이 있는 게 아니라, 참된 능력은 오직 여호와 하나님께만 있다는 의미였습니다. 그가 얼마나 굳은 결심을 했는지, 하나님 앞에서 얼마나 신실하려고 했는지 짐작할 수 있습니다. 그래서 열왕기하 18장 5-6절은 히스기야 왕에 대해 이렇게 증거합니다.

히스기야가 이스라엘 하나님 여호와를 의지하였는데 그의 전후 유다 여러 왕 중에 그러한 자가 없었으니 곧 그가 여호와께 연합하여 그에게서 떠나지 아니하고 여호와께서 모세에게 명령하신 계명을 지켰더라

히스기야 왕이 하나님께서 말씀하신 대로 행할 수 있었던 것은 그가 하나님과 연합하여 하나님을 떠나지 않았기 때문입니다. '연합하다'는 말은 '달라붙다', '결합하다'나 '가까이 머물다'라는 뜻입니다. 특히 '부부가 하나가 되다'의 의미로 쓰는 말입니다. 히스기야 왕은 하나님과의 관계를 삶의 0순위에 두고 있었던 것입니다. 그래서 하나님께서도 그가 어디로 가든지 동행해 주시고 형통하게 해주셨습니다.

그런데 히스기야 왕의 통치 14년, 앗수르의 왕 산헤립이 랍사게 장군을 앞세워 유다를 쳐들어와서 온 나라를 쑥대밭으로 만들었습니다. 그런 국난國難의 시기에 히스기야 왕은 죽을병에 걸

합당하게 생활하라

렸습니다. 그때 이사야 선지자가 찾아와서 하나님의 말씀이라며 "네가 죽게 되었으니 유언을 남기고 집안을 정리하여라. 네가 회복되지 못할 것이다"라고 전해 주었습니다. 유다도 지진과 해일로 쓰나미를 맞고, 히스기야 왕도 암 말기 같은 병으로 쓰나미를 맞은 것입니다. 그때 히스기야 왕은 벽을 향하여 이런 기도를 드렸습니다. 이사야 38장 2-3절이 이렇게 증거합니다.

히스기야가 얼굴을 벽으로 향하고 여호와께 기도하여 이르되 여호와여 구하오니 내가 주 앞에서 진실과 전심으로 행하며 주의 목전에서 선하게 행한 것을 기억하옵소서 하고 히스기야가 심히 통곡하니

"

우리도 히스기야 왕처럼 39세에 죽을병이 들었다면 이와 같은 기도를 드릴 것입니다. 히스기야 왕은 유다가 국가적인 위기에 있기 때문에 자신이 죽는 것보다 사는 것이 자신과 국가를 위해 훨씬 좋은 일이라 생각했을 것입니다. 하나님께서는 히스기야에게 "네 기도를 들었고 네 눈물을 보았다"라고 말씀하시며 생명을 15년 연장해 주셨습니다. 앗수르의 손에서도 건져 주겠다고 약속하셨습니다. 국가의 재난과 자신의 문제가 한꺼번에 해결된 것입니다.

만약 이런 일들이 우리에게 일어난다면 우리 각자는 내 생명이 다할 때까지 하나님께 헌신하겠다고 고백할 것입니다. 히스기야 왕도 동일하게 고백하고 그렇게 사는 것이 마땅한 일입니다. 그러나 그는 이전에 하나님을 신뢰하던 것에서 돌아서서 강대

국들을 신뢰하기 시작했습니다. 그가 행한 모든 신앙적인 치적은 15년의 생명을 연장받기 전에 행한 것들입니다. 생명을 연장 받은 후 행한 것은 아무것도 없었습니다.

히스기야 왕이 병에서 나았다는 소식을 듣고 바벨론 왕이 사신을 통해 편지와 예물을 보내 왔습니다. 그때 히스기야가 기뻐하며 왕궁에 있는 보물창고와 무기창고를 전부 보여 주었습니다. 이는 "우리나라의 경제력과 국방력이 이 정도입니다"라며 "당신의 나라는 강대국이니 우리나라를 경제적으로 군사적으로 도와주십시오"라고 말하는 것과 마찬가지입니다.

사신이 돌아가고 난 후 모든 것을 안 이사야 선지자는 히스기야 왕을 찾아와 "때가 다가오고 있는데 그때가 되면 당신의 조상 때부터 쌓아 놓은 모든 것을 바벨론에게 빼앗기게 될 것이고, 당신들 자손 중 일부는 바벨론 왕궁에서 환관이 될 것입니다"라고 말했습니다. 그때 히스기야 왕이 이렇게 답변했습니다. 이사야 39장 8절입니다.

히스기야가 이사야에게 이르되 당신이 이른 바 여호와의 말씀이 좋소이다 하고 또 이르되 내 생전에는 평안과 견고함이 있으리로다 하니라

우리를 아주 당황하게 합니다. "내가 살아 있을 때는 아무 일 없지 않습니까? 어차피 내가 죽고 난 후에 될 일인데 무슨 상관입니까?"라는 의미입니다.

히스기야 왕의 아들 므낫세는 열두 살에 왕이 되었습니다. 그러

니까 히스기야가 생명을 연장받은 지 3년째에 태어난 아들입니다. 죽을 줄 알았는데 마흔두 살에 아이까지 얻었으니 얼마나 귀하게 여겼겠습니까? 그 아들은 유다의 왕 가운데 가장 긴 재위 기간인 55년 동안 나라를 다스렸습니다. 그러나 그 아들은 북이스라엘의 아합 왕이나 여로보암 왕에 비견될 정도로 하나님 보시기에 악한 왕이었습니다. 아버지의 불신앙적인 모습만 보고 자랐기 때문입니다. 므낫세 왕 이후 유다는 더 이상 부흥하지 못하고, 바벨론에 멸망할 때까지 하향곡선을 그어 갔습니다.

히스기야 왕의 생애에서 15년은 아주 긴 기간이었을 것이고, 그에게는 아주 소중했을 것입니다. 그런데 오늘의 시각에서 보면, 만약 그가 그 15년을 더 살지 않고 처음 하나님의 말씀처럼 그냥 죽었다면 어떻게 되었겠습니까? 그는 다윗에 버금가는 가장 신실한 왕으로, 모든 그리스도인들이 본받고 싶은 신앙인으로 각인되어 왔을 것입니다.

병들었을 때, 히스기야 왕은 치유되는 것이 자신과 유다를 위해 훨씬 좋은 일이라 생각했을 것입니다. 그러나 2700년이 지난 오늘의 시각에서 보면 그것이 그에게 더 좋은 일이었을지는 몰라도 더 유익했다고 하기는 어렵습니다.

우리 삶에도 언제나 '더 좋은 일'과 '더 유익한 일'이 있습니다. 그중에서 무엇을 선택하는지는 우리의 자유입니다. 그러나 그 결과도 우리에게 고스란히 남습니다.

## 바울의 선택, 우리의 선택

　　바울에게도 '더 좋은 일'과 '더 유익한 일'이 있었는데, 그가 무엇을 선택했는지를 오늘 본문이 잘 일러줍니다. 20-21절이 이렇게 증거합니다.

■　나의 간절한 기대와 소망을 따라 아무 일에든지 부끄러워하지 아니하고 지금도 전과 같이 온전히 담대하여 살든지 죽든지 내 몸에서 그리스도가 존귀하게 되게 하려 하나니 이는 내게 사는 것이 그리스도니 죽는 것도 유익함이라

　바울이 목 빠지게 기다린 것은 자신의 안일한 삶이나 세상의 영화가 아니라 자신의 몸에서 그리스도가 존귀하게 되는 것이었습니다.

　'존귀하다'라는 말의 뜻은 '크게 하다'입니다. 바울이 그리스도를 존귀하게 여기는 방법은 그리스도는 커지고 자신은 작아지는 것이었습니다. 세례 요한이 예수님을 소개할 때 "나보다 능력이 많으신 분이 내 뒤에 오시는데, 나는 그분의 신발 끈을 풀기도 감당하지 못할 정도입니다"라고 했는데, 그것이 주님을 존귀하게 여기는 것입니다. 자신이 커져야만 주님이 더 커 보일 수 있다는 것은 바르지 않은 생각입니다.

　"내 몸에서 그리스도가 존귀하게 되게 하려 합니다"라는 구절은 "내가 내 몸으로 그리스도를 존귀하게 만들겠습니다"라고 하는 것이 자연스러운 표현입니다. 그러나 바울은 차마 자신을 주어로 쓰지 못하고 겸손하게 그리스도를 주어로, 자신은 그 동사가 이루는 행위를 성취시키는 수단으로 표현합니다. 그리고 그 방법이 자신이 '살든지 죽든지'입니다. 바울

에게 절대적인 것은 오직 그리스도께서 존귀하게 여김을 받는 것이었고, 상대적인 것은 그의 삶과 죽음이었습니다. 그래서 그의 삶과 죽음이 모두 자신에게 이익이 된다고 말합니다. 22절이 이렇게 증거합니다.

■    그러나 만일 육신으로 사는 이것이 내 일의 열매일진대 무엇을 택해야 할는지 나는 알지 못하노라

이 말씀은 "내가 죽으면 그리스도를 위해 죽는 것이므로 그분이 존귀하게 여김을 받아서 좋고, 내가 살면 사역의 열매가 있을 것이기에 좋아서 죽음과 삶 중에 무엇을 선택해야 할지 모르겠습니다"라는 의미입니다.

바울의 인생은 '다메섹으로 가는 길' 이전과 이후로 나뉠 수 있습니다. 부활하신 주님을 만난 뒤 그의 삶은 이방인들을 주님께 인도하는 것이었습니다. 그의 삶은 발로 쓰는 반성문과 같았습니다. 자신은 유대인이면서도 주님을 외면하고 왜곡했지만, 주님이 누구신지 몰라서 믿지 못하는 사람들이 한 사람이라도 줄어들게 하려고 발버둥 쳤습니다. 그랬기에 산을 넘고 강과 바다를 건너는 것도 문제가 되지 않았고, 매질을 당하는 것도, 투옥되는 것도 문제가 되지 않았습니다. 굶고, 헐벗고, 잠을 제대로 자지 못하는 것도 문제가 되지 않았습니다. 이방인들에게 복음을 전하는 것이 그의 소명이자 사명이었습니다. 그 삶은 바울에게 정말 가치 있게 여겨졌습니다. 그런데 그 삶보다 매력적인 것이 나타났으니, 그것이 죽음이었습니다. 이 땅에서 교제를 나누지 못한 주님과 영원히 교제를 나눌 수 있기 때문이었습니다. 그 삶과 죽음 사이에서 무엇을 선택해야 할지 모른다고 그는 고백합니다. 계속해서 23절이 이렇게 증거합니다.

■    내가 그 둘 사이에 끼었으니 차라리 세상을 떠나서 그리스도와
함께 있는 것이 훨씬 더 좋은 일이라 그렇게 하고 싶으나

바울은 자신이 삶과 죽음 사이에 끼여 있다며, 그중에서 훨씬 더 좋은
것을 선택하라고 하면 그것은 이 세상을 떠나는 것, 즉 죽음이라고 합니
다. 그런데 바울은 '죽다'라는 단어를 '떠나다'라 하여 완곡어법을 사용
하고 있습니다. '떠나다'에 해당하는 헬라어는 '아날뤼오analuō'인데 '풀
다, 풀리다'의 뜻입니다. 이 단어는 중요한 의미를 담고 있는데, 몇 가지
로 설명할 수 있습니다.

첫째는 '문제를 풀다'입니다. 인생에는 풀리지 않고 설명되지 않는 문
제들이 많습니다. 우리가 이해할 수 없는 일들이 왜 일어났는지, 우리가
정말로 원하지 않았던 상황이 그토록 오랫동안 이어졌는지 등의 문제가
전부 해결되는 것이 죽음입니다. 우리가 죽은 뒤 하나님 앞에 서게 되면,
이 땅에서 살았던 삶이 모두 명쾌하게 이해될 것입니다. 우리가 주님을
만나면 물어볼 것들이 얼마나 많습니까? 신앙의 선진들을 만나도 묻고
싶은 말들이 있지 않습니까? 지금은 우리가 부분적으로 알고 있지만 그
때는 주님께서 우리를 아시는 것처럼 온전하게 알게 될 것입니다.

둘째는 '노예된 것에서 풀다'입니다. 이 세상에 사는 동안에는 사탄
이 우리를 넘어뜨리려 하고, 죄의 세력이 우리를 종으로 만들려 하지만
그런 것에서 완전히 풀리는 것이 죽음입니다. 세상에 살면서 환경에 함
몰당하고, 물질에 짓눌리고, 욕망에 나가떨어질 때가 얼마나 많습니까?
좀더 거룩하게 살고 싶고, 정말 하나님을 기쁘게 해드리고 싶은데, 마음
뿐이지 실제의 삶은 참 멉니다. 그래서 괴롭기도 하고 좌절하기도 합니
다. 사탄은 끊임없이 우리에게 마음껏 하고 싶은 대로 하라고 합니다. 그

것이 자유라고 합니다. 그 목소리가 얼마나 다정하게 들리는지, 그렇게 하면 내가 틀림없이 존중받을 것 같고, 목에 힘주고 살 수 있을 것 같습니다. 그래서 그것을 떨쳐버리기가 얼마나 힘든지 모릅니다. 그러나 천국에 가면 우리는 속박당함에서 완전히 벗어날 수 있습니다.

셋째는 '출항하다'입니다. 바울은 이 땅이 영원한 나라가 아니라 영원한 나라로 가는 중에 잠시 머무는 정박지로 보고 있습니다. 뱃사람들이 바다에서 고기를 잡다가 태풍을 피하거나, 물고기가 잡히지 않을 때는 가까운 항구에 정박하며 짧은 기간을 보냅니다. 그 기간이 지나면 배에 묶인 줄을 풀고 바다로 향합니다. 그 줄을 푸는 것이 죽음이라고 합니다. 인생은 '이 세상이라는 항구'에서 70~80년 동안 정박해 있는 것입니다. 그 기간이 끝나면 본래 배가 있었던 영원한 나라의 항구로 들어갑니다. 이 세상이라는 항구에 우리 인생이라는 배가 정박하는 기간은 오직 하나님께서 정하십니다.

마지막으로 '장막을 걷다'입니다. 바울은 장막 만드는 전문가였습니다. 그래서 장막이 지닌 한계도 누구보다 잘 알고 있었습니다. 유목민들은 정해진 거처가 없었습니다. 소와 양 같은 짐승들에게 먹일 목초가 있는 곳이 그들의 거처였습니다. 그곳에 장막을 쳤습니다. 그것은 그 장막이 평생 살 집이 아니라는 의미입니다. 유목민들이 목초가 없어지면 또 다른 곳으로 이동하기 위해 장막을 걷듯이 우리도 이 땅에서 마지막 밤을 보내고 나면 영원한 나라로 갈 때 인생이라는 장막의 마지막 말뚝을 뽑아야 합니다. 그것이 죽음입니다.

바울은 죽음 너머에 있는 영원한 생명에 대한 소망으로 인해 이 세상을 떠나 그리스도와 함께 있는 것이 훨씬 좋다고 합니다. 그럼에도 이 땅에 더 있어야 할 이유에 대해 고백합니다. 24절이 이렇게 증거합니다.

바울은 빌립보교회 사람들을 위해서는 사는 것이 더 유익하다, 더 필요하다고 합니다. 23절과 24절에서 그는 '더 좋은 것'과 '더 유익한 것'을 대비하고 있습니다. 그 둘 가운데 바울의 인생은 더 좋은 것보다 더 유익한 것을 구하는 삶이었습니다.

대부분의 사람들은 삶에서 유익한 것, 더 필요한 것보다 좋은 것, 재미있는 것을 선택합니다. 그래서 자기중심적이 됩니다. 성숙한 사람이 된다는 것은 좋은 것보다 유익한 것을 선택하는 것이고, 성숙한 그리스도인은 세상의 좋은 것보다 영원히 유익한 것을 선택하는 사람입니다.

3월 11일 오후 2시 46분 일본 동북 지역 해저에서 발생한 진도 9.0 규모의 최악의 지진이 일본 열도를 강타했습니다. 지난주일(4월 10일)까지 통계로 사망자는 13,013명, 실종자 14,608명으로 인명피해만 27,621명에 이르고 있습니다.

지진 피해를 두 번째로 많이 입은 곳이 이와테岩手 현인데, 사망자만 3,811명으로 조사되었습니다. 이와테 현 남동부의 어촌 도시 리쿠젠타카타陸前高田에도 다섯 마을이 형태를 알아볼 수 없을 정도로 처참하게 파괴되었습니다.

이 재해로 목숨을 잃은 사람 중에는 도바 후토시戶羽太 리쿠젠타카타 시장의 부인도 있었습니다. 46세의 도바 시장은 지난 2월 당선되어 공약으로 걸었던 '시 재정 적자 줄이기'에 전념하느라 한 달 동안 정말 바쁜 시간들을 보냈습니다. 그날 모처럼 시간을 낸 도바 시장은 아내 도바 구미 씨에게 "오후에 아이들과 바비큐 요리를 준비해서 저녁 식사를 하자"

고 했지만 그것이 아내와의 마지막 통화였습니다.

전화를 끊은 후 불과 6분 만에 쓰나미가 해안을 강타했습니다. 높이 13미터가 넘는 검은 바닷물이 방파제를 넘어 도심으로 밀려들었습니다. 그는 시청 옥상으로 직원들을 대피시키며 집으로 전화를 걸었지만 불통이었습니다. 쓰나미의 수위가 점점 높아지더니 마침내 지붕 높이까지 올라왔습니다. 여기저기서 떠다니는 집의 잔해들과 트럭, 버스가 보였습니다. 살려달라는 사람들의 절규도 곳곳에서 들렸습니다.

시청 옥상에서 도바 시장이 자기 집 쪽을 바라보니 모든 것이 부서져 있었습니다. 열두 살과 열 살 난 두 아들은 언덕 위에 있는 학교에 다니고 있었기에 쓰나미를 피할 수 있으리라 생각했지만, 아내는 해안가에 위치한 집 안에 있었습니다. 도바 시장은 어떻게 해서든 아내를 구하러 가고 싶었지만 시장으로서 시민들을 안전하게 이끌 책임이 있었기에 갈 수가 없었습니다. 그가 할 수 있는 일은 아내가 무사히 빠져나갔기를 간절히 바라는 것이 전부였습니다.

도바 시장은 이후 재난을 수습하면서 아내를 찾았지만 허사였습니다. 혹시 살아 있어서 대피소에 머물고 있을지 모른다는 생각에 여러 대피소를 살펴보았지만 아내는 없었습니다. 지진해일이 있은 지 25일 후인 지난 4월 5일 시체공시소에서 부인을 닮은 여성이 발견되었다며 연락이 왔습니다. 그 전화를 받고도 급히 처리해야 할 일로 몇 시간 동안은 사무실에서 움직이지 못했습니다. 시신은 눈 뜨고 볼 수 없을 정도로 많이 훼손되기는 했지만 틀림없는 아내였습니다. 집에서 600여 미터 떨어진 언덕에서 발견되었다고 했습니다. 아내의 주검이 발견된 전날은 아내의 서른아홉 번째 생일이었습니다.

도바 시장은 아내의 주검 앞에 서서 "시장으로서의 책임 때문에 구하러 가지 못해서 미안해"라며 용서를 빌었습니다.

오늘은 2천 년 전 예수님께서 우리를 위해 십자가에서 당하신 고난을 기리는 고난주일입니다. 주님의 일생은 오직 '좋은 것'보다 '유익한 것'을 구하는 삶이었습니다. 주님은 하나님과 동등된 분이셨습니다. 주님은 이 땅에 내려오시지 않는 것이 당신에게 훨씬 좋았습니다. 그러나 주님은 우리에게 영원히 필요한 구원을 위해 이 땅에 내려오셨습니다. 그것도 목수의 아들로, 말구유에 태어나셨습니다. 이사야 선지자는 태어나실 예수님에 대해 이렇게 증거했습니다. 이사야 53장 2-3절입니다.

■　　그는 주 앞에서 자라나기를 연한 순 같고 마른 땅에서 나온 뿌리 같아서 고운 모양도 없고 풍채도 없은즉 우리가 보기에 흠모할 만한 아름다운 것이 없도다 그는 멸시를 받아 사람들에게 버림받았으며 간고를 많이 겪었으며 질고를 아는 자라 마치 사람들이 그에게서 얼굴을 가리는 것같이 멸시를 당하였고 우리도 그를 귀히 여기지 아니하였도다

주님께는 내세울 만한 것이 하나도 없었다고 합니다. 가끔 그리스도인들로부터 "나도 예수님 당시에 태어나서 예수님과 함께 지내 봤으면 얼마나 좋았을까" 하는 말을 들을 때가 있습니다. 그때 살았다면 당시 사람들처럼 예수님을 인정하기가 참 힘들었을 것입니다.

예수님은 갈릴리 나사렛 출신이십니다. 우리나라로 치면 함경도나 평안도의 자그만 시골 출신입니다. 세련되지 못했고, 입은 옷은 옷인지 누더기인지 구분할 수 없을 정도였을 것입니다. 성화에서 보이는 예수님

합당하게 생활하라

얼굴은 귀공자 모습이지만 그것은 실제와 다릅니다. 당시 목수는 장터를 떠돌고, 이 마을 저 마을을 다니며 문짝 등을 고쳐 주던 사람이었습니다. 말씨도 표준어도 아닌 나사렛의 사투리를 쓰셨을 것입니다.

세상적인 기준으로 하면 주님은 가문도, 가진 것도, 배운 것도, 생긴 것도 평균이 될 만한 것이 아무것도 없었습니다. 이왕 인간으로 오실 바에는 재벌이나 학자를 비롯한 권문세가에 태어나셨더라면 욕이라도 덜 들으셨을 터인데, 무엇 하나 내세우실 게 없었습니다. 그래서 친척들은 예수님이 미쳤다고 했습니다. 주님이 이렇게 낮아지심은 세상의 가장 낮은 사람까지 구원하는 유익함 때문이었습니다. 주님께서는 십자가를 앞에 두고 겟세마네 동산에서 이렇게 기도하셨습니다.

■ 　내 아버지여 만일 할 만하시거든 이 잔을 내게서 지나가게 하옵 소서 그러나 나의 원대로 마시옵고 아버지의 원대로 하옵소서 (마 26:39)

주님 자신을 위해서는 십자가를 지지 않는 것이 좋은 것이었습니다. 그러나 십자가를 지시는 것이 우리에게 유익한 것이었습니다. 주님은 당신의 좋은 것을 택하지 않으시고, 우리의 유익을 구하셔서 우리에게 영원히 필요한 생명을 주셨습니다.

이 고난주일이 '더 좋은 것'에서 '더 유익한 것'을 선택하며 살려고 결단하는 인생의 전환점이 되기를 축복합니다. 잊지 마십시다. '더 유익한 것'을 선택하는 사람에게만 눈부신 주님의 부활이 자신의 것이 된다는 사실을 말입니다.

하나님 아버지!

히스기야 왕은 처음에는 더 유익한 것을 구하는 삶을 살았습니다. 산당과 우상들을 없애는 것은 물론 700년 동안 숭배의 대상이었던 놋뱀까지 부수어 버렸습니다. 그러나 그가 15년간의 생명을 연장받고 나서는 더 유익한 것보다 더 좋아 보이는 것을 선택했습니다. 그래서 유다의 국운이 점점 기울고 말았습니다.

오늘 하나님의 말씀을 통해 우리가 '더 좋은 것'보다 '더 유익한 것'을 선택하며 살아야 함을 일깨워 주셔서 감사합니다. 우리의 삶을 돌아보면 우리는 우리에게 좋은 것만을 택하느라 지극히 이기적인 인간이 되었음을 고백합니다. 내게 좋기만 하면 다른 사람에게 해가 되는 것도 마다하지 않았습니다. 그래서 오랫동안 주님을 믿었지만 닮아야 할 주님을 닮지 않고, 세상을 닮은 이상한 존재가 되었습니다.

주님의 고난을 기억하는 주일에 우리 삶의 방향을 바꿉니다. 주님께서 우리의 영원한 유익을 위해 유한한 인간 속으로 들어오시고, 낮은 말구유에 태어나시고, 당신이 창조하신 피조물들에게 조롱당하시고, 십자가에서의 죽음까지도 마다하지 않으셨음을 잊지 않게 해주옵소서. 이제는 우리도 주님을 본받아 더 유익한 것이라면 갈보리 산의 험한 십자가처럼 보이는 것이라도 선택하고 수용함으로 우리 삶에 찬란한 부활이 임하는 것을 목도하게 하옵소서. 예수님의 이름으로 기도드립니다.

아멘.

합당하게 생활하라

3

# 빌립보서
## 1장 27-30절

<sup>27</sup> 오직 너희는 그리스도의 복음에 합당하게 생활하라 이는 내가 너희에게 가 보나 떠나 있으나 너희가 한마음으로 서서 한 뜻으로 복음의 신앙을 위하여 협력하는 것과 <sup>28</sup> 무슨 일에든지 대적하는 자들 때문에 두려워하지 아니하는 이 일을 듣고자 함이라 이것이 그들에게는 멸망의 증거요 너희에게는 구원의 증거니 이는 하나님께로부터 난 것이라 <sup>29</sup> 그리스도를 위하여 너희에게 은혜를 주신 것은 다만 그를 믿을 뿐 아니라 또한 그를 위하여 고난도 받게 하려 하심이라 <sup>30</sup> 너희에게도 그와 같은 싸움이 있으니 너희가 내 안에서 본 바요 이제도 내 안에서 듣는 바니라

# 13 합당하게 생활하라 I

부활주일
빌립보서 1장 27-30절

왕자와 거지

미국의 풍자문학가 마크 트웨인의 작품 중에 〈왕자와 거지〉라는 소설이 있습니다. 시대 배경은 16세기입니다. 가난한 캔티 집안에 한 사내아이, 톰이 태어났습니다. 그러나 그의 출생을 가족들도 반기지 않았습니다. 같은 날 튜더 왕가에 한 아이, 에드워드 6세도 태어났습니다. 그의 출생은 온 국민의 기도와 염원의 결과였기에 사람들은 길에서 얼굴만 아는 사이라도 얼싸안고 입을 맞추었습니다.

톰은 런던 근처 부랑인들이 모여 사는 오펄 코트 지역의 단칸방에서 살았습니다. 톰의 할머니와 아버지는 난폭한 술주정뱅이였고, 어머니와 쌍둥이 누나는 거지였습니다. 가족들은 모두 까막눈이었습니다.

톰은 마음씨 좋은 신부님에게 라틴어를 배웠고, 옛날이야기와 전설들도 많이 들었습니다. 신부님의 책도 읽곤 했습니다. 그래서 자신이 왕실에서 사랑을 독차지하는 왕자로 변하는 상상을 하곤 했는데, 그럴 때면 피로와 허기는 물론 매 맞아서 욱신거리던 것도 금세 사라지곤 했습니다.

어느 날 톰은 정처 없이 걷다가 웨스트민스터 궁전에서 에드워드 왕자를 만나게 되었습니다. 약간의 소동이 있은 뒤 두 사람은 대화를 나누었는데, 에드워드는 '단 한 번이라도 좋으니 네 옷을 입고 잔소리할 사람이 없는 곳에서 마음껏 진흙탕 속을 뒹굴 수만 있다면 왕이 되지 못해도 좋겠다'고 했고, 톰은 '단 한 번만이라도 왕자님의 옷을 입어 보았으면 좋겠다'고 했습니다. 그래서 두 사람은 서로 옷을 바꿔 입고 거울을 보았는데 둘 다 소스라치게 놀랐습니다. 옷을 바꿔 입었다고 생각되지 않을 만큼 똑같았습니다.

왕궁 밖으로 나간 에드워드는 고아들을 돌보는 '그리스도 자선 학교'에서부터 진짜 왕자의 말과 행동으로 봉변을 당하고, 가는 곳마다 고통을 겪었습니다. 그러나 그는 점점 백성들을 이해하는 왕자가 되어 갔습니다.

동생에게 속아 재산과 애인을 빼앗긴 '마일스 헨든'이 에드워드 곁에서 지켜 준 것은 큰 위로였습니다. 그는 에드워드가 하는 말이 정말 왕자와 같아서 '왕자도 아닌 것이 어떻게 왕자의 생활을 저렇게 잘 알까' 의아했지만, 에드워드의 명령에 따라 세수할 때는 수건도 갖다 주고, 잠잘 때는 옷도 벗겨 주었습니다.

톰은 에드워드가 돌아오지 않자 두려워지기 시작했습니다. 에드워드가 없을 때 자신의 신분이 발각되면 목숨을 부지하기 어

합당하게 생활하라

려울 거라고 생각했기 때문입니다. 에드워드의 사촌 누이 제인이 방문하자 그에게 무릎을 꿇고는 왕자를 만나게 해주면 왕자는 자신의 누더기를 돌려주고 자기를 풀어줄 거라고 했습니다. 그 후 왕궁에서는 왕자가 미쳤다고 소문이 났습니다. 국왕 헨리 8세는 왕자가 공부를 많이 해서 그렇다며 책과 선생을 멀리하고 운동을 시켜서 건강을 찾게 하라고 명령을 내렸습니다. 그리고 왕자의 병을 입에 올리는 사람은 교수형에 처할 거라고 단단히 일렀습니다.

톰은 왕궁에서 첫 식사를 하게 되었는데, 그 모습이 아주 우스꽝스러웠지만 신하들은 웃기보다 왕자가 몹쓸 병에 시달리고 있다는 사실에 고통스러워했습니다. 톰은 눈부신 가구와 그릇들 앞에서 손가락으로 음식을 먹었습니다. 그리고 냅킨이 너무 깨끗한 천으로 되어 있다며 더러워지지 않도록 다른 곳으로 치워 달라고 했습니다. 식사 후 손 씻을 물을 갖고 왔을 때 톰은 그 물을 마셔 버렸습니다.

그러나 톰은 시간이 지날수록 왕궁 생활에 익숙해지기 시작했습니다. 처음에는 자신에게 셔츠를 입혀 주는 데 열네 명의 손을 거쳐야 한다는 것이 그렇게 거추장스러웠지만 나중에는 자연스럽게 여겨지게 되었습니다. 헨리 8세가 죽은 후에는 그의 역할도 의젓해지기 시작했습니다.

마침내 대관식 날이 되었습니다. 캔터베리 대주교가 톰의 머리에 왕관을 씌우려는 순간, 누더기 옷 입은 한 소년이 준엄한 목소리로 말했습니다. "왕의 자격이 없는 그자의 머리에 왕관 얹는 것을 중지하라! 왕은 바로 나다!" 에드워드였습니다. 화가 난 여러 사람들의 손이 에드워드를 끌어내고 있는데 갑자기 톰의 고함소리가 들렸습니다. "그 손 놓아라! 그분이 왕이시다!"

신하들이 외쳤습니다. "폐하께서 하신 말을 귀담아듣지 말거라. 다시 병이 도지셨다. 저 부랑아를 빨리 끌어내라!"

다시 톰이 언성을 높였습니다. "목숨이 아깝지 않거든 마음대로 해라. 저분에게 손끝도 건드리지 마라. 저분이 왕이시다!"

그리고 톰은 무릎을 꿇고 누더기 차림의 에드워드에게 왕좌에 앉으시라고 했습니다. 사람들은 모두 경악했습니다. 두 사람의 너무도 닮은 모습에 꿈인지 생시인지 잘 몰라 하며 혼란스러워 했습니다.

섭정을 하기로 한 신하가 누더기 소년의 신분을 확인하기 위해 왕궁과 돌아가신 왕, 공주에 대해 여러 질문들을 던졌지만 에드 워드는 거침없이 정확하게 답변했습니다. 그러자 사람들은 더 욱 혼란스러워하며 웅성거리기 시작했습니다.

자칫하다가는 나라가 두 동강이 나겠다며, 섭정은 최후의 질문 을 했습니다. "옥새가 어디 있지?" 이 질문은 왕자만이 답할 수 있는 것이었습니다. 사람들은 말은 하지 않았지만 속으로 박수 갈채를 보냈습니다. 사라진 옥새의 수수께끼를 풀 수 있는 사람 은 진짜 왕자밖에 없기 때문이었습니다.

에드워드는 너무 쉬운 문제라며 세인트 존 경에게 옥새가 있는 곳을 말했지만, 잠시 후 돌아온 세인트 존 경은 이렇게 말했습 니다. "폐하, 옥새는 그곳에 없습니다."

에드워드는 사면초가四面楚歌가 되었습니다. 섭정이 의아해하

합당하게 생활하라

며 혼잣말을 하고 있는데, 순간 톰의 눈이 반짝였습니다.

"잠깐! 이제야 알겠어요. 그게 두껍고 둥근 거죠? 그 위에 글자와 무슨 문양이 새겨져 있고? 나에게 진작 말해 주었으면 3주 전에 찾았을 텐데. 내가 알아요. 하지만 그것을 그 자리에 둔 사람은 내가 아니라 바로 저분입니다"라고 말했습니다.

그러나 에드워드는 아무리 해도 생각이 나지 않았습니다. 그래서 포기하고 물러나려 했습니다. 그러나 톰은 두 사람이 처음 만났을 때를 자세히 설명해 주었습니다. 가족들 이야기, 손에 난 상처 이야기, 옷을 바꿔 입은 이야기, 병사들을 혼내 준 이야기 등등. "왕자님께서 병사들을 혼내 줄 때 그것을 들고 뚫어지게 쳐다보더니 어디엔가 두려고 살폈습니다……."

여기까지 말하자 에드워드는 알겠다며 '벽에 걸려 있는 밀라노 갑옷의 팔 부분에 옥새가 있다'고 했습니다. 사람들은 세인트 존 경이 돌아오기를 숨죽이며 기다렸습니다. 마침내 그가 손에 옥새를 들고 나타났습니다. 사람들은 함성을 질렀습니다.

에드워드는 톰에게 물었습니다. "나도 기억 못하는 일인데, 내가 옥새를 둔 곳을 너는 어떻게 알았느냐?"

톰이 답변했습니다. "어려울 것 없습니다. 제가 여러 날 사용했습니다. 사람들이 옥새가 무엇인지 말해 주지 않아서 알려주지 않았을 뿐이지요."

"아니, 그러면 그것을 도대체 어디에 사용했단 말이냐?"

톰은 얼굴이 화끈거려 답변할 수 없었습니다. 에드워드가 "두려워하지 않아도 되니 말하라"고 했습니다.

톰이 말했습니다. "호두 까는 데 썼습니다!"

왕자의 옷을 입고, 왕자가 먹는 음식을 먹고, 왕자가 자는 침대에 저녁에 눕고 아침에 일어날지라도 톰은 부랑자 같은 사고를 하고 있었습니다. 그가 옥새를 가지고 할 줄 아는 것이라고는 호두 까는 일밖에 없는 것은 그의 내면이 여전히 거지였기 때문입니다.

반면 넝마를 걸치고 있고, 음식을 제대로 먹지 못해 주린 배를 움켜쥐어야 했고, 짚단 위에 눕고 일어서야 했을지라도 에드워드는 여전히 왕자였습니다. 아이들이 전쟁놀이할 때 들고 노는 나무로 만든 칼도 그는 웨일즈의 전설에 나오는 엑스칼리버처럼 들고서 명령을 내렸습니다. 그의 내면이 왕자였기 때문입니다.

## 세상의 옷, 생명의 옷

왕자에게는 왕자에게 어울리는 삶의 양식이 있고, 거지에게는 거지에게 어울리는 삶의 양식이 있습니다. 마찬가지로 그리스도인에게는 그리스도인에게 합당한 삶의 양식이 있습니다.

바울은 자신의 몸에서 그리스도가 존귀하게 되는 것을 그토록 사모했습니다. 그리스도가 존귀하게 되는 것이라면 그에게는 사는 것도 죽는 것도 아무런 문제가 되지 않았습니다. 또한 바울은 자신을 위해서라면 사는 것과 죽는 것 중에서 죽는 것을 선택하는 것이 훨씬 좋은 일이지만, 빌립보교회와 다른 사람들을 위해서는 사는 것이 더 유익하다고 했습니다. 즉 바울의 삶에서 우선순위 1번은 예수 그리스도였고, 2번은 다른 사람들, 3번이 자기 자신이었습니다.

합당하게 생활하라

우리 삶이 변화되지 못하고 성숙하지 못하는 것은 언제나 우리 삶의 우선순위 1번이 나 자신이고, 2번은 다른 사람의 눈치이고, 3번이 주님이기 때문입니다. 그리스도인들의 바른 삶에 대해 하나님께서 이렇게 말씀하십니다. 27절 상반절이 이렇게 증거합니다.

■　오직 너희는 그리스도의 복음에 합당하게 생활하라

영어성경에는 '오직, 생활하라, 합당하게, 그리스도의 복음에'로 되어 있는데, 이 순서에 따라 살펴보겠습니다.

'오직'은 '하나'를 뜻하는 단어에서 왔습니다. 바울은 지금까지 인사말과 기도, 자신의 상황과 마음가짐에 대해 설명했습니다. 그리고 이제는 빌립보교회 전체에게 구체적으로 권면의 말을 시작합니다. 그 첫 문장이 '오직 너희는 그리스도의 복음에 합당하게 생활하라'입니다. 이 뒤의 내용은 전부 이 말의 해석과 적용이라 해도 과언이 아닙니다. 이것이 너무 중요하기에 '오직 – 이 한 가지는', 이것은 꼭 지켜야 한다고 당부하는 것입니다.

'생활하다'에 해당하는 헬라어는 '폴리튜오마이politeuomai'인데, '시민이 되다', '시민으로 의무를 다하다'라는 뜻입니다. 이 단어는 '고대 도시국가'를 뜻하는 'polis'(폴리스)에서 왔고, 이 단어에서 '정치'를 뜻하는 영어 단어 'politics'가 생겨났습니다.

첫 시간에 말씀드렸듯이 옥타비아누스와 안토니우스의 연합군이 브루투스와 카시우스의 군대를 물리친 후, 그 전쟁에서 공을 세운 군인들의 상당수를 빌립보에 정착시켰습니다. 그래서 빌립보는 군사도시였습니다. 우리나라에서 '진해'를 떠올리면 '해군 군사도시'가 연상되는 것처럼 빌립보는 로마제국에서 그런 도시였습니다.

빌립보 사람들은 이탈리아 반도의 로마 시민들처럼 로마법의 적용을 받았는데, 그것은 식민지 시민들이 누리는 최고의 혜택이었습니다. 그뿐만 아니라 조선시대의 '신문고'처럼 로마 황제에게 직접 상소할 수 있는 권리도 있었습니다.

이것이 빌립보 사람들의 자긍심이었기에, 그들은 로마에 사는 사람들보다 더 로마인처럼 살았습니다. 그러나 바울이 빌립보교회 사람들에게 요청하는 것은 로마 시민권자다운 삶이 아닙니다.

바울은 '그리스도의 복음을 따라 생활하라'고 해도 충분할 터인데 거기에 '합당하게'라는 부사를 덧붙였습니다. 이것은 바른 삶이 무엇인지 구체적으로 설명해 줍니다.


'합당하게'에 해당하는 헬라어 단어는 '악시오스aksios'인데, 여기에는 세 가지 중요한 뜻이 있습니다.

첫째는 '무게를 달다weigh'입니다. 이는 삶을 무겁게 행하라는 것입니다. 무거운 짐을 진 듯이 살라는 것이 아니라 진지하게 살라는 의미입니다. 나보다 지위가 높은 것도, 공부를 많이 한 것도 아니고, 그렇다고 소유가 많은 것도 아닌데 어떤 사람의 살아온 이야기를 들을 때 '저 사람이 나보다 훨씬 낫구나!'라고 느낄 때가 있습니다. 그것은 그 사람의 삶의 무게 때문입니다.

하나님께서 "네 부모를 공경하라"고 하셨습니다. '공경하다'에 해당하는 히브리어의 문자적인 뜻은 '무겁다'입니다. 부모님이 자녀인 나보다 공부를 많이 못하신 경우가 많습니다. 나보다 건강하지도 못하실 것입니다. 소유가 적은 경우도 많습니다. 그러나 부모님의 삶이 나의 삶보다 가

볍다고 할 수 있는 사람은 아무도 없습니다. 부모님의 더 무거운 삶이 나를 지탱해 주었기에 나의 삶을 건축할 수 있었기 때문입니다. '지금 내 나이에 부모님이 어떤 삶을 사셨을까'를 생각하면 그 삶의 무게에 절로 고개가 숙여지지 않습니까?

우리는 복음을 무겁게 여기며 살아야 합니다. 오직 그리스도의 복음이 인생에서 가장 무거운 것이 되어서 인생을 지지해 줄 수 있을 뿐만 아니라 우리 삶을 영원까지 이어 주기 때문입니다.

둘째는 '값을 매기다value'입니다. 에드워드와 톰처럼 같은 날 같은 나라에 태어난다 할지라도, 심지어 같은 날 세상을 떠난다 할지라도 두 사람의 인생의 값은 결코 동일하지 않습니다. 영원히 기억되는 삶을 사는 사람이 있는 반면 다시는 기억하고 싶지 않은 삶을 사는 사람도 있습니다. 한 시대를 풍미한 최고의 인물도 있고 최악의 인물도 있습니다. 진면교사와 같은 사람도 있고, 반면교사로 사는 사람도 있습니다.

인생을 가장 가치 있게 살게 해주는 것이 그리스도의 복음입니다. 우리가 복음을 가장 가치 있게 여기면, 복음이 우리를 가치 있는 인생으로 만들어 줍니다.

지금 바울은 로마의 감옥에 갇혀 있습니다. 당시 겉으로 보기에는 한낱 죄수에 불과했기에 그의 삶이 가치 있다고 여긴 사람은 거의 없었습니다. 그러나 복음을 자신의 생명보다도 가치 있게 여긴 그의 삶을 주님께서 가치 있게 여겨 주셨습니다. 그래서 2천 년이 지난 지금, 인류 역사상 예수님을 제외하고 바울의 삶보다 더 가치 있는 삶을 산 사람은 없었고, 앞으로도 없을 것이라 해도 과언이 아닙니다. 바울이 여러 교회에 보낸 편지들이 복음서보다 먼저 쓰여졌기 때문에 우리가 아는 기독교적인 생각들은 전부 그에 의해 정리된 것입니다.

당시 로마에는 수많은 권문세가의 고관대작들이 있었습니다. 그들의 삶을 모두 합해도, 아니, 로마 황제를 다 합한다 해도 이 죄수 한 사람의 삶의 가치와 비교할 수 없습니다. 복음을 가치 있게 생각하는 우리의 삶이 가정은 물론 한 사회와 국가와 인류를 바꿉니다.

셋째는 '어울리다become'입니다. 에드워드는 왕자의 옷을 입어야 어울리고, 톰은 자기 수준에 맞는 옷을 입어야 어울립니다. 수영선수가 청바지를 입고 경기를 할 수는 없습니다. 물론 그것을 막지는 않겠지만 경기 결과를 떠나서 정신이 온전하지 못하다고 여겨질 것입니다. 수영복을 입고 예식장에 갈 수도 없습니다. 예식장에는 거기에 어울리는 옷이 있기 때문입니다.

어떤 행동이 모든 사람에게 동일하게 어울리는 것은 아닙니다. 국가원수나 장관들이 서민들의 고통에 동참하겠다며 대중교통만을 이용하겠다고 고집한다면 그것은 진정으로 국민들을 생각하는 것이 아닙니다. 퇴직후에나 어울리는 모습입니다. 또한 대기업의 CEO가 물자를 아껴 쓰겠다며 직접 이면지를 잘라서 메모지로 활용하겠다고 한다면 그것은 그분들의 삶에 어울리지 않는 시간낭비입니다. 물론 자기 수준을 넘는 소비를 하는 사람도 자기에게 어울리지 않는 쇼핑중독자입니다.

그리스도인들은 복음에 어울리는 삶을 사는 사람들입니다. 그렇지 못할 때 비난이 돌아옵니다. 사람들에게는 직책에 어울리리라고 보는 기대치가 있습니다. 공무원에게 어울리는 기대치가 있고, 학자에게 바라는 기대치가 있고, 직장인, 주부, 학생 등에게는 그들에게 어울리는 삶이 있습니다. 자신의 직책에 가장 잘 어울리는 사람이 존중받습니다. 그렇기에 그리스도인에게는 복음에 어울리는 삶이 있습니다.

그리스도인이 하나님나라에 합당하게 살아가는 것은 그리스도의 복음

합당하게 생활하라

대로 사는 것입니다.

빌립보 사람들의 삶의 기준은 '로마 제국'이었습니다. 로마 제국의 세계관이 그들의 인생을 무겁게 여기게 해준다고 확신했고, 로마 제국의 가치관이 그들의 인생을 가치 있게 만들어 준다고 생각했습니다. 그리고 로마 제국의 생활이 그들에게 가장 어울린다고 생각했을 것입니다. 그것이 그들의 자랑이었습니다. 그러나 지금 로마 제국이 어디 있습니까?

우리도 이 땅을 살아가면서 대한민국의 세계관이 우리를 무겁게 여기도록 만들어 주고, 서울 사람의 가치관이 우리를 가치 있게 만들어 준다고 생각할 수 있습니다. 수도권의 생활이 우리에게 어울린다고 생각할 수도 있습니다. 그렇다면 우리 삶은 2천 년 전 로마 시민들의 삶이 복사되고 있는 것입니다.


앞에서 말씀드린 〈왕자와 거지〉는 이렇게 결론 맺습니다. 톰 캔티는 머리가 하얗게 셀 때까지 오래오래 살았습니다. 점잖고 신중하면서도 너그러운 노인으로, 죽는 날까지 사람들의 존경을 받았습니다. 거기에는 톰 캔티가 입고 다니던 옷도 한몫 거들었습니다. 사람들은 그 옷을 볼 때마다 한때는 그가 왕이었다는 사실을 되새기곤 했습니다. 사람들은 톰 캔티가 나타나면 자연스럽게 길을 내주면서 "모자 벗어! '왕의 보살핌을 받는 분'이란 말이야!"라고 환호성을 질렀습니다. 그러면 톰 캔티는 온화한 미소로 답하곤 했습니다.

에드워드 6세는 얼마 못 살았습니다. 하지만 그는 짧은 인생을 값지게 살았습니다. 한번은 어떤 고위관리가 왕의 관대한 정책에 반기를 들었습니다.

"지금 폐하가 고치시려는 법은 그다지 혹독한 법이 아니기 때문에, 폐하께서 걱정하시듯 그 법 때문에 고통 받고 억눌리는 사람은 없을 것입니다!"

그러자 왕은 측은한 눈길로 그 신하를 바라보며 말했습니다.

"고통 받고 억눌린다는 것이 어떤 것인지 그대가 어찌 아는가? 나도 알고, 백성도 알지만, 그대는 몰라."

그 잔인한 시대에도 에드워드 6세가 다스리던 시절만큼은 백성들이 기를 펴고 살았습니다. 이제 이야기를 마치는 마당에 그를 위해서라도 백성들이 왜 기를 펴고 살았는지, 그 이유를 한번 곰곰이 생각해 보아야 할 것입니다. 에드워드와 톰은 그들에게 합당한 삶을 살아갔던 것입니다.


오늘은 부활주일입니다. 주님께서는 죽음을 이기고 부활하셨습니다. 그것이 그리스도의 복음의 내용입니다. 우리 모두는 주님께서 살아나셨음을 보았기 때문에 믿는 사람들이 아니라 그리스도의 복음에 그렇게 쓰여 있기 때문에 믿는 사람들입니다. 얼핏 황당한 소리같이 들릴지도 모르겠습니다. 그러나 지난 2천 년 동안 이 사건이 뒤집어지지 않았다는 것만큼 부활이 진리라는 것을 반증하는 것이 없습니다.

오늘도 주님께서는 우리가 그리스도의 복음에 합당하게 살도록 은총을 베풀어 주고 계십니다. 욥기에 나오는 것처럼 주님께서 우리에게 은총을 베풀어 주시는 것을 사탄이 시기하면서 이렇게 말할지 모릅니다.

"지금 주님이 베푸시는 은총은 이미 너무 과한 것이기 때문에, 인간들에게는 그렇게 베풀지 않아도 충분합니다. 인간들은 그렇게 은총을 받을 자격이 없습니다!"

그때 주님께서는 그윽한 눈빛으로 이렇게 말씀하실 것입니다.

"고통 받고 억눌림의 한계를 가진 인간으로 살아간다는 것이 얼마나 쉽지 않은지 그대가 어찌 아는가? 나도 알고, 인간도 알지만, 그대는 몰라.”

부활하신 그 주님께서 오늘 우리에게 말씀하십니다. “나의 복음에 합당하게 살아 줄래?”

---

하나님 아버지!

누더기 같은 십자가의 고난과 죽음의 권세를 이기시고, 누구도 넘볼 수 없는 영원한 왕으로 오늘 눈부시게 부활하신 주님을 기억하는 부활주일을 맞이하게 해주시고, 말씀을 통해 우리 삶의 기준이 무엇이어야 하는지 확인하게 해주셔서 감사합니다.

주님께서 부활하심으로 우리는 이미 영원한 생명의 옷을 입고 있음에도, 이내 넝마로 변해 버릴 세상의 옷을 입고서 마치 그것이 최고의 옷인 것처럼 많이 오해했습니다. 세상의 옷은 우리에게 어울리는 것이 아님에도 우리는 이 옷이 나를 가치 있게 만들어 준다고 착각하며 생명의 옷으로 갈아입으려고 하지도 않았습니다. 또한 우리는 우리에게 맡겨 주신 진리의 옥새로 욕망의 호두만 까고 있었음을 고백합니다.

하나님 아버지!

이제는 왕으로 대관戴冠하신 주님께서 부활하심으로 만들어 주신 복음에 합당한 삶을 살게 하시고, 그 복음을 따라 사는 것보다 더 존중된 삶이 없고, 그 복음이 우리 인생을 가장 가치 있게 만들어 주며, 그 복음이 주님의 자녀에게 가장 어울리는 기준임을 잊지 않게 하옵소서.

그리하여 복음에 합당하게 사는 삶을 통해 우리 가정과 사회, 민족이 새롭게 되살아나는 것을 경험하게 하옵소서. 예수님의 이름으로 기도드립니다.

아멘.

# 14

## 합당하게
## 생활하라 Ⅱ

가정주일
빌립보서 1장 27-30절

가정의 달에 생각하는 운전면허증

제게는 1995년에 딴 1종 보통 운전면허증이 있습니다. 면허를 딴 다음 날 강남구 논현동에서 광진구 광장동까지 강변북로를 거쳐 운전을 했습니다. 당시 몰던 자동차가 수동기어였는데, 얼마나 긴장되고 조심스러웠는지, 첫날에는 1~3단까지밖에 사용하지 못했습니다. 고속으로 달릴 때는 기어를 4단과 5단으로 바꿔야 한다는 것을 알고 있었음에도 손이 움직여지지 않았습니다.

그렇게 6년을 운전하고 제네바로 가게 되었습니다. 그곳에서 7개월 정도는 버스를 타고 다녔습니다. 그 후 제네바 모터쇼에서 자동차를 계약해서 운전을 하게 되었습니다.

외국에서 처음 운전하는 날도 몹시 긴장되었습니다. 자동차 대리점에서 제가 살던 집까지는 불과 몇 킬로미터였습니다. 게다가 자동차도 자동기어이고, 길도 압니다. 그런데 면허증을 받은 다음 날 운전하는 느낌이었습니다. 운전을 안 한 지는 불과 7개월이었습니다. 며칠 뒤 적응되기는 했지만, 처음 운전한 날과 그다음 날은 운전할 때 "내 앞에 다른 차가 있었으면 좋겠다"는 생각이 간절했습니다. 앞에 다른 차가 있으면 따라가면 되었기 때문에 오히려 마음이 편안했습니다.

그런데 그때보다 더 긴장했던 적이 있습니다. 집 안 물건을 정리하기 위해 서랍장이 필요해서 집에서 가장 가까운 대형마트에 갔습니다. 그 매장은 집에서 3킬로미터가 채 안 되는 곳에 있었습니다. 전시된 것 중에 아주 싼 값에 마음에 드는 서랍장이 있어서 구입했습니다. 차의 의자를 눕히면 충분히 실을 수 있으리라 생각했는데 의외로 서랍장이 많이 컸습니다.

제네바에서는 배달비가 꽤 비싸기 때문에 구입하는 사람이 직접 운반합니다. 그래서 서랍장을 싣고 갈 차를 빌렸는데, 1톤 정도의 작은 트럭이 없었는지, 아니면 제 면허증이 1종 보통이어서였는지 5톤 정도의 큰 트럭을 빌려주었습니다. 저는 운전면허증을 받고 3개월 정도는 수동기어 차를 몰고 그 후로는 자동기어 차만 몰았습니다. 약 8년 동안 수동기어 차를 한 번도 몰아 본 적이 없었습니다. 그때 다행히 주차장에는 차들이 거의 없었습니다. 일단 시동을 켜고 작동해 보았는데, 움직이긴 했지만 영 자신이 없었습니다. 게다가 우리나라 자동차는 후진하려면 기어를 제일 오른쪽 뒤로 하지만 그 차는 가장 왼쪽 앞으로 해야 했습니다. 두 번 시동을 꺼뜨리면서 도로로 나왔습니다. 등에서 식은땀이 흘렀습니다. 가까스로 집에 도착해서 짐을 풀

합당하게 생활하라

고, 차를 반납했습니다.

제게는 면허증도 있습니다. 수동기어 차를 운전해 본 적도 있습니다. 그런데도 극도로 긴장되고 식은땀이 흘렀습니다. 그런데 자동차를 제대로 운전하는 것이 쉽습니까? 가정에서 남편이나 아내 역할, 부모나 자녀 역할을 제대로 하는 것은 쉽습니까? 자동차를 면허증 없이 운전하면 범법자가 되고, 그 자동차는 흉기가 됩니다.

운전면허증은 주민등록증처럼 나이가 찼다고 그냥 주지 않습니다. 일정한 학력을 갖추었거나 일정량 이상의 재산이 있다고 발급해 주지도 않습니다. 운전면허증을 받기 위해 얼마나 많은 연습을 해야 합니까? 저는 필기와 실기 시험에서 두 번씩 떨어져 봤기 때문에 준비 과정에서 얼마나 긴장해야 하는지도 압니다. 하지만 결혼생활을 잘 운전하기 위해 남편면허증, 아내면허증, 부모면허증, 자녀면허증을 가진 사람은 아무도 없습니다. 그냥 나이가 차면 결혼하는 것이 오늘날 가정에서 일어나는 비극의 원인 가운데 하나입니다. 그래도 지금은 '결혼교실', '아버지학교', '어머니학교' 등등의 프로그램을 열지만 저 역시 그런 교육을 받지 않고 결혼해서 남편이 되고 아버지가 되었습니다. 제가 교회에서는 괜찮은 사람인 것 같은 표정을 짓고 있어도 남편으로서, 아버지로서는 얼마나 부족한지, 참 많이 좌절하곤 합니다.

남편이 되고, 아내가 되고, 부모가 되는 것은 아주 전문적인 일입니다. 아무나 쉽게 할 수 있는 것이 아닙니다. 그냥 그럭저럭 살다 보면 남편 노릇, 아내 노릇, 부모 노릇을 하게 될 거라고 생각하지만 뜻대로 잘 되지 않습니다. 그래서 뉴스를 보면 하지 말아야 할 행동을 하는 남편과 아내와 비정한 부모들이 너무 많습니다. 있어서는 안 되는 일들이 가정에서 너무도 많이 일어나 가슴이 미어질 지경입니다.

## 누굴달마 누굴달마

오늘은 자녀에 대한 부모의 역할에 대해 나누겠습니다.

부모는 하나님께서 자녀들에게 준 최초의 삶과 신앙의 배경입니다. 그래서 부모의 인생은 자녀들의 삶을 통해 고스란히 복사되곤 합니다. 자녀가 부모보다 나을 수 있다면 그것은 오직 하나님의 은혜의 결과입니다.

어느 가정에 고등학생 딸이 있었습니다. 그 딸은 부모에게 골칫덩어리였습니다. 하라는 공부는 안 하고, 늦게 귀가하기 일쑤였습니다. 달래도 보고, 타일러도 보고, 종아리도 때려 보았지만 아무 소용이 없었습니다.

그래서 그 어머니는 답답한 마음에 유명한 역술인을 찾아가 물었습니다. "도사님! 우리 딸이 정말 속을 많이 썩이는데 어떻게 하면 좋겠습니까? 도대체 누굴 닮아서 저 모양입니까?" 역술인은 눈을 감고 주문을 외기 시작했습니다. "누굴달마(닮아) 누굴달마……." 한참 주문을 외던 역술인은 고개를 갸우뚱거리기 시작했습니다. 그러고는 혹시 집안 사람 가운데 외국인이 있느냐고 물었습니다. 어머니는 없다고 했습니다. 역술인은 다시 주문을 외기 시작했습니다. "누굴달마(닮아) 누굴달마……." 연신 고개를 갸우뚱거리던 역술인은 가까운 친척 가운데 정말 외국

합당하게 생활하라

인이 없느냐고 물었습니다. 그 어머니도 "확실히 없어요!"라고 대답했습니다. 다시 주문을 외던 역술인은 '점괘에는 분명히 있다고 나오는데 왜 없다고 거짓말하느냐'며 짜증을 냈습니다. 그 어머니도 화가 났습니다. "없어서 없다고 하는데 왜 자꾸 있다고 합니까? 도대체 그 사람 이름이 뭡니까?"라고 물었습니다. 역술인은 이렇게 대답했습니다. "에미Emmy, 지에미Jiemmy라고 나오는데요."

또, 각 사람에 대해 4등급으로 매겨 놓은 유머가 있습니다.

〈가수〉 1등급: 노래는 물론 작사, 작곡, 편곡까지 다 잘한다. 2등급: 라이브도 잘한다. 3등급: 표절은 안 한다. 4등급: 염색만 잘 한다.

〈학생〉 1등급: 선생님과 친구들이 모두 좋아한다. 2등급: 친구들이 좋아한다. 3등급: 학교 구내매점 주인이 좋아한다. 4등급: 피시방 주인이 좋아한다.

〈아들〉 1등급: 공부까지 잘한다. 2등급: 말은 잘 듣는다. 3등급: 몸은 건강하다. 4등급: 지애비를 닮았다

정말 자녀 1등급이 '아버지와 어머니를 닮았다'였으면 좋겠습니다.

## '축소된 교회', 하나님의 자녀들을 위하여

빌립보교회에 편지를 보내면서 바울은 인사말과 기도에 이어 자신이 투옥되어 있을지라도 어떻게 복음이 전파되고 있는지와, 삶과 죽음 사이에 있는 자신의 마음가짐을 언급했습니다. 빌립보교회 전체에게 주는 그의 첫 권면의 말씀이 '오직 너희는 그리스도의 복음에 합당하게 생활하라'입니다. 이 말의 의미는, 빌립보 지역 사람들이 자신들이 로마 시민권자이기 때문에 로마의 가치관에 따라 살아야 한다고 생각하는 것처럼, 그리스도인은 그리스도의 복음을 존중하고, 그 복음을 가치 있게 여기며, 그 복음에 어울리는 삶을 살아야 한다는 것입니다.

흔히 가정을 '축소된 교회'라고 하고, 교회를 '확대된 가정'이라고 합니다. 당시에는 실제로 교회가 가정이었습니다. 소수의 헌신된 사람이 자신의 집을 다른 그리스도인들을 위해 내어 놓으면 거기가 교회였습니다. 그러니까 빌립보교회에 전하는 권면은 곧 빌립보에 있는 가정들에게 주는 메시지입니다.

그렇다면 그리스도의 복음에 합당하게 생활하는 것이 구체적으로 무엇을 의미하는지, 27절이 잘 설명하고 있습니다.

■ 　오직 너희는 그리스도의 복음에 합당하게 생활하라 이는 내가 너희에게 가 보나 떠나 있으나 너희가 한마음으로 서서 한뜻으로 복음의 신앙을 위하여 협력하는 것과

가족 구성원들이 복음에 합당하게 생활하는 것은 '한마음과 한뜻으로 복음의 신앙을 위해 협력하는 것'입니다. '협력하다'에 해당하는 단어

　　　　　　　　　　　합당하게 생활하라

가 '쉬나쓸레오sunathleo'인데, 이것은 '함께'라는 의미의 접두사 '쉰sun/syn'과 '경주하다, 투쟁하다'라는 뜻의 '아쓸레오athleō'가 합해진 단어입니다. 여기서 나온 영어 단어가 '육상경기'를 뜻하는 'athletics'입니다.

〈글래디에이터〉 같은 영화를 보면, 군인들이 전쟁을 하기 위해 행군할 때처럼 줄을 서 있는 장면이 있습니다. 그래서 전쟁을 할 때는 첫 줄 전체가 동시에 나아갑니다. 그 줄이 쓰러지면 다음 줄이 나아갑니다. '협력하다'는 바로 전쟁을 치르기 위해 서 있는 줄의 사람들이 함께 나아가는 것을 의미하는 단어입니다. 그 모습은 미식축구에서 상대 팀 선수에게 밀리지 않기 위해 선수들이 어깨를 맞대고 나아가는 모습과 흡사합니다.

세상의 모든 사람 가운데 가장 밀착되게 어깨와 어깨를 맞대고 나아가야 하는 사람이 바로 부모와 자식을 비롯한 가족들입니다.

바울이 로마의 감옥에서 쓴 또 다른 서신인 에베소서의 6장 4절 상반절은 부모가 자녀에 대해 어떠해야 하는지 이렇게 밝히고 있습니다.

■ 또 아비들아 너희 자녀를 노엽게 하지 말고

부모가 자녀를 양육하는 데 가장 조심해야 할 것은 자녀로 하여금 분노하게 만드는 것입니다. 자녀가 분노해 있으면 바른 양육이 불가능하기 때문입니다. 어른들도 마찬가지입니다. 내가 어떤 사람에게 화가 나 있는데 그 사람이 아무리 좋은 말을 하고 좋은 제안을 할지라도 그것은 잔소리며 나를 성가시게 하는 일입니다. 자녀가 노여움(분노)을 느끼게 하는 부모의 네 가지 태도를 말씀드리겠습니다.

첫째는 '변덕스러운 감정'입니다. 때로 부모가 자녀에게 화낼 때가 있습니다. 자녀의 바르지 않은 태도나 행동에 속이 상해서 그럴 때도 있지만, 부모가 자기감정을 조절하지 못해서 화를 낼 때도 있습니다. '이렇게 조그만 녀석이, 내가 낳아서 지금까지 길러 주었는데 나에게 이렇게밖에 못 한단 말인가?' 하는 생각에 자기감정을 주체할 수 없어서 화를 낼 때도 많은 것을 인정하지 않을 수 없을 것입니다. 혹시 자녀가 길에서 말을 잘 안 들을 때, "집에 가면 가만 안 둘 거야"라는 말도 해서는 안 될 말입니다. 부모가 자신의 감정에 좌지우지되면 아이는 눈치 보는 요령만 늘게 됩니다.

자녀를 가장 화나게 하는 것은 부모의 행동과 기분을 예측할 수 없는 경우입니다. 어떤 날은 부모가 친절하고 기분이 너무 좋아서 아이가 원하는 것을 모두 허락하더니, 그다음 날은 자기감정에 사로잡혀 아이가 그렇게 잘못한 것도 아닌데 매를 듭니다. 이런 부모의 변덕은 자녀를 노엽게 만듭니다.

둘째는 '비합리적 태도'입니다. 아이 입장에서는 전혀 생각하지 않고 부모의 생각과 판단만으로 평가하는 것입니다. 부모는 자기 자식에 대해 가장 많이 알고 있기는 하지만, 그렇다고 자녀의 전부를 아는 것은 아닙니다. 과거에는 대부분 자녀가 부모에게 합당한 이유를 말하는 것이 허락되지 않았습니다. 물론 자녀가 부모를 이용하려 하고, 거짓말을 할 수도 있습니다. 그럼에도 부모는 비합리적이지 않아야 합니다.

미국의 철학자 랄프 에머슨이 이런 말을 했습니다. "What you are speaks so loud that I can not hear what you said"[당신이 누구인지(당신의 인격이) 말하는 것이 너무 크기 때문에 나는 당신이 말하는 것을 들을 수 없습니다].

부모는 자녀가 부모의 말을 듣고 행하기를 생각하고 바라지만, 자녀는 부모의 말이 아니라 행동을 보고 행합니다. 우리는 하나님의 말씀을 들

합당하게 생활하라

고도 잘 안 변하는데, 자녀가 부모의 말을 듣고 변하겠습니까? 자녀에게는 부모의 행동이 너무 크게 들리기 때문에 말은 아무리 크게 해도 들리지 않습니다.

셋째는 '자기중심적 태도'입니다. 부모가 자녀에게 말합니다. "네가 일류 대학을 가는 것이 하나님께 영광을 돌리겠니? 아니면 삼류 대학을 가는 것이 하나님께 영광을 돌리겠니? 네가 신앙생활을 한다고 하면서 대학도 못 가면 예수 믿는 사람들이 무시당하지 않겠니? 지금은 교회 가는 걸 좀 참아! 대학 가서 열심히 신앙생활 하고, 열심히 봉사도 하면 되잖아!" 이런 부모의 이기적인 생각은 자녀를 노엽게 만듭니다. 자녀가 일류 대학에 가지 못하는 것은 하나님께 영광이 되지 않는 것이 아닙니다. 부모가 다른 사람들에게 자녀를 창피하게 여기는 것일 따름입니다.

한 아이가 엘리베이터의 열림 단추를 누른 채 소리 질렀습니다. "엄마! 빨리 와. 엘리베이터가 기다려." 그렇지만 엄마는 천천히 걸어왔습니다. 그 엘리베이터에 먼저 타고 있던 남자는 속으로 짜증이 났습니다. 잠시 후, 그 아이의 엄마가 타고 엘리베이터의 문이 닫히자 엄마가 그 아이를 꾸짖었습니다.

"엄마가 그렇게 하지 말랬지?"

함께 타고 있던 남자는 속으로 '그렇지. 잘못한 건 혼을 내야지' 하며 흡족해했습니다. 그런데 엄마가 이어서 이렇게 말했습니다.

"엘리베이터가 뭐야! 엘리베이터가! 자, 따라해 봐. (혀를 굴리며) 엘리베이러."

타인을 위한 부모의 배려심이 자녀에게 더 넓은 마음을 갖게 합니다.

끝으로 '너무 엄한 태도'입니다. 엄하게 대하는 것이 최고라고 생각하는 부모들이 있습니다. 특히 아버지들이 이렇게 생각하는 경향이 많습니다. 그러나 부모가 엄하다고 해서 자녀가 바르게 자라는 것은 아닙니다. 자녀가 잘못하면 벌을 받게 하는 것이 당연하지만, 그 벌이 너무 가벼우면 잘못을 가볍게 여길 수 있고, 너무 무거우면 분노를 쌓게 만듭니다. 그래서 벌은 적절해야 합니다. 체벌에는 애정이 포함되지만, 폭력에는 감정이 섞입니다. 그래서 체벌 후에는 교훈과 격려가 남지만, 폭력 후에는 거절당함과 상처만 남습니다.

많은 아버지들이 자녀를, 특히 아들을 강하게 키워야 한다고 생각합니다. 그래서 많이 혼내고 많이 때리는 것이 강하게 키우는 것이라 생각합니다. 그러나 저를 포함해서 아버지들이 자녀에 대해 얼마나 이런 엉터리 철학을 갖고 있는지 모릅니다. '아버지를 무서워해야 하고, 아버지가 한마디 하면 아이들이 토를 달지 않고 무조건 들어야 한다'는 식의 생각을 합니다.

주님께서 우리를 그렇게 대해 주지 않으셨습니다. 현장에서 간음하다 잡힌 여인을 용서해 주셨습니다. 백성들에게 손가락질당하던 세리도 용납해 주셨습니다. 자기들만이 하나님 앞에 인정받는다고 생각한 바리새인들과 서기관들과 같은 종교지도자들에게만 화를 내셨지, 그 밖의 사람들은 언제나 따뜻하게 대해 주셨습니다.

우리가 진리를 모른 채 엉터리로 살 때, 하나님은 우리에게 매를 들거나 바지를 벗겨서 집 밖으로 내쫓지 않고 따뜻하게 대해 주시고 용납해 주지 않으셨습니까? 너무 엄한 태도는 자녀에게 분노를 쌓게 만드는 것입니다. 부모가 자녀에 대해 어떻게 해야 하는지 에베소서 6장 4절 하반절은 이렇게 증거합니다.

■　　오직 주의 교훈과 훈계로 양육하라

부모의 가장 큰 역할은 자녀 양육입니다. 양육한다는 것은 '밖으로 나가 혼자 살 수 있을 때까지 키우는 것'을 의미합니다. 직장에서 책임 있는 자리에 있는 사람이 어떤 결정을 내리기 위해 얼마나 많은 생각을 합니까? 그렇게 고심하는 이유는, 그 결정이 많은 사람에게 영향을 미치기 때문입니다. 자녀에게도 마찬가지입니다. 자녀에 대한 부모의 결정과 양육은 중대한 결과를 가져옵니다.

그리고 부모가 자식을 양육하는 도구가 '주의 교양과 훈계'라고 합니다. 자녀 친구 엄마의 말이 결코 우리 자녀 양육의 도구가 될 수 없습니다.

학교나 국가가 우리 자녀를 지식인이나 기능인으로 키워 줄지는 몰라도 영적인 인간으로는 결코 키워 주지 못합니다. 그것은 부모의 몫이고, 교회의 몫입니다. 부모와 교회 중에서는 부모가 주된 역할을, 교회가 보조 역할을 하는 것입니다. 그래서 자녀를 바르게 키우려면 부모가 신앙적이지 않으면 불가능합니다.

자녀를 노엽게 하지 않고 오직 주의 교훈과 훈계로 양육하는 것이 부모가 그리스도의 복음에 합당하게 행하는 것이고, 그것이 가족이 한마음으로 서서 한뜻으로 복음의 신앙을 위해 협력하는 것입니다.


2005년 여름, 로마에 여행간 적이 있습니다. 분수의 도시로 알려진 로마에서 가장 유명한 트레비 분수와 영화 〈로마의 휴일〉을 촬영한 스페인 광장을 둘러보고 숙소로 돌아가려고 지하철을 타려는데, 어린 아기에게 젖을 물린 채 한 여인이 제게 다가왔습니다. 저는 피곤해 하는 둘째아이를 유모차에 태우고 밀고 있었습니다. 제가 지하철을 타자 그 여인도 탔습니다. 그런데 그 여인이 아기를 두르고 있던 천의 한 쪽을 제 옆에서 늘

어뜨렸습니다. 그때까지 아무런 생각이 없었습니다. 그런데 잠시 후 제 몸에서 뭔가 빠져나가고 있는 듯한 느낌이 들었습니다. 순간 '아차' 해서 제 지갑을 잡았습니다. 그랬더니 손만 급히 빠져나갔습니다. 당시 저는 약간 헐렁하기는 했지만 주머니에 지퍼가 달린 반바지를 입고 있었습니다. 물론 그 지퍼는 잠겨 있었습니다. 그 여인은 한 손으로 아기를 안고, 또 한 손으로 제 주머니를 훑고 있었던 것입니다. 가슴이 두근거리기는 했지만 그 여인을 쳐다보았고, 젖을 물다 만 그 아기의 눈동자와 제 눈이 마주쳤습니다. 그 여인은 지하철 문이 열리자마자 사라졌습니다.

저와 눈이 마주친 그 아기의 눈이 로마 여행을 마칠 때까지 뇌리에서 사라지지 않았습니다. 어린아이를 보기만 하면 그 아기의 눈이 생각났습니다. 그리고는 말할 수 없는 안타까움이 밀려왔습니다. 그 아기는 자신의 의사를 표현하지 못할 때부터 그 엄마로부터 '합당하지 못한 삶'을 물려받고 있는 것입니다. 만약 그날 그 엄마가 제 지갑을 빼는 데 성공했다면 그 아이는 며칠 동안은 아주 잘 먹고 지낼 수 있었을 것입니다. 집이 없다 해도 숙소를 빌려 잠도 잘 수 있었을 것입니다. 그러나 그 인생은 점점 더 변질되어 갔을 것입니다.

소매치기당할 뻔했던 전날, 지하공동묘지인 카타콤에 갔습니다. 지금까지 발견된 카타콤은 120개 정도고, 그 길이를 합하면 900킬로미터쯤 된다고 합니다. 거기 묻힌 사람은 대부분 그리스도인입니다. 그중에는 머리가 없는 유골도 있고, 팔 다리가 없는 유골도 많다고 합니다. 그들은 콜로세움에서 사자와 같은 맹수에게 찢겨 죽은 그리스도인들입니다. 그리스도인들이 콜로세움에서 짐승에게 찢겨 죽기 전에 로마 군인들이 "지금이라도 예수가 주, 즉 그리스도가 아니라 로마 황제, 즉 시저가 주라고 고백하면 하면 황금마차를 타고 이곳을 나갈 것이고, 나가면 로마의 시

　　　　　　　　　　　합당하게 생활하라

민권을 주겠다"고 회유했습니다. 그러나 대부분의 그리스도인이 '예수가 그리스도입니다'라는 고백 때문에 사자에게 찢겨 죽임을 당하는가 하면, 재산을 몰수당하고 지하 토굴에서 평생 살아야 했습니다.

카타콤은 3~4층으로 무덤이 형성되어 있습니다. 그중에는 아주 작은 크기의 무덤들도 있습니다. 그것은 어린아이들의 무덤입니다. 아무것도 모르고 부모님의 신앙 때문에 지하 토굴로 들어온 아이들입니다. 그 아이들은 잘 먹지도 못했고, 인생을 꽃피우지도 못하고 부모의 품속에서 죽음을 맞이해야 했습니다. 그러나 그 아이들은 부모로부터 '그리스도의 복음에 합당한 삶'을 받은 아이들입니다.

우리 삶은 자녀들에게, 다른 사람들에게 '합당한 생활'로 나타나든지, '합당하지 못한 생활'로 나타나든지 둘 중 하나입니다. 우리에게 그리스도의 복음을 주신 하나님께서 '합당하게 행하라'고 말씀하십니다. 우리 삶이 자녀들에게 복사된다면 지금보다 조금 더 그리스도의 복음에 합당하게 행해야 하지 않을까요?

---

하나님 아버지!

우리에게 가정을 주시고 가정을 돌아보게 하셔서 감사합니다. 하나님께서 천지만물을 창조하시고 인간에게 가장 먼저 주신 것이 가정입니다. 그러나 오늘날 가정이 참 많이 허물어지고, 그로 인해 상처 입고 고통스러워하는 사람들이 너무도 많습니다. 우리가 지금 이루고 있는 가정이, 또한 우리가 앞으로 이루려는 가정이 하나님께서 말씀하시는 모습과 동일한 것인지 바르게 진단하고, 말씀 위에 세워진 것이 맞다면 더욱 아름답게 가꾸어

가게 하시고, 사회적인 관습이나 내 신념 위에 세워진 것이라면 말씀이 말씀하시는 대로 바꾸어 갈 수 있는 용기를 주옵소서.

하나님 아버지!

부모가 되는 교육을 받은 적도 없고, 자격증도 없는 우리에게 부모가 되는 은총을 주신 것을 감사합니다. 자녀를 양육하기가 때로 힘들지만, 이 자녀가 아니었으면 우리가 어떻게 그리스도를 본받아 인내할 수 있게 되었으며, 온유하게 되었으며, 사랑할 줄 알게 되었으며, 하나님의 사랑에 감격할 수 있었겠습니까? 자녀가 내 말대로 행하지 않는다고 속상해하기보다, 그렇기 때문에 더욱 주님을 신뢰하게 하시고, 주님께 엎드리게 인도하여 주옵소서. 내 방법과 내 능력으로 양육하려는 우를 범치 않게 하시고, 우리가 먼저 그리스도의 복음에 합당하게 살아감으로 우리 자녀들도 우리의 모습을 보고 그리스도의 복음에 합당하게 살아 이 혼탁한 시대의 가치관에 동화되지 않게 하시고, 이 시대를 맑히는 하나님의 자녀들이 되게 하옵소서. 예수님의 이름으로 기도드립니다.

아멘.

# 15 합당하게 생활하라 Ⅲ

빌립보서 1장 27-30절

슈퍼맨 이야기

강원도 태백에 있는 예수원은 한국 이름이 대천덕인 아처 토레이Archer Torrey Ⅲ 성공회 신부님이 1965년에 세운 기독교 공동체입니다. 토레이 신부님은 2002년에 세상을 떠나셨습니다. 그리스도인들이 예수원으로 보낸 신앙에 관한 질문과 토레이 신부님의 답변 중에서 기독교 잡지 〈신앙계〉에 연재했던 것을 책으로 묶은 《산골짜기에서 온 편지》가 있습니다. 그중에 이런 이야기가 있습니다.

아주 오랜 옛날 한 슈퍼맨(초인)이 살고 있었습니다. 그에게는 고스트(Ghost, 유령)라는 가까운 친구가 있었습니다. 사실 이 고스트가 없었더라면 그는 결코 슈퍼맨이 될 수 없었을 것입니다. 혼자만으로는 힘도 없고 똑똑하지도 못했기 때문입니다.

아주 어렸을 적, 슈퍼맨은 친구 고스트에게 많은 관심을 가지고 늘 그에게 도움을 청했습니다. 고스트는 요청을 받으면 한 번도 외면하지 않았습니다. 그래서 그와 같은 방식으로 그는 자기 이름처럼 슈퍼맨이 되어 가고 있었습니다. 고스트는 항상 슈퍼맨에게 어떤 일을 해야 하고 어떻게 해야 하는지를 알려 주었습니다. 슈퍼맨은 처음에는 잘 이해되지 않아도 고스트가 시키는 대로만 하면 훌륭한 결과를 가져오는 것을 알았습니다.

슈퍼맨에게는 늘 그를 반대하고 죽이려던 악당들이 있었는데, 그들은 어린 슈퍼맨을 이길 수 없었습니다. 항상 고스트가 슈퍼맨에게 악당들의 행동에 대해 미리 말해 주었기 때문입니다. 악당들은 시간이 지날수록 자기들이 슈퍼맨을 없애기는커녕 오히려 슈퍼맨의 힘이 더 강해지고 있다는 것을 알게 되었습니다. 악당들은 처음에는 슈퍼맨이 왜 그렇게 강해지는지 잘 몰랐습니다. 그런데 "나에게는 고스트라는 친구가 있어!"라고 늘 중얼거리는 슈퍼맨의 말을 기억하고 정말 고스트가 있을지 모른다고 생각했습니다.

그렇지만 악당들은 고스트를 눈으로 볼 수 없었기 때문에 고스트에게는 어떻게 할 수가 없었습니다. 악당들은 어떻게 하면 슈퍼맨과 고스트를 떼어 놓을 수 있을지 회의를 열었습니다. 악당 두목은 이렇게 말했습니다.

"우리는 지금까지 싸움을 잘못해 왔다. 우리가 그 녀석과 싸우면 싸울수록 그는 더 강해지기만 하고, 그 녀석이 고스트를 의지하면 할수록 그는 더욱 똑똑해지기만 한다. 따라서 이제는 그와 싸우는 일을 그만해야겠다. 방법은 간단하다. 앞으로는 우리가 그에게 친구라고 말해 주자. 우리가 그와 즐겁게 놀아 주면 그는

합당하게 생활하라

얼마 안 가서 고스트를 잊어버리고 말 것이다. 알겠는가?"

악당 두목은 이 일을 위해 부하들에게 일을 나누어 주었습니다. 첫 번째 악당 부하가 슈퍼맨에게 다가가서 말했습니다.

"저어…… 사실 나랑 내 동지들은 그동안 우리가 얼마나 당신을 못살게 굴었는지를 이제야 깨달았습니다. 이제부터 당신과 한 편이 되고 싶습니다. 더 이상 우리 두목을 위해서는 일하고 싶 지 않습니다."

슈퍼맨은 막강한 악당들이 자기편이 되는 것에 너무 감동해서 어떻게 해야 할 줄을 몰랐습니다. 그는 너무 흥분하여 그 일에 대해 고스트에게 물어보는 것을 잊어버렸습니다. 그런데 그때 까지도 슈퍼맨이 고스트에 대해 잘 몰랐던 것이 있었습니다. 아 무리 쉬운 질문이라도 슈퍼맨이 고스트에게 물어보면 대답해 주었지만, 물어보지 않으면 아무 말도 해주지 않는다는 사실이 었습니다. 만약 슈퍼맨이 고스트에게 이 악당들이 정말로 믿을 수 있는지를 물었다면 그는 대답해 주었을 것입니다. 그러나 슈 퍼맨은 묻지 않았습니다.

얼마 후 두 번째 악당 부하가 다가와서는 "어이구! 저런, 당신 옷은 형편없는 누더기군요. 한 번도 좋은 옷을 입은 적이 없으 시죠?"라고 하더니 어리둥절해 하는 슈퍼맨의 손을 잡고 백화 점으로 가서 가장 좋은 옷을 사 입혀 주고는 말했습니다. "야! 정말 멋있습니다. 이렇게 훌륭하신 분이 저런 누더기 옷을 입 고 있었다니……."

슈퍼맨이 백화점에서 나오는데 세 번째 악당 부하가 다가와서 이렇게 말했습니다. "이렇게 좋은 날, 근사한 데 가서 저녁을 드시죠?" 그러고는 특급호텔로 가서 최고급 요리를 시켜 주었습니다. 일은 착착 잘 진행되고 있었습니다.

다른 악당 부하가 와서 이렇게 말했습니다. "당신이 사는 집은 너무 초라해 보입니다. 옛날 저희 두목이 살던 집이 있는데, 지금은 비어서 아무도 쓰지 않습니다. 당신이 와서 살았으면 좋겠습니다." 그래서 슈퍼맨은 그 집에 들어가서 살았습니다. 이 모든 일이 진행되는 동안 슈퍼맨은 악당들이 자신에게 굴복해 가고 있다는 승리감에 도취되어, 그러한 상황이 어떤 의미인지 고스트에게 한 번도 물어보지 않았습니다. 그렇게 점점 슈퍼맨은 고스트를 잊어 갔고, 악당들과는 점점 친해지기 시작했습니다.

그러던 어느 날, 슈퍼맨은 금으로 된 지팡이를 짚고 큰 길을 산책하다 과거에 알았던 한 사람을 만나게 되었습니다. "아니, 잭 아닙니까? 하마터면 못 알아볼 뻔했습니다. 어째서 당신은 아직도 수지맞는 일을 찾아서 하지 않습니까? 아시다시피 시대는 변했어요."

그러자 잭은 씁쓸하게 말했습니다. "당신에게는 시대가 변했지만 나머지 사람들에게는 그렇지 않습니다. 당신이 모르고 있는 사이에 여전히 악당들은 활개치고 있습니다. 당신에게는 친한 척하지만 악당 두목과 부하들은 당신 몰래 사람들을 괴롭혀 왔습니다. 당신은 그 두목의 집에서 살죠? 두목은 이미 다른 별장을 사서 거기서 당신네 집 전화를 도청하고 있습니다. 예! 그래요, 시대가 변했어요. 당신은 과거에는 악당들과 싸웠지만 이제는 그들과 한패가 되었다는 것이 변한 거죠. 자, 그럼 안녕히 계

합당하게 생활하라

십시오. 슈퍼맨 선생님. 재미 많이 보십시오."

슈퍼맨은 깜짝 놀라서 즉시 집으로 돌아와 수석 보좌관에게 전화를 걸어서 방금 들은 이야기가 사실인지 물었습니다. 그런데 전화기에서 들려오는 목소리는 보좌관의 것이 아니라 악당 두목의 것이었습니다. "하하하, 당신이 들은 이야기는 모두 사실이오. 그리고 이젠 나도 가면극에 싫증이 났소. 이제 우리 신사답게 거래를 한번 해보는 게 어떻소."

슈퍼맨은 단호하게 말했습니다. "결코 그럴 수 없소. 이제 나는 다시 당신네들과 싸울 것이요." 슈퍼맨은 자기랑 함께 지냈던 악당들에게도 전화해서 이젠 악과 싸울 거라고 말해 주었지만 악당들은 큰 소리로 비웃기만 했습니다.

그런데 슈퍼맨이 어떤 행동을 해야 할지 잘 기억이 나지 않았습니다. 옛날에는 먹을 것이 없고, 입을 것이 별로 없어도 악당들을 이길 방법이 있었는데 지금은 도무지 생각이 나지 않았습니다. 슈퍼맨은 이미 오래전에 고스트의 존재를 잊어버린 것입니다.

길을 가던 슈퍼맨은 잭을 다시 만났습니다. 잭이 물었습니다. "당신이 악당들과 싸우기 위해 돌아왔다면서요? 그러면 어떻게 해서 악당들을 물리치겠습니까?"

슈퍼맨이 말했습니다. "글쎄요! 저도 무엇을 해야 할지 아직 잘 모르겠습니다. 그것이 문제입니다."

이 이야기에서 고스트와 악당은 누구이겠습니까? 두말할 필요도 없이 성령님과 마귀입니다. 그럼 슈퍼맨은 누구입니까? 그는 지금은 나이가 2천 살이 된 교회입니다. 또한 우리 각자도 교회이므로 슈퍼맨은 우리 자신이기도 합니다.

## 진정한 슈퍼맨, 최고의 차안대

오늘 본문은 교회인 우리가 어떻게 진정한 슈퍼맨으로 살아갈 수 있는지를 잘 말씀해 주고 있습니다.

빌립보 시민들은 로마 시민들이 누리는 것을 동일하게 누렸습니다. 그래서 빌립보 사람들에게 로마인들처럼 사는 것은 당연함을 넘어 자랑이었고 자부심이었습니다. 그리고 그것은 로마 시민권이 없는 사람들에게 부러움의 대상이었습니다. 당시 바울은 로마의 감옥에 있었기 때문에 빌립보에 사는 사람들보다 로마의 삶에 대해 훨씬 잘 알고 있었을 것입니다. 그뿐만 아니라 바울 역시 로마 시민권자이기도 했습니다. 그러나 생사의 갈림길에 있는 바울은 빌립보 교회 사람들에게 이렇게 권면합니다. 본문 27절이 이렇게 증거합니다.

■     오직 너희는 그리스도의 복음에 합당하게 생활하라 이는 내가 너희에게 가 보나 떠나 있으나 너희가 한마음으로 서서 한 뜻으로 복음의 신앙을 위하여 협력하는 것과

그리스도의 복음에 합당하게 생활하는 것은 '한마음으로 서서 한 뜻으로 복음의 신앙을 위해 협력하는 것'이고, '협력하다'는 '함께 경주하다, 함께 싸우다'라는 의미라고 말씀드렸습니다.

그리스도의 복음에 합당하게 살아가기 위해 가져야 하는 또 하나의 태도가 있는데, 28절 상반절이 이렇게 증거합니다.

　　바울은 빌립보 교회 사람들이 반대자들이 무슨 짓을 하더라도 조금도 겁내지 않고 복음에 합당하게 살아간다는 소식을 듣고 싶다고 합니다. 그것은 바울만의 소망이 아닙니다. 주님께서도 우리가 반대자들을 두려워하지 않고 복음에 합당하게 살아가기를 원하십니다.

　　'대적하는 자'의 문자적인 뜻은 '반대편에 누워 있는 자'입니다. 이 사람들은 대부분 유대의 율법주의자들입니다. 율법주의자들은 바울이 전한 '오직 믿음을 통해서만 구원을 받는다'는 복음에 반대해서 율법을 지키지 않으면 구원을 얻을 수 없다고 주장했습니다. 그러나 그것은 주님의 십자가에서의 죽음과 부활을 구원을 이루기에는 부족한 것이라며 폄훼하는 것입니다. 주님의 구원은 완벽해서 인간이 더할 것이 없습니다. 우리의 삶은 구원을 베풀어 주신 주님에 대한 순종과 감사입니다.

　　'대적하는 자'는 마귀의 또 다른 이름이기도 합니다. 악한 세력들은 영적인 경주를 포기하는 법도 없고 연습을 게을리 하는 법도 없기 때문에 우리가 영적인 경주에서 승리하려면 끊임없이 자기 부인과 자기 훈련을 하지 않으면 안 됩니다. 또한 악한 세력들은 영적인 전쟁을 치르면서 휴가를 가는 법도 없고, 외박을 가는 법도 없습니다. 제대는 더더욱 하지 않습니다. 그래서 영적인 긴장을 놓을 수 없습니다. 그럼에도 바울은 '두려워하지 말라'고 합니다. '두려워하다'는 '말이 갑자기 겁을 먹고 나자빠지는 상황'에 쓰는 말입니다.

　　경주마競走馬나 명승지에서 관광수레를 끄는 말은 눈에 '차안대'(遮眼帶, blinker)라는 가리개를 쓰고 있습니다. 말의 눈은 크고 둥글며 얼굴

가장자리에 있어서 고개를 돌리지 않고도 양 미간 사이를 제외하고 거의 모든 방향을 볼 수 있다고 합니다.

또한 말은 350~700킬로그램이나 나가는 거대한 동물임에도 겁이 아주 많습니다. 여러 말들과 같이 달려야 하는 경주에서 다른 말이 뒤나 옆에서 따라 붙으면 불안과 공포에 정상적으로 달리지 못하거나 한쪽으로 피한다고 합니다. 게다가 말은 시력이 극히 나빠서 물체를 어른거리는 형태로만 식별하는 정도이기에 뒤나 옆에서 접근하는 물체에 더욱 겁을 냅니다. 그래서 말이 놀라는 것을 막기 위해 안대를 씌워 주는 것입니다.

그리스도인에게 최고의 차안대는 바로 그리스도의 복음입니다. 우리가 복음을 따라 사는 것 같지만, 실상은 복음이 우리를 따라 다니며 우리를 보호하고, 인도하고, 바른 길을 걷도록 용기를 줍니다.

'복음의 신앙을 위해 협력하는 것'과 '대적하는 자들 때문에 두려워하지 않는 삶'을 살 수 있으려면 반드시 '서' 있어야 합니다. 서 있는 것은 복음에 합당하게 살아가겠다는 결단의 시작임과 동시에 그렇게 산 것의 결과입니다. 에베소서 6장 13-14절이 이렇게 증거합니다.

> ■  그러므로 하나님의 전신 갑주를 취하라 이는 악한 날에 너희가 능히 대적하고 모든 일을 행한 후에 서기 위함이라 그런즉 서서 진리로 너희 허리띠를 띠고 의의 호심경을 붙이고

바울은 우리의 싸움이 검투사와 검투사 또는 검투사와 맹수가 싸우는 육체와 육체의 싸움이 아니고, 조금이라도 더 넓은 영토를 차지하기 위한 피와 피의 싸움이 아니라 하늘에 있는 악한 영들과 싸워야 하는, 눈에 보이지 않는 싸움이라고 합니다.

합당하게 생활하라

이 싸움에서는 눈에 보이지 않는 하나님의 전신 갑주를 입지 않으면 결코 승리할 수 없습니다. 눈에 보이는 물질과 권력, 명예, 인기와 같은 것은 영적인 전쟁에서 승리하는 데 아무런 도움을 주지 못합니다. 오히려 그런 것들을 지키느라 영적인 싸움에는 손을 놓고 있는 경우가 허다합니다.

신앙생활을 해가면서 영적인 일에 한두 번 승리하는 경험은 조금이라도 바르게 살려는 그리스도인이라면 흔히 있습니다. 그러나 지속적으로 승리하는 것은 쉽지 않은 일일 뿐만 아니라, 모든 그리스도인이 경험하는 것도 아닙니다.

한때 신실한 그리스도인의 대명사로 여김 받던 사람이나, 대한민국을 대표할 만한 목회자로 촉망받던 사람이 불과 몇 년 만에 지탄의 대상이 되는 일도 적지 않습니다. 운동경기에서도 뛰어난 선수일수록 상대팀의 집중 공략의 대상이 됩니다. 영적인 일에도 동일하게 적용됩니다.


복음에 합당하게 생활하기 위해 '앉아' 있는 것이 아니라 '서' 있어야 한다는 것은 그리스도인의 삶이 쉽지 않다는 것을 의식하고 있어야 함을 의미합니다. 그러나 의외로 많은 그리스도인들이 이 사실을 망각하고 있습니다. 세상에서 너무 고생을 많이 하고, 설움도 많이 겪어서 마음의 평안을 위해 예수를 믿고 교회를 찾았는데 이 삶도 쉽지 않다니 내가 선택을 잘못한 건가 하고 생각하기도 합니다.

그래서 과거에 부흥회 같은 집회에서는 이런 사실을 말하지 않았습니다. 부흥사가 "예수 잘 믿으면 물질의 복이 임하고, 자녀들이 잘되고, 아픈 것이 사라지고, 대적이 한 길로 왔다가 일곱 길로 도망가는 은혜가 임합니다"라고 설교하면 목이 터져라고 "아멘"으로 응답하곤 했습니다. 그러나 그때는 사는 것이 모두 힘들었기 때문이었지 결코 그것이 전부였기 때문은 아닙니다. 마치 부모가 고등학생 자녀가 힘들어 할지라도 열심히 공부하도록 달랠 때, "대학에 가면 야간자습 없지, 미팅도 마음대로 할 수 있지, 일찍 등교하지 않아도 되지, 늦게 들어와도 간섭 안 하지 얼마나 좋아"라고 하는 것과 같습니다. 그러나 그것은 대학을 가게 하기 위한 격려의 차원일 뿐입니다. 실상 대학에 가면 고등학교 때보다 공부를 더 많이 해야 하고, 고민도 더 많습니다. 그래서 실제로는 고등학교 때보다 더 바쁩니다.

또한 서 있다는 것은 물러서지 않겠다는 결단이기도 합니다. 보이지 않는 영적인 전쟁에서 승리하려면 하나님의 전신갑주를 입어야 합니다. 그 전신갑주는 진리의 허리띠와 의의 호심경, 평안의 복음이 준비한 신, 믿음의 방패, 구원의 투구, 성령의 검 곧 하나님의 말씀입니다. 그런데 이 전신갑주의 특징은 뒤를 보호하는 무기가 없다는 것입니다.

운동선수가 시합하면서 '경기를 하다 상대가 강하면 게임을 포기해야지'라며 경기에 임하지는 않을 것입니다. '지더라도 끝까지 최선을 다해서 상대에게 배울 것을 배워야지'라고 마음먹는 것이 바른 자세입니다.

통계에 의하면 요즈음 결혼하고 1년쯤 후에 혼인신고를 하는 부부가 신혼부부의 25퍼센트가량이며, 중매로 결혼한 경우 더 많다고 합니다. 부부가 직장생활을 하다 보니 바빠서 그렇다는 경우도 있고, 결혼생활이 정상 궤도(?)에 진입하고 나서 하겠다는 경우도 있습니다. 극소수이기는 하지만 결혼 전 재산에 대해 공증을 받아 두는 부부도 있다고 합니다.

결혼하면서 헤어질 것을 염두에 두는, 세상적으로는 지혜로운 것일지 모르지만 성경적으로는 바르지 않은 부부가 남편과 아내의 역할을 바르게 감당하는 것은 참 어려울 것입니다.

합당하게 생활하라

삶에서도 모든 것이 세상적으로 형통하게 되면 하나님을 더욱 신뢰하고, 그렇지 않으면 생각해 보겠다는 것은 그리스도인의 바른 신앙생활 태도가 아닙니다. 영적으로 물러서려거나 주저앉으려는 삶은 이미 패배하고 있는 것입니다.

물론 우리의 결심만으로 바르게 서서 복음에 합당한 생활을 할 수 있는 것은 아닙니다. 본문 27절의 '한마음으로 서서'에서 '한마음' 앞에 작은 글자로 3)이라고 쓰여 있고, 해당 각주란에 보면 '영 또는 정신'이라고 되어 있습니다. '마음'은 '성령님'을 의미하는 단어입니다. 그러니까 우리는 성령님 안에서 서 있을 수 있고, 성령님은 우리를 서 있을 수 있도록 역사하는 분이십니다.

많은 그리스도인의 휴대폰 컬러링으로 사용되고 있는 〈You raise me up〉이라는 노래가 있습니다. 이 노래는 본래 아일랜드 민요 〈Londonderry Air〉였는데, 롤프 뢰블란이 편곡하고, 소설가이자 작곡가 브렌단 그레이엄이 가사를 붙였습니다. 우리말 가사가 이러합니다.

　　내 영혼이 힘들고 지칠 때/ 괴로움이 밀려와 내 마음이 짓눌릴 때/ 나는 여기서 고요히 당신을 기다리렵니다./ 당신이 내 옆에 와 앉을 때까지 말입니다./ 당신은 내가 산 위에 우뚝 서 있을 수 있도록 일으켜 주시는 분이시고/ 당신은 내가 폭풍이 이는 바다도 건널 수 있도록 일으켜 주시는 분이십니다./ 나는 당신의 어깨 위에 있을 때가 강하고/ 당신은 내가 나보다 '더 큰 나'가 되도록 일으켜 세워주시는 분이십니다.

우리가 언제 '세상살이라는 산' 위에 서 있을 수 있고, 언제 태풍이 휘몰아치는 바다를 서서 건널 수 있으며, 또한 언제 '나'라는 병든 이기심 위에 서서 더 '온전한 나'가 될 수 있습니까? 오직 당신의 어깨로 우리를 떠받쳐 주시는 주님의 어깨를 인식할 때입니다.

슈퍼맨처럼 한때 고스트와 아주 친밀하게 지냈는데, 지금은 그 고스트와 소원해져 있지는 않습니까? 혹시 고스트 없이도 충분히 내 능력으로 서 있을 수 있다고 큰소리쳤다가 주저앉아 계시지는 않습니까? 그런 우리라 할지라도 주님은 포기하지 않으시고, 주님의 어깨에 우리를 올려 주시기 위해 이 예배의 자리로 우리를 불러 주셨습니다.

우리는 많은 것을 가져야 슈퍼맨이 되는 것이 아닙니다. 다른 사람들이 범접할 수 없는 권세가 있다고 슈퍼맨이 되는 것도 아닙니다. 새처럼 실제로 날아다니고 괴력을 지닌다 할지라도 슈퍼맨이 되는 것은 아닙니다. 우리가 진정한 슈퍼맨이 되는 것은 오직 성령님 안에서 성령님의 은총을 덧입어 바르게 서서 그리스도의 복음에 합당하게 생활하는 것입니다. 왜지 아십니까? 그것이 바로 우리가 영원한 슈퍼맨이 되시는 주님 안에 있는 것이고, 영원한 슈퍼맨이신 주님께서 우리 안에 거해 주시기 때문입니다.

---

하나님 아버지!
우리가 그리스도의 복음에 합당하게 생활하는 것은 성령님의
은총으로 바르게 서있는 것임을 일깨워 주셔서 감사합니다.
주님도 모르고 구원도 몰랐던 우리에게 영원한 생명을 주시고,
성령님의 인도하심을 덧입음으로 슈퍼맨으로 살아가게 하심을

합당하게 생활하라

감사합니다. 그럼에도 우리는 손에 쥐고 있는 것이 많아야 슈 퍼맨이 될 수 있고, 큰소리 칠 수 있는 지위와 명예, 학문과 같은 것들이 있어야 슈퍼맨이라고 착각할 때가 얼마나 많은지 모릅니다. 또한 그런 것들을 위해 동분서주하면서 왜 주님은 내가 그토록 원하는 것을 주시지 않느냐고 원망할 때도 참 많았습니다. 그러나 가만히 생각해 보면 삶의 환경이 나를 함몰시키려 할 때 주님은 반석이 되어 주셨고, 거친 세파가 밀려올 때 주님은 구원선救援船이 되어 주셨음을 고백합니다.

우리 모두가 성령님과 더불어 살아가는 슈퍼맨일 수 있고, 우리가 서서 각자에게 허락하신 길을 바르게 걷고 달릴 수 있는 것은 주님께서 우리를 주님의 어깨 위에 태워 주셔서임을 잊지 않게 하여 주옵소서.

그리스도의 복음에 합당하게 생활하는 것이 세속적 가치관으로는 초라하게 보일지라도 그것이 영원한 생명의 가치관임을 되새기게 하옵소서. 그리하여 성령님 안에서 바르게 서 있는 우리를 통해 우리의 가정이 바르게 세워지고, 우리의 일터와 학교가 바르게 가꾸어지며, 대한민국이 새로워지게 하옵소서. 예수님 이름으로 기도드립니다.

아멘.

# 16

## 합당하게
## 생활하라 Ⅳ

성령강림주일

빌립보서 1장 27-30절

**존 낙스 센터**

제가 6년 동안 살았던 스위스 제네바에는 회의 장소와 숙박시설을 겸해서 운영하는 존 낙스 센터John Knox Center가 있습니다. 존 낙스(1514?~1572)는 스코틀랜드 튜더 왕가 메리 여왕의 핍박을 피해서 제네바로 가게 되었습니다. 그는 칼뱅에게 깊은 영향을 받았고, 제네바에서 1556년부터 3년 동안 영어권 개신교 피난민들을 위해 목회했습니다. 그리고 스코틀랜드로 돌아가서 교회 개혁을 한 것이 오늘날 장로교가 되었습니다.

존 낙스 센터에서는 제네바에 있는 여러 나라 교회들이 모여 1년에 한두 차례 모임을 갖곤 했습니다. 한번은 그 모임을 주관하시는 분에게서 전화가 왔습니다. '다음 모임 때 사도행전 1장 8절 말씀으로 발표도 하고 토론도 하려는데 발표를 해줄 수 있겠느냐'고 물었습니다. 사도행전 1장 8절은 잘 아시는 대로 "오

합당하게 생활하라

직 성령이 너희에게 임하시면 너희가 권능을 받고 예루살렘과 온 유대와 사마리아와 땅 끝까지 이르러 내 증인이 되리라 하시니라"는 말씀입니다. 즉 성령님과 성령님의 사역에 대해 토론을 하자는 의미였습니다.

하고 싶긴 했지만, 남 앞에 나선다는 것을 생각하니 두려웠습니다. 그래서 이렇게 답변했습니다. "하고는 싶은데, 제 외국어 실력이 짧아서 힘들 것 같습니다."

그 모임에 참석했을 때 몇몇 분들이 발표했는데, 내용은 대동소이했습니다. 성령님이 임하고 나면 얼마나 놀라운 일들이 일어나는지, 주로 방언과 치유와 기적 등에 대해 이야기했습니다. 캐나다 퀘벡 출신의 목사님이 발표자가 영어로 말하면 프랑스어로 통역하고, 프랑스어로 말하면 영어로 통역했습니다. 원래 제 영어와 프랑스어가 짧아서 잘 못 알아들을 때가 거의 대부분이었는데, 그날은 마치 제가 외국어 방언과 방언 통역의 은사를 받은 듯한 느낌이었습니다. 발표자들의 말이 아주 잘 이해되었습니다.

그 발표 후 몇 개의 언어군으로 나뉘어 토론하는 시간을 가졌습니다. 저는 영어로 말하는 곳으로 갔습니다. 그 토론 내용도 앞의 발표와 거의 다르지 않았습니다.

토의 진행자가 제 의견을 물었습니다. 제가 조금 길게 이야기해도 되겠냐고 양해를 구하고 제 생각을 말했습니다.

"저는 구원의 확신도 있고, 성령체험도 하고, 방언도 할 줄 압니다. 그리고 성경에 있는 모든 기적을 믿습니다. 많은 그리스도인들이 사도행전 1장 8절 말씀을 마태복음 28장 19-20절―그러므로 너희는 가서 모든 민족을 제자로 삼아 아버지와 아들과 성령의 이름으로 세례를 베풀고 내가 너희에게 분부한 모든 것을 가르쳐 지키게 하라 볼지어다 내가 세상 끝날까지 너희와 항상 함께 있으리라 하시니라—로만 이해하려고 합니다. 즉 사역으로만 이해하려는 것입니다. 그러나 주님께서는 성령이 임하면 '너희가 내 증인이 될 것이다'라고 말씀하셨지, '너희가 증거할 것이라'고 말씀하지 않으셨습니다. 물론 증인이 되는 데는 말로 증거하는 것이 중요합니다. 하지만 삶으로 증거하는 일도 그에 못지않게 중요합니다.

사람들은 복음을 전하는 삶을 살면 제자가 된다고 하지만, 주님께서는 요한복음 13장 34-35절에서 '새 계명을 너희에게 주노니 서로 사랑하라 내가 너희를 사랑한 것같이 너희도 서로 사랑하라 너희가 서로 사랑하면 이로써 모든 사람이 너희가 내 제자인 줄 알리라'고 하셨습니다. 즉 우리의 성품이 주님 닮은 사람으로 바뀌는 것이 제자가 되는 것이라고 하셨습니다. 무엇보다도 예수님께서 떠나시기 전에 제자들에게 당신이 떠나고 나면 오실 성령님에 대해 말씀하시면서 '그가 우리를 진리 가운데로 인도하실 것'이라고 하셨습니다. 그래서 우리 삶에 아무리 큰 기적이 일어난다 할지라도 그가 진리로 인도되지 않는다면 그 기적은 가짜입니다. 기적을 행하는 은사를 받고도 엉뚱한 길로 가는 사람들도 많습니다. 그래서 우리가 진리로 인도되고 있는 것이 가장 큰 성령의 역사입니다."

토론을 마치고 쉬는 시간에, 60세도 더 되신 분이 제 손을 꼭 잡고 이렇게 말했습니다. "정말 고맙습니다. 나는 지금까지 성령

합당하게 생활하라

님에 대해 그렇게 생각해 본 적이 한 번도 없습니다."

세상에서의 삶을 얼마 남겨 놓지 않으신 예수님께서 제자들에게 유언과 같은 말씀을 하셨습니다. 요한복음 14장 16절이 이렇게 증거합니다.

내가 아버지께 구하겠으니 그가 또 다른 보혜사를 너희에게 주사 영원토록 너희와 함께 있게 하리니

예수님께서는 제자들에게 자신은 떠나지만 대신 '보혜사'를 보내주셔서 영원토록 함께 있게 하겠다고 약속하셨습니다. '보혜사'의 문자적인 뜻은 '옆에서 속삭여 주시는 분'입니다. 인생길이 어긋날 때는 "그건 아니야"라고 말씀해 주시는 분이 성령님이시고, 바른 길을 걸을 때는 "정말 고맙다. 끝까지 함께 걸어가자"고 격려해 주시는 분이 성령님이십니다. 또한 삶에 안개가 가득한 것 같고, 삶의 무게에 짓눌려 좌절하려 할 때 "힘들지, 내 손 잡고 가자"라고 말씀해 주시는 분이 성령님이십니다.

예수님은 성령님을 '또 다른 보혜사'라고 하셨습니다. 그것은 예수님도 이 땅에서 보혜사로 사셨음을 의미합니다. 예수님은 외식하는 바리새인들과, 주님의 십자가 지심을 만류하는 베드로에게 "그것은 아니야"라고 말씀하셨고, 가난한 과부가 렙돈 두 개를 드리는 것을 보시고서 "이 여인이 가장 많은 것을 넣었다"고 격려해 주셨습니다. 또한 삶의 무게에 짓눌려 사람들이 다니지 않던 한낮에 물을 길러 나온 사마리아 여인과, 돈을 움켜

쥐는 삶에 매달려 평생 손가락질 받고 살았던 삭개오에게 "힘
들지, 내가 네 그리스도야, 내가 네 집에 들어갈게"라고 말씀해
주셨습니다. 이 보혜사를 우리와 영원토록 함께 있게 해주겠다
고 하셨습니다. 보혜사가 어떤 분이신지 요한복음 14장 17절이
이렇게 증거합니다.

그는 진리의 영이라 세상은 능히 그를 받지 못하나니 이는 그를
보지도 못하고 알지도 못함이라 그러나 너희는 그를 아나니 그
는 너희와 함께 거하심이요 또 너희 속에 계시겠음이라

성령님은 진리의 영이라고 하십니다. 진리의 영이신 성령님에
대해 요한복음 14장 26절은 이렇게 증거합니다.

보혜사 곧 아버지께서 내 이름으로 보내실 성령 그가 너희에
게 모든 것을 가르치고 내가 너희에게 말한 모든 것을 생각나
게 하리라

성령님은 우리에게 우리가 살아가야 할 길을 가르쳐 주시고, 주
님의 말씀이 생각나게 하는 분이십니다. 그래서 유한하고, 이기
적이고, 욕망덩어리인 우리가 주님의 말씀 따라 살아갈 것을 결
단하고 그 길을 걷는 것은 전적으로 우리의 능력 때문이 아니라
우리 속에서 보혜사로 역사하시는 성령님으로 인함입니다.

합당하게 생활하라

## 주님께서 주신 열쇠

그래서 성령님의 인도하심과 주님의 말씀에 순종하며 살아가는 것은 불가분의 관계입니다. 하나님께서는 바울을 통해 우리에게 이렇게 말씀하십니다. 오늘 본문 27절이 이렇게 증거합니다.

■ 오직 너희는 그리스도의 복음에 합당하게 생활하라 이는 내가 너희에게 가 보나 떠나 있으나 너희가 한마음으로 서서 한 뜻으로 복음의 신앙을 위하여 협력하는 것과

빌립보 지방 사람들과 로마 시민권과 로마의 가치관을 분리해서 생각할 수 없듯이, 빌립보교회 사람들과 하나님나라의 시민권과 그리스도의 복음을 분리해서 생각할 수 없습니다.

빌립보교회 사람들에게 보혜사이신 성령님께서 그리스도의 복음을 생각나게 하시고 가르쳐 주시며, 그 복음에 합당하게 살아가도록 격려해 주실 것이기 때문입니다. 복음을 무겁게 여기고, 가치 있게 여기며, 복음에 어울리게 살아가는 것은 성령님 안에서 바르게 서서 복음의 신앙을 위해 협력하는 것이라고 합니다. 계속해서 28절이 이렇게 증거합니다.

■ 무슨 일에든지 대적하는 자들 때문에 두려워하지 아니하는 이 일을 듣고자 함이라 이것이 그들에게는 멸망의 증거요 너희에게는 구원의 증거니 이는 하나님께로부터 난 것이라

우리가 복음에 합당하게 살아가려고 하면 할수록, 그렇게 살아가지 못

하도록 방해하고 조소하는 사람이 있습니다. 빌립보교회에는 율법주의자들이 시비를 걸었습니다. 그들은 바울이 전한 '오직 믿음을 통해서만 구원받는다'는 복음에 반대해서 율법도 지켜야 구원을 얻는다고 주장했습니다. 그 귀한 구원을 어떻게 염치없이 공짜로 받겠느냐는 것입니다. 그러나 의롭다하심을 받는 구원에는 우리가 무엇을 더할 것이 없습니다. 우리가 이 땅에 태어나기 위해 엄마의 태에서 10개월을 머물며 사용료를 냈습니까? 아니면 영양분을 공급받는 비용이라도 냈습니까? 그것도 아니면 태교 교육비를 냈습니까? 아무것도 지불한 것이 없습니다. 지불하려 해도 그 능력이 태아에게는 없습니다. 우리의 태어남은 '무조건 받음'의 결과입니다. 물론 우리가 이 땅에 태어난 후 어떤 사람으로 성장하고 성숙해 가느냐는 우리 책임입니다. 그래서 구원은 전적인 은혜입니다.

우리는 복음의 반대편에 있는 사람들을 두려워하지 않아도 됩니다. 하나님을 대적하는 사람들에게는 멸망과 심판이 기다리고 있지만, 하나님 편에 있는 사람들에게는 구원과 상급이 기다리고 있기 때문입니다. 그 구원과 상급이 '하나님께로부터 난 것'이라고 합니다. 즉 우리가 오직 믿음으로 구원을 얻는 것도 전적으로 하나님께로부터 오는 것이지만, 대적하는 사람들을 두려워하지 않고 그리스도의 복음에 합당하게 생활하는 하나님의 자녀로 성장하고 성숙해 가는 것도 하나님께로부터 오는 것입니다.

그리스도의 복음에 합당하게 살아가는 것은 '한마음으로 서서 한 뜻으로 복음의 신앙을 위해 협력하는' 것이고, '대적하는 자들 때문에 두려워하지 않는 것'입니다. 그리고 또 하나가 더 있는데 29절이 이렇게 증거합니다.

■   그리스도를 위하여 너희에게 은혜를 주신 것은 다만 그를 믿을
뿐 아니라 또한 그를 위하여 고난도 받게 하려 하심이라

그리스도의 복음에 합당하게 살아가는 세 번째 표지는 '고난을 받는
것'입니다.

이따금 그리스도인의 삶을 생각할 때마다 떠오르는 것이 〈춘향전〉입
니다. 이 작품은 TV드라마와 영화로 참 많이 만들어졌습니다. 몽룡과 춘
향의 신분을 뛰어넘는 사랑 이야기가 재미있어서 보기도 하고, 몽룡이 어
사출두 하는 장면이 신나서 보기도 합니다. 춘향전은 순간순간 극적 반
전이 재미있습니다. 작년에는 춘향전을 다른 각도에서 본 〈방자전〉이라
는 영화도 나왔습니다.

만약 춘향전이 소설이 아니라 '춘향인 나'의 이야기라면 그 삶이 얼마
나 괴롭겠습니까? 나는 기생의 딸로 태어나 평생 기생으로 살아갈 거라
고 생각하고 있었습니다. 그런데 사또의 아들이 사랑한답니다. 반상班
常의 법도를 어길 수 없다고 해도 막무가내로 사랑한다고 합니다. 그래
서 나도 사랑하게 되었는데, 어느 날 몽룡이 한양으로 가야 한다고 합니
다. 그것도 기약도 없이. 그런데 꼭 내려오겠다고 합니다. 그 말을 믿고
기다리고 있는데 변 사또가 등장해서 무지막지하게 괴롭힙니다. 끝까지
수청守廳 들기를 거부했더니 감옥에 가두고 목에 칼을 채웠습니다. 죽을
날을 기다리고 있는데, 어머니로부터 몽룡이 나타났다는 소식을 듣고서
만났습니다. 하지만 금의환향한 것이 아니라 거지 중에서도 상거지로 나
타났습니다. 아마 그러면 한숨이 나올지도 모릅니다.

바유로 말해서, 그리스도인들이 춘향이라 해도 과언이 아닙니다. 물
론 이몽룡은 주님에 해당합니다. 당시 시대 상황으로 보면 춘향은 이몽

롱에게 사랑받을 수 있는 신분이 아니었습니다. 마찬가지로 우리도 주님께 사랑받을 자격이 없는데 영원한 사랑을 받았습니다. 그리고 변사또는 바로 사탄입니다. 변사또가 춘향에게 수청 들게 하려고 끊임없이 괴롭히듯이, 사탄은 우리로 하여금 세상에 수청 들도록 끊임없이 유혹하고 고통을 겪게 합니다. 춘향이 가장 기다리는 날이 있다면 몽룡이 어사가 되어 출두하는 날일 것입니다. 우리에게도 기다리는 날이 있습니다. 주님이 어사출두 하시는 날입니다. 그날은 주님이 다시 오시는 날입니다. 그래서 우리가 바로 '거룩한 춘향', '성聖춘향'입니다. 또한 우리 인생이 하나님의 춘향전, '신神 춘향전'입니다.

하나님께서는 우리 삶에 고난이 있는 것을 아시고 우리에게 먼저 은혜를 주셨습니다. 우리가 하나님 믿어 구원을 얻은 것도 하나님의 은혜이자 하나님의 작품이고, 삶의 고난을 이겨 내는 것도 하나님의 은혜요 하나님께서 행하신 일입니다. 우리가 하나님의 자녀답게 살기 위해 발버둥쳤을지라도 세월이 지나 지난날을 생각해 보면 전부 하나님의 은혜, 즉 우리 삶을 만들어 오신 분이 하나님이시라는 것을 인정하지 않을 수 없습니다. 계속해서 30절은 이렇게 증거합니다.

■ 너희에게도 그와 같은 싸움이 있으니 너희가 내 안에서 본 바요 이제도 내 안에서 듣는 바니라

고난과의 싸움은 빌립보교회 사람들에게만 있는 것이 아니라 바울에게도 있다고 합니다. 물론 우리에게도 있습니다. 우리 삶에는 생의 순간순간마다 변사또들이 얼마나 많은지 모릅니다. 그러나 하나님은 그 모든 것을 통해 우리를 더욱 온전하게 만들어 가실 것입니다.

합당하게 생활하라

지금의 성경은 대부분 표지가 가죽으로 되어 있고, 배 부분은 금박으로 되어 있습니다. 그러나 3, 40년 전쯤만 해도 금박 성경은 참 귀했습니다. 그때는 표지는 대부분 비닐이었고, 배 부분은 붉은색으로 되어 있었습니다. 그러나 붉은 성경에서 금박 성경으로 바뀌면서 그리스도인들은 고난의 주님보다 영광의 주님을 더 좋아하게 되었고, 우리를 위해 고난당하신 주님의 피보다 세상에서 큰소리 칠 수 있는 황금을 훨씬 좋아하게 되었습니다. 우리의 기도에 눈물도 간절함도 많이 사라졌습니다. 그러나 우리를 성숙한 그리스도인으로 만들어 주는 것은 고난과 눈물입니다. 욥이 고난당한 뒤 이렇게 고백했습니다. "내가 주께 대하여 귀로 듣기만 하였사오나 이제는 눈으로 주를 뵈옵나이다"(욥 42:5)

바울은 같은 감옥에서 쓴 골로새교회에 보낸 편지에서 자신이 당하는 고난의 의미를 피력했습니다. 골로새서 1장 24절이 이렇게 증거합니다.

■ 　　　나는 이제 너희를 위하여 받는 괴로움을 기뻐하고 그리스도의
　　　　　남은 고난을 그의 몸된 교회를 위하여 내 육체에 채우노라

바울은 자기를 위해 고난당해 주심으로 영원한 구원을 베풀어 주신 주님의 은혜를 잊지 않고 이제는 자신이 주님의 몸된 교회를 위해 고난 받는 것을 기쁨으로 여기겠다고 고백합니다.

최근 가장 많이 회자되는 대중가요의 하나가 〈여러분〉입니다. 윤복희 권사님이 1979년 서울국제가요제에서 대상을 받은 노래입니다.

2010년 6월 〈빛과 소금〉이라는 기독교잡지에 윤복희 권사님의 간증이 실렸습니다. 〈여러분〉이라는 노래에는 어린 시절 부모를 잃고 생계를 위

해 미군부대에서 무대에 올라야 했던 그분의 삶이 녹아 있다고 했습니다. 1976년 2월 27일 대구로 공연차 내려가다 빗길에 자동차가 세 바퀴나 굴러 반대편 차선으로 뒤집힌 대형 사고가 있었지만, 기적처럼 사람은 아무도 다치지 않았다고 합니다. 그 사고 때 빗줄기를 타고 성령님께서 그를 찾아 주셨습니다. 윤 권사님은 대구 공연에서 본래 부르기로 했던 첫 곡을 부르지 못하고 조명도 반주도 없이 〈어메이징 그레이스〉를 영어로 불렀다고 합니다. 그렇게 성령님을 체험하고 2년이 지난 후, 열병이 나서 누워있을 때 주님께서 말씀해 주셨다고 합니다. "딸아, 외로우냐. 내가 위로해 주마. 내 손을 잡고 있어라." 그때 주님께서 말씀해 주시는 것을 받아 적은 것이 〈여러분〉입니다. 가사가 이러합니다.

■    네가 만약 괴로울 때면 내가 위로해 줄게/ 네가 만약 서러울 때면 내가 눈물이 되리/ 어두운 밤 험한 길 걸을 때 내가 내가 내가 너의 등불이 되리/ 허전하고 쓸쓸할 때 내가 너의 벗 되리라.
     나는 너의 영원한 형제야/ 나는 너의 친구야/ 나는 너의 영원한 노래야/ 나는 나는 나는 나는 너의 기쁨이야/ 나는 너의—
     내가 만약 외로울 때면 누가 나를 위로해 주지/ 여러분

이 노래는 가요라기보다 윤 권사님의 신앙 고백과도 같은 찬양입니다. "그리스도의 남은 고난을 그의 몸 된 교회를 위하여 내 육체에 채우노라"라는 바울의 고백도 동일한 의미입니다. "예수 그리스도는 내 인생에 위로와 눈물이 되어 주셨고, 등불과 친구가 되어 주셨습니다. 무엇보다도 영원한 구원이 되어 주셨습니다. 이제 나도 주님을 위해 내 인생을 던져 주님께서 이루신 구원의 역사가 얼마나 존귀한 것이었는지를 증명하

합당하게 생활하라

며 살겠습니다. 그것이 고난이어도 기쁨으로 감내하겠습니다."

오늘은 성령강림주일입니다.

우리는 우리 힘만으로는 구원에 이를 수 없고, 복음에 합당하게 살아가는 것도 불가능합니다. 그래서 주님께서는 우리에게 성령님을 보내 주셔서 우리와 동행하게 해주셨습니다. 그럼에도 우리는 성령님이 얼마나 귀한지 망각하고 살아갑니다. 우리는 눈에 보이지 않는 성령님이 아니라 세상에서 돋보이는 것으로 나를 채워 주기를 갈망합니다.

지난 5월 25일, 25년 동안 진행된 〈오프라 윈프리 쇼〉가 막을 내렸습니다. 4561회가 방영되는 동안 여러 가지 일들이 있었지만 사람들에게 가장 기억에 남는 사건은 2004년 9월 13일 방송일 것입니다.

그날 윈프리는 방청객으로 참석한 276명 모두에게 새 자동차를 한 대씩 선물했습니다. 그날 방청객 수가 왜 250명도, 300명도 아닌 276명인지는 모르겠습니다. 사도행전 27장에 보면 바울을 태우고 로마로 가던 배가 태풍을 만나서 14일 동안 아무것도 먹지 못하고 죽음의 공포만 느끼고 있었습니다. 그때 바울을 통해 소망의 소식이 들려졌고, 그들은 한 사람도 상하지 않고 모두 멜리데 섬에 상륙했습니다. 그들의 수가 276명이었습니다. 그것과 관련이 있지 않을까 생각됩니다.

그날 윈프리는 "오늘 방송은 많이 긴장됩니다. '아무리 터무니없는 꿈이라도 이루어진다'라는 주제로 열리는 특별방송이기 때문입니다"라는 멘트로 방송을 시작했습니다.

그러고는 "13번 방청객!", "40번 방청객!", "105번 방청객!" 하고 호명하자 당첨된 사람들은 흥분을 감추지 못하고 무대로 뛰어올라왔습니다. 그렇게 11명을 불러서 "여러분 모두 새 차를 기다리셨죠? 축하합니다!"

라며 그들에게 제너럴 모터스(GM)의 중형 세단인 폰티악 G-6의 열쇠를 하나씩 나누어 주었습니다.

얼떨결에 불려나온 사람들은 물론 스튜디오에 있던 방청객들도 깜짝 놀랐습니다. 그러나 놀람은 그것이 끝이 아니었습니다. 윈프리는 "스태 프들이 여러분들에게 작은 상자를 나눠 드릴 것입니다. 그 상자 안에 마 지막 12번째 자동차 열쇠가 들어 있습니다. 상자를 열지 마시고, 흔들지 도 마십시오"라고 말했습니다. 상자를 나눠 주고, 그가 신호를 하자 모든 사람들이 상자를 열고는 "열쇠다!"라고 소리치며 경악했습니다. 모든 상 자 속에 자동차 열쇠가 들어 있었던 것입니다.

윈프리는 흥분한 방청객들을 데리고 스튜디오 밖으로 나갔습니다. 그 곳에는 빨간색 리본으로 장식된 폰티악 G-6 276대가 주차돼 있었습니 다. 그날 깜짝 선물은 GM의 협찬으로 마련된 것이고, GM은 그들이 내 야 할 세금도 부담해 주었습니다. 제작진은 선물을 받은 방청객들이 녹 화 도중 졸도할까 봐 의료진을 대기시키기도 했습니다.

그날 자동차를 선물로 받은 사람들은 무작위로 초대된 사람들은 아니 었습니다. 가족과 친구들이 보낸 사연을 보고 제작진이 초대한 사람들 이었습니다. 그 사연 중에는 "서부 개척시대 총잡이들이 몰던 것과 같은 차를 타고 다니고 있습니다", "64만 킬로미터나 달린 고물차를 운전하고 있습니다", "낡은 자동차가 고장을 자주 일으켜 수업에 늦을 때가 많습니 다" 등등의 내용이 있었습니다. 그날 자동차를 받은 사람들에게는 잊히 지 않는 추억이 되었을 것입니다.

오프라 윈프리 쇼를 생각하면서 사람들이 열쇠를 받아들고 "열쇠다!" 라며 감격하는 장면과 우리가 매주일 드리는 예배를 생각해 봅니다. 윈

합당하게 생활하라

프리는 자동차를 선물했습니다. 그러나 그것은 자신이 비용을 댄 게 아니라 GM이 새로운 자동차를 홍보하기 위해 협찬한 것입니다. 하지만 예수님은 우리에게 당신의 생명을 주시고 성령님을 보내 주셨습니다. 그날 자동차를 받은 사람들은 새 자동차가 필요했던 수많은 사람 중에 겨우 276명이었습니다. 그러나 예수님은 성령님을 사모하는 모든 사람에게, 형편없는 나 자신에게까지 성령님을 허락해 주셨습니다.

또한 그때 받은 자동차는 이미 폐차된 것도 있을 것이고, 그들이 사연을 보낼 때처럼 고물차가 되어 가고 있을 것입니다. 그들에게 선물했던 GM도 영원하지 못합니다. 자동차를 협찬할 때도 그랬지만 GM은 지금까지도 고전을 면치 못하고 있습니다. 그러나 성령님은 낡아 없어지는 분이 아니라 영원한 분입니다. 주님께서 우리에게 허락하신 성령님은 이 땅에서 '닳아 없어지는 꿈, 터무니없는 꿈'이 아니라 진리로 우리를 인도하시고, 영원토록 우리와 동행하는 분이십니다.

주님은 우리에게 자동차 열쇠와 비교할 수 없는 '생명의 열쇠', '성령의 열쇠'를 주셨습니다. 주님께서 우리에게 이런 열쇠를 주셨음을 믿는다면 우리의 예배는 늘 깜짝쇼입니다. 아니, 우리의 일상이 늘 감격에서 감격으로 이어질 것입니다. 그렇게 되면 우리는 평생 고난의 파도를 넘어 그리스도의 복음에 합당하게 생활하는 은총을 누리게 될 것입니다.

---

하나님 아버지!
우리에게 성령님을 허락해 주심으로 우리를 진리로 인도해 주시고, 고난도 이기게 하시며, 그리스도의 복음에 합당하게 살도록 은총을 베풀어 주셔서 감사합니다.

인생길에 우리를 짓누르고 넘어뜨리는 세속이라는 변사또들이 참 많습니다. 그들 때문에 고통당할지라도 하나님께서 그것을 모르지 아니하심을 기억하게 하시고, 그것을 통해서도 우리를 더욱 성장시키고 성숙시켜 주시는 하나님을 바라보게 하옵소서. 오직 성령님으로 말미암아 생의 순간순간마다 바른 하나님의 말씀이 생각나게 하시고, 가야 할 길을 인도받게 하옵소서. 하나님 아버지!

주님께서 우리에게 주신 생명의 열쇠, 성령의 열쇠가 자동차 열쇠보다 더 존귀하고 우리를 감격하게 하는 것임을 잊지 않게 하여 주시옵소서. 주님께서 주신 열쇠는 망각하고 더 많은 자동차 열쇠를 갖는 것에만 목적을 두고 살아가지 않게 하여 주시옵소서. 그리하여 우리가 드리는 예배가 언제나 감격이 되게 하시고, 우리의 매일매일이 성령강림주일이 되게 하시옵소서. 예수님 이름으로 기도드립니다.

아멘.

합당하게 생활하라

# 4

# 빌립보서
## 2장 1-11절

¹ 그러므로 그리스도 안에 무슨 권면이나 사랑의 무슨 위로나 성령의 무슨 교제나 긍휼이나 자비가 있거든 ² 마음을 같이하여 같은 사랑을 가지고 뜻을 합하며 한마음을 품어 ³ 아무 일에든지 다툼이나 허영으로 하지 말고 오직 겸손한 마음으로 각각 자기보다 남을 낫게 여기고 ⁴ 각각 자기 일을 돌볼뿐더러 또한 각각 다른 사람들의 일을 돌보아 나의 기쁨을 충만하게 하라 ⁵ 너희 안에 이 마음을 품으라 곧 그리스도 예수의 마음이니 ⁶ 그는 근본 하나님의 본체시나 하나님과 동등됨을 취할 것으로 여기지 아니하시고 ⁷ 오히려 자기를 비워 종의 형체를 가지사 사람들과 같이 되셨고 ⁸ 사람의 모양으로 나타나사 자기를 낮추시고 죽기까지 복종하셨으니 곧 십자가에 죽으심이라 ⁹ 이러므로 하나님이 그를 지극히 높여 모든 이름 위에 뛰어난 이름을 주사 ¹⁰ 하늘에 있는 자들과 땅에 있는 자들과 땅 아래에 있는 자들로 모든 무릎을 예수의 이름에 꿇게 하시고 ¹¹ 모든 입으로 예수 그리스도를 주라 시인하여 하나님 아버지께 영광을 돌리게 하셨느니라

# 17 허영으로 하지 말고

빌립보서 2장 1-4절

《천로역정》

존 번연의 《천로역정》이라는 작품이 있습니다. 2부로 되어 있는 이 작품은 1부는 1678년에, 2부는 1684년에 나왔습니다. '크리스천'이라는 주인공이 멸망할 이 세상을 떠나 영원한 도성都城을 향해 가는 내용의 우화소설입니다.

그중에 이런 대목이 있습니다. 크리스천이 동료 '페이스Faith'라는 사람과 순례의 길을 가다가 한 마을을 지나가게 되었습니다. 그곳의 이름이 '허영의 시장Vanity Fair'이었습니다. 그렇게 이름 붙여진 이유는 그곳에 상품을 팔러 오는 사람들이나 사러 오는 사람들 모두가 허영에 들떠 있었기 때문입니다. 이 시장은 최근 세워진 것이 아니라 아주 아주 오래전에 세워진 것이었습니다.

5천 년쯤 전부터 이 두 사람처럼 순례의 길을 가는 사람들이 있었는데, 그것을 방해하고 막기 위해 바알세불과 아바돈, 레기온—군대귀신—이 공모해서 이 시장을 만들었습니다. 그들의 계획은 하루도 쉬지 않고 1년 내내 유한하거나 쓸데없는 상품들을 파는 것이었습니다. 그래서 이 시장에서는 집, 토지, 직위, 명예, 승진, 귀족칭호, 국가, 정욕, 쾌락과 같은 제품과 창녀, 아내, 남편, 자식, 주인, 하인, 육체, 영혼, 금, 은, 진주, 보석 등등의 즐거움들을 팔았습니다. 그 외에도 사기, 도박, 어릿광대, 흉내쟁이, 악당, 장난꾸러기 등등이 있었고, 죄질이 나쁜 도둑질, 살인, 간통, 위증 등등은 돈 없이도 볼 수 있었습니다.

이 시장에는 작은 시장도 있었는데, 각기 고유한 이름이 붙은 거리와 골목으로 가면 고유한 제품을 파는 곳이 있었습니다. 영국 골목, 프랑스 골목, 이태리 골목, 스페인 골목, 독일 골목 등등에서는 그 나라에서만 파는 허영을 살 수 있었습니다.

이 마을을 통과하지 않고 천성天城으로 가는 것은 불가능했습니다. 그래서 왕의 왕이신 주님께서도 당신의 나라로 가실 때 이 마을을 지나가셨습니다. 이 시장의 지배자 바알세불은 헛된 상품을 팔기 위해 주님을 유혹했습니다. 바알세불은 주님께 자신에게 경의를 표해 주기만 하면 그 시장의 주인으로 모시겠다고 했습니다. 그러나 주님은 그 시장에서 아무것도 사지 않으셨습니다. 바알세불은 어떻게 해서든 주님의 품위를 조금이라도 손상시키기 위해 시장 안의 헛된 상품들을 사게 할 궁리를 했습니다. 하나라도 사기만 하면 주님의 모든 명예를 떨어뜨릴 수 있었기 때문입니다. 그래서 이 거리 저 거리로, 이 골목 저 골목으로 모시고 다니면서 짧은 시간에 세상의 모든 왕국을 보여 주었지

합당하게 생활하라

만, 주님께서는 그 상품들에는 욕심이 없으셨고, 헛된 상품들을 사는 데는 단 한 푼도 쓰지 않고 마을을 떠나셨습니다.

크리스천과 페이스도 이 시장을 지나고 싶지 않았지만 이곳을 통과해야만 천성으로 갈 수 있었기에 하는 수 없이 마을로 들어섰습니다. 그들이 마을에 들어서자마자 시장 사람들이 술렁이기 시작했고, 왁자지껄 소동이 벌어졌습니다. 거기에는 몇 가지 이유가 있었습니다.

우선 이 두 사람은 시장 사람들과는 전혀 다른 옷을 입고 있었기 때문입니다. 그래서 사람들은 이 두 사람이 입은 옷을 눈여겨보았습니다. 바보라고 무시하기도 하고, 미쳤다고 조롱하기도 하고, 또 어떤 사람들은 '외국인인가 보다'라며 의아해하기도 했습니다.

다음으로 그들이 쓰는 말씨 때문에 놀랐습니다. 두 사람은 영적이고도 거룩한 말을 쓰고 있었기 때문에 시장 사람들은 그들의 말을 알아듣지 못했습니다.

끝으로 무엇보다도 시장 사람들이 가장 많이 놀란 점은 이 순례자들이 그곳에 진열된 상품들을 눈여겨보지도 않았기 때문입니다. 그것은 사람들을 화나게 했습니다.

사람들이 상품을 사 달라고 소리 지를 때마다 이 순례자들은 손으로 귀를 막고 "내 눈을 돌이켜 허망한 것을 보지 않게 해 주십시오"라고 울부짖으면서 하늘을 바라보았습니다. 그들이 위를 바라보는 것은, '거래는 하늘나라에서 하겠다'는 표시였습니다. 어떤 사람이 그들의 그런 행동을 보고 "당신들은 도대체 무엇을 사는 사람들입니까?"라고 물었습니다. 순례자들은 그 사람을 진지한 얼굴로 바라보며 말했습니다. "우리는 진리를 사고, 복음을 삽니다." 그 말은 시장 사람들을 더욱 분노하게 했습니다.

시장 사람들은 그들을 비웃고, 조롱하고, 악담을 퍼부어 결국 그 시장의 재판관—그의 이름이 '선을 증오하는 재판관'입니다—에게 데리고 갔습니다. 재판의 증인으로 나온 '질투,' '우상숭배', '의기양양', 이 세 사람이 위증을 해 두 사람은 결국 사형 언도를 받게 되었습니다. 사람들은 페이스를 가장 잔인한 방법으로 처형했습니다. 그들은 그들의 법에 따라 페이스를 끌어내서 먼저 채찍질하고, 주먹으로 때리고, 칼로 찔렀습니다. 그러고는 돌로 친 후 화형장에서 불태워 재로 만들었습니다. 크리스천은 페이스가 죽는 순간 하늘에서 나팔소리를 울리며 마차가 내려와서 그를 데리고 가는 것을 보았습니다. 크리스천은 사형당하기 직전에 주님께서 기적적으로 그 감옥에서 벗어나게 해주셔서 다시 순례의 길을 갈 수 있었습니다. 그리스도인들이 가는 길은 세상 사람들이 가는 길과는 동일하게 보일지라도 언제나 다른 길입니다.

크리스천과 페이스가 들렀던 시장에서는 참 많은 상품들을 팝니다. 거기에는 이 땅에서 살아가는 데 필요한 모든 것이 있습니다. 많은 사람들이 그토록 갖고 싶은 것들이고, 꿈에서라도 누리고 싶은 것들입니다. 그럼에도 그 시장의 이름이 '허영의 시장'입니다.

그리스도인들은 허영의 시장에서 파는 상품들이 아니라 진리의 시장, 영생의 시장에서 파는 상품들을 사는 사람들입니다. 그

합당하게 생활하라

중에서 꼭 구입해야 할 것이 무엇인지를 오늘 본문이 잘 일러주고 있습니다.

## 네 가지 상품을 살 수 있는 네 가지 화폐

오늘 본문은 '그러므로'라는 말로 시작합니다. 성경을 읽거나 공부할 때 이 접속부사는 긴장하며 대해야 하는 단어의 하나입니다. 이 부사는 앞에 있는 부분을 요약해서 결론을 내립니다. 즉 '그러므로' 뒤에 있는 내용은 앞에 나온 내용과 밀접한 관계가 있습니다. 그래서 1장 27-30절의 '그리스도의 복음에 합당하게 생활하라'는 권면은 오늘 본문으로 이어집니다. 1장 27-30절이 빌립보교회 사람들 전체에게 주는 권면이라면 2장 1-4절은 빌립보교회 사람들 개개인에게 주는 권면입니다. 1절이 이렇게 증거합니다.

■ 그러므로 그리스도 안에 무슨 권면이나 사랑의 무슨 위로나 성령의 무슨 교제나 긍휼이나 자비가 있거든

그리스도인이 진리의 시장에 있는 상품 중에 사야 할 네 가지에 대해 말씀하고 있습니다. 첫 번째 상품은 '권면'입니다. 권면은 헬라어로 '파라클레시스paraklēsis'입니다. '곁에서 속삭이다'라는 의미로, 지난주에 살핀 성령님의 별칭인 '보혜사'와 어근이 같은 단어입니다. 권면은 상대로 하여금 용기를 갖도록 돕는 것입니다. 어그러진 가족관계를 힘들어하며 어떻게 해야 할지 모르는 사람이나, 질병의 고통으로 앞으로의 삶을 두려워하는 사람에게, 또는 경제적인 어려움으로 인해 삶이 암흑의 터널같

이 여겨진다는 사람에게 권면한다며 "그래서 내가 미리 기도하라고 했잖아!"라고 하는 것은 '권면'하는 것이 아니라 말로 '권총'을 쏘아 낙담시키는 것과 같습니다. 권면은 언제나 따뜻해야 합니다. 그리고 권면은 하는 사람과 받는 사람이 모두 '그리스도 안에 있을 때' 비로소 빛을 발하게 됩니다. 한 사람은 그리스도 안에 있고 또 한 사람은 그리스도 밖에 있을 때 권면은 공허한 메아리가 되기 쉽습니다.

두 번째 상품은 '사랑의 위로'입니다. 권면과 위로는 거의 비슷한 의미이지만 굳이 구분한다면 권면이 '앞으로 어떻게 해야 하는지에 대한 격려'라면, 위로는 '이미 발생한 일에 대한 격려'라고 할 수 있습니다. 권면과 위로의 공통점은 '곁에서 말해 주는 것'입니다. 그래서 이것들은 큰 소리가 아니라 작은 소리와 관련이 있습니다.

우리가 살아온 날들을 돌아보면, 큰 소리, 높은 사람의 소리, 많은 것을 가진 사람의 소리보다 작은 소리, 낮은 사람의 소리, 아무것도 갖지 않은 것처럼 보이는 사람의 소리가 우리에게 위로가 되었던 것을 인정하지 않을 수 없습니다. 목사가 강단에서 목청을 높여 "하나님은 우리를 위로해 주시는 분이십니다"라고 하는 말은 하나도 위로가 되지 않고, 힘든 삶 중에도 애써 내색하지 않고 있는데 "인생은 누구에게나 힘든 것이라고 합니다"로 시작되는 구역 식구의 이메일이 마치 하나님의 위로같이 들립니다. 유명한 사람의 강연에서 들은 말보다 "이렇게 한번 해보세요"라고 말하는 친구나 평소 주목하지 않았던 사람의 말이 훨씬 용기가 되고, 살아갈 의미를 줍니다.

서강대학교 영문과 교수였던 장영희 선생의 수필집 《내 생애 단 한 번》에 이런 내용의 칼럼이 있습니다. 학기말이 되면 교수들에게 학생들의 학점을 매기는 것이 큰 일 중의 하나인데, 이분에게도 그것이 늘 쉽지 않았다고 합니다. 사실 학생들의 실력은 도토리 키 재기인데, 문학적·언어적 소양을 몇 등급의 우열로 나누기가 참 힘들었다고 합니다.

특히 이분에게 고민되었던 것은 A나 B, 또는 B나 C의 경계선상에 있는 학생들에게 성적을 매기는 것이었습니다. A를 주기에는 총점이 2점 모자라지만 심성도 착하고 노력도 하는데 혹시 '청년가장'은 아닐까? 아버지가 실직하고 어머니는 병들어 있는데, 내가 주는 낮은 학점으로 장학금을 받지 못하게 되면 어떻게 되나? 또 그래서 다음 학기에 등록을 못하게 되면 어떡하지? 등등의 생각이 꼬리를 물다 보면 결정을 내리지 못하고 시간을 끌 때가 많았다고 합니다. 그나마 문학 과목은 소설을 제대로 읽었는지, 페이퍼를 논리적으로 썼는지 등등을 보면 되는데 회화 과목은 교수의 귀가 판단 기준이기 때문에 기준을 세우기도 힘들고 성적을 매기는 것은 더 힘들었습니다.

그래서 이분은 학생들의 잘못된 발음을 교정해 주기도 하고, 점수를 줄 기준을 확보하기 위해 학기 초에 학생들이 자주 틀리는 발음을 몇 개 지적해 주고 학기말까지 바르게 발음하지 못하면 점수를 많이 깎고 필기시험을 아무리 잘 봐도 A를 주지 않겠다고 으름장을 놓았습니다. 그렇게 한 학기 내내 연습시키면, 어느 정도 교정되는 학생이 있는가 하면 워낙 고질적이라 고치지 못하는 학생도 있었습니다.

이분의 수강생 중에 병진이라는 학생이 있었는데, 그는 후자에 속했습니다. 똑똑하고 성실했지만, 중학교 때부터 잘못 배운 발음은 좀처럼 고쳐지지 않았습니다. 학기말 필기시험은 수강생 중에 2등을 했지만, 구두시험에서는 p와 f를 반대로 발음하는 바람에 거의 알아듣기 힘들 정도였습니다. 그래서 병진이의 성적은 A⁻와 B⁺ 사이에 있었습니다. 어떤 성적을 줄지 고민하다 결정하지 못하고 퇴근했습니다.

이분이 병진이의 성적을 확정한 것은 다음 날 아침 출근길에서였습니다. 횡단보도에서 길을 건너려고 기다리고 있는데, 저 멀리 지하철 역 입구에서 한 노인이 추운 날씨에도 불구하고 웅크리고 앉아서 좌판에다 무엇을 팔고 있는 것이 보였습니다. 그는 몸집이 아주 왜소했고 적어도 여든은 되어 보였습니다. 그런데 노인이 팔고 있는 것은 부채 몇 개와 여자용 스카프였습니다. '부채와 스카프?' 겨울 품목으로는 전혀 어울리지 않는 것이었지만 노인이 쇠약한 몸으로 운반할 수 있는 것이 그것밖에 없었는지도 모릅니다. 지하철 역 입구에서는 많은 사람들이 쏟아져 나왔지만 노인에게 눈길을 주는 사람은 아무도 없었습니다. 노인도 팔겠다는 의지를 상실한 채 웅크리고는 지나가는 사람들의 발만 보고 있었습니다.

그때 한 젊은이가 노인을 주목하고 있었습니다. 병진이였습니다. 병진이는 뭔가 골똘히 생각하며 노인을 쳐다보고 있었습니다. 병진이는 다른 사람들과 같이 지하철 앞에 있는 횡단보도로 길을 건너려다 돌아서서 노인에게 다가갔습니다. 그러고는 물건들을 잠시 살펴보더니 부채를 두 개 집어 들었습니다. 병진이를 쳐다보던 노인의 얼굴에 생기와 미소가 돌았습니다.

장 교수님은 알았습니다. 병진이가 한겨울에 부채가 필요해서 산 것이 아니라 추위에 떨고 있는 노인을 배려해서, 차마 그냥 지나갈 수 없어서 샀다는 것을 말입니다. 학교에 도착한 장 교수님은 책상에 앉아서 어제 빈칸으로 남기고 간 병진이의 성적란에 조금도 망설임 없이 'A'라고 선명하게 썼습니다.

마음에 '까짓, 영어의 p와 f의 발음쯤 혼동하면 어떤가? 영어는 기껏해야 지구상의 3분의 1 정도가 알아듣는 말이지만, 연약한 노인을 도와

　　　　　　　　합당하게 생활하라

주는 가슴의 언어는 지구상의 모든 인간들이 알아듣는 만국공통어가 아닌가? '하는 생각이 들었습니다. 장 교수님은 자신이 가르친 적도 없는 만국공통어를 그렇게 능숙하게 구사하는 병진이에게 A보다 더 좋은 학점이 있다면 그것을 주고 싶은 심정이었습니다. 입으로는 말을 한마디도 하지 않았지만 마음의 언어로 상대를 배려한 이 대화보다 더 좋은 권면과 위로는 없습니다.

세 번째 상품은 '성령의 교제'입니다. '교제'는 '코이노니아koinonia'라고 하는데, 이것은 친교만을 의미하는 단어가 아닙니다. '동역同役'이라고 번역할 수도 있고, '참여'라고 번역할 수도 있습니다. 그러니까 성령님께서는 우리를 함께 친교하도록 만들어 주실 뿐만 아니라 함께 사역하도록 만들어 주시는 분입니다. 성령님은 우리를 하나가 되게 하시는 분이기 때문에 우리를 연합하지 못하게 하는 것은 성령님의 사역이 아닙니다.

육체가 만들어 내는 일과 성령님께서 하시는 일이 얼마나 다른지를 갈라디아서 5장 19-23절이 이렇게 증거합니다.

■ 　　육체의 일은 분명하니 곧 음행과 더러운 것과 호색과 우상 숭배와 주술과 원수 맺는 것과 분쟁과 시기와 분냄과 당 짓는 것과 분열함과 이단과 투기와 술취함과 방탕함과 또 그와 같은 것들이라 전에 너희에게 경계한 것 같이 경계하노니 이런 일을 하는 자들은 하나님의 나라를 유업으로 받지 못할 것이요 오직 성령의 열매는 사랑과 희락과 화평과 오래 참음과 자비와 양선과 충성과 온유와 절제니 이같은 것을 금지할 법이 없느니라

육체의 일과 성령의 열매의 차이는 '찢어짐'과 '연합함'의 차이라고 할 수 있습니다. 음행, 더러운 것, 호색, 술 취함, 방탕함은 '욕망의 나'와 '본질의 나'를 찢습니다. 우상숭배, 주술은 나와 하나님과의 관계를 찢습니다. 원수 맺는 것, 분쟁, 시기, 분냄, 당 짓는 것, 분열함, 이단, 투기 등은 나와 이웃의 관계를 찢습니다. 그래서 육체의 일은 복수複數입니다.

반면에 성령의 열매—사랑, 희락, 화평, 오래참음, 자비, 양선, 충성, 온유, 절제—는 나와 나, 나와 이웃, 나와 하나님을 분리하지 않고 하나로 만들어 주는 것입니다. 그래서 성령의 열매는 단수單數입니다. 성령의 열매가 아홉 가지인 것처럼 보이지만 한 분이신 성령님께서 맺게 해주시는 것이므로 실상은 아홉 가지 맛을 지닌 하나의 열매라고 할 수 있습니다. 그래서 진리와 비진리의 문제가 아니라면 나누어짐은 성령님의 역사가 아니라고 할 수 있습니다.

네 번째 상품은 '긍휼과 자비'입니다. '긍휼과 자비'는 모두 '장기臟器'와 관련이 있는 단어입니다. 1장 8절을 살필 때 '예수 그리스도의 심장으로'에서 '심장'이 '장기'라고 말씀드렸습니다. '심장'과 '긍휼'이 같은 단어입니다. 대화 속에 인간의 장기를 언급하는 것은 모두 감정의 표현입니다. 예를 들면 '허파에 바람이 들다', '부아(허파)가 치밀다', '간에 붙었다 쓸개에 붙었다 한다', '심장을 찌르다' 등입니다.

중국 진晉나라의 환온桓溫이라는 사람이 촉나라로 가던 중, 그의 종이 숲에 들어갔다가 원숭이 새끼 한 마리를 붙잡아 가지고 배로 돌아왔습니다. 그런데 어미 원숭이가 뒤를 따라와 물을 사이에 두고 강가에서 슬프게 울어댔습니다. 그러나 배는 그대로 떠나 버리고 말았습니다. 어미 원숭이는 강기슭을 따라 배를 계속 좇아오며 새끼 원숭이를 보고 울부짖었습니다. 이윽고 100리도 더 간 곳에서 배가 기슭에 닿자 어미 원숭이는

　　　　　　　　　　　　　합당하게 생활하라

배로 뛰어들었지만 그대로 죽고 말았습니다. 나중에 그 원숭이의 배를 열어 보니 너무나도 슬픈 나머지 장이 토막토막 잘려 있었다고 합니다. 여기서 나온 말이 '단장斷腸'입니다. 그래서 창자가 끊어질 정도로 사랑하는 것을 단장연모斷腸戀慕라고 합니다. 긍휼과 자비는 그리스도인이 반드시 지녀야 할 진리의 상품입니다.

진리의 시장에서 파는 1절의 네 가지 상품을 살 수 있는 화폐가 무엇인지를 2절이 이렇게 증거합니다.

■ 마음을 같이하여 같은 사랑을 가지고 뜻을 합하며 한마음을 품어

네 가지 덕목의 상품을 살 수 있는 화폐도 네 가지로 말씀하고 있습니다. '권면'이라는 상품을 사기 위해서는 '마음을 같이'할 수 있어야 합니다. 마음을 같이하는 것은 '생각을 같이하는 것'입니다. 상대에게 눈높이를 맞추지 않으면 권면은 이내 잔소리로 바뀌게 됩니다. 자녀들에게 얼마나 좋은 말들을 많이 합니까? 그러나 자녀들은 대부분 권면이 아니라 잔소리라고 생각합니다. 자녀가 어떤 일을 겪고 힘들어할 때 격언이나 명언보다는 "아빠도 옛날에 그랬다", "엄마도 그때 많이 힘들어했다"라는 공감의 언어가 자녀들에게 평생 잊지 않는 '울림'이 될 것입니다.

위로는 사랑을 통해 구입할 수 있습니다. 사랑 없는 위로는 립서비스, 단순한 사탕발림에 불과합니다. 사랑의 가장 큰 특성은 '동등'입니다. 그래서 사랑은 차이가 나는 것을 견디지 못해합니다. 처녀와 총각이 결혼할 때도 표면적으로는 한쪽이 많이 모자라 보일 수 있습니다. 학력이나 집안이 차이가 날 수도 있고, 직장, 재산, 외모 등이 심하게 차이가 날 수

도 있습니다. 심지어 한쪽이 장애를 안고 있거나, 재혼일 수도 있습니다. 두 사람이 상황이 어떠하든 상대를 자기보다 낫게 여기는 마음, 서로를 동등하게 여기는 마음이 없으면 그것은 사랑이 아닙니다. 결혼하게 된다 하더라도 서로 동등함을 회복하지 않으면 행복한 가정생활은 요원합니다. 그래서 진정한 위로는 상대를 동등하게 여김에서 시작됩니다.

성령님께서 주시는 교제를 온전하게 갖는 것은 뜻(정신)이 하나 됨을 통해 가능합니다. 합정동에서 부산 해운대 해수욕장까지 가는 방법은 여러 가지입니다. 비행기를 타고 갈 수도 있고, 기차나 고속버스를 이용할 수도 있습니다. 직접 운전해서 갈 수도 있습니다.

만약 해운대 해수욕장으로 여름휴가를 가기로 했다면 어떻게 가는 것이 가장 즐겁고 빠르게 가는 것이겠습니까? 그것은 서로 통하는 사람과 함께 가는 것입니다. 서로 생각이 통하고 마음이 통하는 사람이라면 어느 교통수단이든 즐거운 여행이 될 것입니다. 그러나 함께 있으면 불편한 사람과의 동행이라면 지구를 한 바퀴 도는 것과 같은 긴 여행이 될 것입니다. 그래서 진정한 교제는 물론 동역함의 기쁨을 누리는 것은 성령님께 잇대어진 삶을 살 때만 가능합니다. 그분이 나와 다른 사람을 하나 되게 해주시기 때문입니다.

긍휼과 자비의 상품은 한마음이라는 화폐를 통해 가질 수 있습니다.

앞에서 '단장斷腸'이란 말의 고사를 말씀드렸습니다. 갑자기 어미와 떨어진 새끼 원숭이는 얼마나 두려웠겠습니까? 자기 새끼가 그렇게 두려워하고 있다는 것을 아는 어미는 얼마나 애가 탔겠습니까? 그래서 두 원숭이가 한마음이 되는 것입니다. 놀이공원에서 부모가 어린 자녀를 잃어버리게 되면 아이는 부모가 보이지 않는 두려움에, 부모는 두려워 울지도 못할 아이를 생각하는 마음에 속이 새까맣게 탈 것입니다. 그리스도인들

합당하게 생활하라

이 다른 그리스도인들에게 품어야 할 마음이 이와 같은 것입니다.

그런데 우리가 조심해야 할 것이 있습니다. 3절 상반절이 이렇게 증거합니다.

■     아무 일에든지 다툼이나 허영으로 하지 말고

'다툼'은 '저급한 본성으로 편을 가르는 것'입니다. 1장에서 살핀 바와 같이 바울이 갇혔다는 소식에 바울을 반대하는 사람들은 '다툼'으로 복음을 전했습니다. 그들은 바울과 자신들이 서로 다른 편에 있다고 생각한 것입니다. 눈에 보이는 형제자매들은 경쟁의 대상이 아니라 사랑의 대상이고 존중의 대상입니다.

'허영'은 헬라어로 '케노독시아kenodoxia'라고 합니다. 이것은 '텅 비다', '속이다'라는 의미의 '케노스kenos'와 '영광'이라는 의미의 '독사doxa'의 합성어입니다. '독사'는 '생각하다'라는 단어에서 온 것으로, '허영'이라는 것은 '텅 빈 것을 그렇지 않다고 생각하는 것'이고, '무엇이 자신을 틀림없이 행복하게 만들어 주리라 생각하지만 그것은 자신을 속이는 것'이라는 의미입니다. 다툼과 허영은 세속적 가치관을 사는 신용카드와 같습니다.

허영의 시장은 끊임없이 우리에게 상품을 사라고 손짓합니다. 거기서는 참 많은 상품을 팝니다. 그 상품을 내 것으로 만들면 그것이 나를 행복하게 해줄 것같이 여겨집니다. 또 그것을 누리면 더 이상의 소원이 없을 것 같습니다. 허영의 시장에서 파는 것이 언제나 내게 복음처럼 보입니다. 그러나 그것은 복음이 될 수 없습니다. 실제로 그것을 쥐고 누려 보면 얼마 지나지 않아 싫증이 납니다. '내가 이걸 얻기 위해 그렇게 달렸단 말인가' 하고 무가치한 인생을 산 것같이 느껴지기도 하고, 나를 행복하게 만들어 주리라 생각했던 것이 오히려 근심거리가 되는 경우도 허다합니다. 우리를 우리 되게 만들어 주는 것은 '허영의 시장'에서 파는 상품들이 아니라 '진리의 시장', '영생의 시장'에서 파는 상품들입니다.

우리 앞에는 늘 허영의 시장으로 가는 길과 진리와 영생의 시장으로 가는 길이 있습니다. 어느 길을 걸을지는 전적으로 우리의 선택에 달렸습니다. 아니, 우리는 이미 우리가 선택한 시장에 서 있습니다. 그 시장이 어느 곳인지는 지금 내가 사고 있는 것들이 말해 줍니다. 진리와 영생의 시장을 거닐다 보면 우리에게도 권면과 위로, 교제, 긍휼과 자비가 가득할 것입니다.

---

하나님 아버지!

허영의 시장에서 파는 것들은 늘 매력적으로 보이고, 세련되어 보이고, 눈이 부시도록 아름답게 보입니다. 그러나 실상 그것들은 꺾인 꽃과 같아서 이내 말라 버리고 말 것임에도 우리는 왜 그렇게 집착하는지요? 우리의 본성에는 허영의 시장에서 파는 것을 구입하고 싶은 것을 넘어서 그 시장에서 큰 가게를 운영하는 사람이 되고 싶은 욕망이 있음을 고백합니다.

허영의 시장에서 파는 것들로만 자신을 치장하고 있다가 하나님 앞에 서게 되었을 때 '벌거벗은 임금님'에 나오는 주인공이 되지 않게 하시고, 진리와 영생의 시장에서 파는 것으로 자신을 잘 가꾸어서 어린양이신 주님의 피로 씻은 흰 옷 입은 사람들이 되게 하여 주옵소서.

합당하게 생활하라

금, 은, 진주, 보석을 갖기를 소망하기보다 '권면이라는 진주'와 '위로라는 보석'을 가진 사람이 되기를 소망하게 하시고, 지위나 명예로 교제하기보다 성령님께서 주시는 은총으로 교제하는 자녀들이 되게 하옵소서. 더욱 더 바라옵기는, 욕망과 쾌락보다 긍휼과 자비를 더 소중하게 여기는 그리스도인이 되게 하옵소서.

그리하여 우리 모두가 욕망의 시장에서 흘러나오는 가치관의 물결을 헤치고 나아가는 진리와 영생의 구도자가 되게 하옵소서. 예수님 이름으로 기도드립니다.

아멘.

# 18  남을 낮게 여기고

빌립보서 2장 1-4절

## 허상 같은 실상, 실상 같은 허상

그리스도의 복음에 합당하게 생활하는 사람들은 허영의 시장에서 파는 물건들을 사려고 동분서주하지 아니하고, 진리와 영생의 시장에서 파는 것을 소유하기 위해 몸부림치며 삽니다.

'실상'과 '허상'이라는 말이 있습니다. 문자적으로는 '실제의 모습'과 '거짓의 모습', '눈에 보이는 모습'과 '눈에 보이지 않는 모습'입니다. 그러나 실제로는 그 반대입니다. 실상은 눈에 보이지 않지만, 허상은 눈에 보입니다. 천로역정에 나오는 허영의 시장에서 파는 물건들은 그 상인들이 '눈에 보이는 것―실상'이라며 목이 터져라고 추천했습니다. 하지만 크리스천과 페이스Faith는 그것은 허상이고, 눈에 보이지 않는 실상은 위에 있다는 것을 알았기 때문에 그들은 눈을 들어 하늘을 쳐다보았습니다.

4월 17일 주일 설교 시간에 히스기야 왕에 대해 말씀드릴 때, 그의 가장 큰 치적 중의 하나가 모세가 만든 놋뱀을 깨뜨려 버린 것이라고 했습니다. 전적인 하나님의 역사와 인도하심으로 이스라엘 자손들은 400년 간의 노예살이에서 벗어나 출애굽 할 수 있었습니다. 그러나 광야 생활은 기대 밖이었습니다. 광야는 먹을 것, 마실 것 등 생활에 부족하지 않은 것이 없었습니다. 처음에 그토록 신기했던 만나도 시간이 지나자 하찮은 것이 되었습니다. 그래서 그들은 하나님을 원망하다 불뱀에게 물려 많은 사람이 죽임을 당했습니다. 하나님께서 모세로 하여금 놋으로 뱀을 만들어 장대에 달게 하시고, 그것을 쳐다보는 사람마다 살게 하셨습니다. 이스라엘 자손들은 그 놋뱀을 히스기야 왕 때까지 약 700년 동안 숭배했습니다. 어떻게 그것을 그 긴 기간 동안 지켰는지 신기하게 여겨집니다.

어떤 가게에서 로또 1등 당첨자가 두 번만 나오면 거기는 이른바 명당가게가 될 것입니다. 그 가게는 매주 문전성시를 이루게 될 것입니다. 그러나 로또 1등 당첨과 그 가게는 아무 상관이 없습니다. 복권을 산 사람이 용지에 표시를 잘했거나 운이 좋았던 것입니다. 그럼에도 사람들은 마치 그 가게가 무슨 능력이 있는 것처럼 생각합니다.

눈에 보이는 놋뱀은 실상입니까? 허상입니까? 이스라엘 자손들은 그것이 눈에 보이는 것이었기에 실상인 줄 알았습니다. 그래서 놋뱀이 치유의 능력이 있다고 생각했기에 그렇게 오랫동안 숭배한 것입니다. 그러나 놋뱀은 허상입니다. 범죄하는 이스라엘 자손들을 향해서도 여전히 그들을 포기하지 않고 바르게 인도하시려는 하나님의 은총과 하나님의 긍휼하심이 실상입니다. 그것은 눈에 보이지 않습니다.


일상생활에서도 마찬가지입니다. 오늘도 수많은 남녀가 결혼합니다. 자기가 보고 있는 남자, 자기 눈에 비치는 여자를 실상이라 생각하고 가정을 이룹니다. 자기와 결혼한 남자는 좋은 대학을 마친 졸업장도 있고,

좋은 직장에 다니는 것을 확인해 주는 신분증이나 배지도 있고, 출퇴근할 때 타고 다니는 좋은 차도 있습니다. 무엇보다 자기를 존중해 주는 것 같습니다. 그러나 살아 보면 눈에 보이는 것은 전부 허상이었다는 것을 알게 됩니다. 성격을 맞추기가 왜 그리 힘든지, 소리는 왜 그렇게 잘 지르는지, 전자기기 같은 비싼 장난감에는 왜 그렇게 집착하는지, 술과 도박은 왜 그렇게 좋아하는지…… 다른 사람들에게 차마 말하지 못하고 한숨 쉬는 아내들이 얼마나 많습니까?

반대의 경우도 마찬가지입니다. 남자의 마음에 든 여자는 군계일학群鷄一鶴처럼 어디 가도 눈에 띄게 예쁜 것이 마음에 들었습니다. 자기와 같이 쌍꺼풀도 예쁘고, 콧날도 오똑합니다. 옷도 참 세련되게 입습니다. 게다가 총명합니다. 그래서 결혼했습니다. 그런데 자식을 낳았더니 쌍꺼풀이 없습니다. 코도 낮습니다. 옷값을 대기가 얼마나 힘든지 모릅니다. 게다가 우물을 퍼서 먹어도 바가지는 돈을 주고 살 필요가 없습니다. 그래서 퇴근 후 집에 가는 것보다 술집에 있는 것이 편해서 오늘도 2차, 3차를 전전하는 남편들이 얼마나 많은지 모릅니다. 눈에 보이는 것이 실상이라고 생각했는데 사실은 그것이 허상이었던 것입니다.

그리스도인들이 그리스도인들을 대할 때 꼭 가지고 있어야 할 실상의 상품들이 무엇인지 오늘 본문 1절이 이렇게 증거합니다.

■    그러므로 그리스도 안에 무슨 권면이나 사랑의 무슨 위로나 성
      령의 무슨 교제나 긍휼이나 자비가 있거든

권면, 위로, 교제, 긍휼과 자비는 모두 눈에 보이지 않지만 진리와 영생의 시장에서 파는 실상들입니다. 이 실상들을 사기 위해서는 무엇이 있

어야 하는지 2절이 이렇게 증거합니다.

■　　　마음을 같이하여 같은 사랑을 가지고 뜻을 합하며 한마음을 품어

　진리와 영생의 시장에서 파는 것을 사기 위해 여러 가지 화폐들이 필요합니다. 그런데 마음을 같이 하는 것, 같은 사랑을 갖는 것, 뜻을 합하는 것, 한마음을 품는 것은 모두 '하나 됨'입니다. 그래서 '하나 됨'은 진리와 영생의 시장에서 파는 것을 살 수 있는 신용카드와 같습니다. 주님과의 하나 됨, 다른 사람과의 하나 됨 없이는 실상의 상품은 결코 살 수 없습니다.

　그래서 하나 됨을 깨지 않는 태도가 무엇인지에 대해 3–4절이 잘 일러줍니다. 먼저 3절 상반절이 이렇게 증거합니다.

■　　　아무 일에든지 다툼이나 허영으로 하지 말고

　'다툼'은 '저급한 본성으로 편을 가르는 것'이라고 말씀드렸습니다. 다툼의 문제가 가장 극명하게 나타난 곳이 고린도교회입니다. 고린도전서 1장 11–15절이 이렇게 증거합니다.

■　　　내 형제들아 글로에의 집 편으로 너희에 대한 말이 내게 들리니
　　　곧 너희 가운데 분쟁이 있다는 것이라 내가 이것을 말하거니와
　　　너희가 각각 이르되 나는 바울에게, 나는 아볼로에게, 나는 게
　　　바에게, 나는 그리스도에게 속한 자라 한다는 것이니 그리스도
　　　께서 어찌 나뉘었느냐 바울이 너희를 위하여 십자가에 못 박혔

으며 바울의 이름으로 너희가 세례를 받았느냐 나는 그리스보
와 가이오 외에는 너희 중 아무에게도 내가 세례를 베풀지 아니
한 것을 감사하노니 이는 아무도 나의 이름으로 세례를 받았다
말하지 못하게 하려 함이라

바울은 2차 전도여행 중에 고린도에 1년 6개월 머물면서 고린도교회
를 세웠습니다. 그런데 바울은 글 쓰는 것은 잘했지만 말은 어눌했습니
다. 고린도교회 사람들은 바울의 글을 읽고는 그 글의 무게로 인해 바울
이 대단한 분이라 생각했습니다. 그런데 만나서 이야기를 들으니 말주변
이 정말 보잘것없게 여겨졌습니다.

그런데 바울의 뒤를 이어서 온 사역자 아볼로는 뛰어난 웅변가(설교자)
였습니다. 구약에서 가장 뛰어난 설교자로 이사야 선지자를 듭니다. 그
는 당시 국제 정세에 대단한 식견이 있었던 듯합니다. 그의 설교를 들으
면 당시 세계사의 흐름을 인지할 수 있었을 것입니다. 신약에서 가장 뛰
어난 설교자는 아볼로를 듭니다. 그는 알렉산드리아 출신인데, 그곳은
로마의 두 번째 도시이자 학문의 중심지였습니다. 그곳에는 세계적인 박
물관과 도서관이 있었습니다. 그래서 아볼로의 학문도 상당했던 것으로
보입니다. 학자들 중에는 신약 속의 구약인 '히브리서'를 아볼로가 기록
했다고 보는 사람들도 있습니다. 그래서 고린도교회는 바울파와 아볼로
파로 나뉘었습니다.

그러다가 예수님의 제자 중의 제자는 베드로라는 것을 알고는 '게바파'
가 생겼습니다. 사람들이 나뉘어서 자기가 추종하는 사도가 최고라고 우
기자 아예 '우리는 그리스도만 바라보겠다'고 생각하는 사람들이 생긴 것
으로 보입니다. 그래서 고린도교회는 '사색당파'로 나뉘어 서로 자기들이

합당하게 생활하라

옳다고 주장했습니다. 이것이 다툼입니다.

하나님께서는 우리 각자를 특정 지방에서 태어나고 자라게 하셨습니다. 또 여러 학교를 거치면서 교육을 받게 하셨습니다. 그래서 자기가 자란 고장 사람을 만나면 서로 문화가 비슷하기 때문에 편안합니다. 자기와 같은 학교를 다닌 사람을 만나면 공유하는 추억이 있기 때문에 반갑습니다. 그러나 그것을 편 가르는 도구로 삼는 것은 죄를 짓는 것입니다. 내 편을 만들겠다고 하는 것과 하나 되겠다고 하는 것은 표면적으로는 비슷하게 보이지만 실제로는 정반대의 뜻입니다. 만약 편을 나누어야 한다면, 우리는 모두 마귀 편이 아닌 주님 편에 선 사람들입니다. 그래서 우리가 하나가 되는 것입니다.

허영은 '텅 비었는데 그렇지 않다고 착각하는 것'이라고 말씀드렸습니다. 그래서 결코 자신을 행복하게 만들어 줄 수 없는 것에 지배당하는 것입니다.

대기업이나 중소기업은 물론 구멍가게를 운영하는 것은 이윤을 내기 위해서입니다. 이윤을 내지 못하는 기업은 도산하고 말 것입니다. 정당政黨은 정치 이상을 실현하기 위해 정치권력을 쥐려는 단체입니다. 정당이 정권을 쥐지 못하면 존재 의미가 없습니다. 연예인은 인기로 먹고 삽니다. 인기의 정도에 따라 자신의 개런티가 정해지기 때문입니다. 그러나 목적 그 자체에 인생의 초점을 맞추면 반드시 타락하고 몰락하고 맙니다.

기업이 이익을 내는 것은 마땅한 일입니다. 그러나 이윤 자체를 목적으로 삼으면 직원은 동료가 아니라 부품으로 변하고, 소비자는 인격이 아니라 돈을 벌게 해주는 수단으로 바뀝니다. 정당도 정권 창출을 목적으로 삼으면 국민을 위한 이기利器가 아니라 국민을 해하는 흉기로 변할 것입니다. 그래서 정권을 유지하거나 쟁취하기 위해 비열한 행동을 서슴지 않게 됩니다. 연예계도 마찬가지입니다. 인기라는 것은 사람의 감정과 관련이 있습니다. 연예인의 팬이 되는 것은 특별한 이유가 없습니다. 그냥 마음이 가는 것입니다. 그러다가 더 마음이 가는 연예인이 나타나면 그 사람의 팬이 되는 것입니다. 사람의 감정은 변하는 것이 특징입니다. 하루에도 몇 번씩 변합니다. 그런 인간의 감정을 근거로 하는 인기를 얻기 위해 과도한 성형을 하거나 약물에 손을 대는 것은 결코 지혜로운 일이 아닙니다.

목회도 예외가 아닙니다. 목회 자체를 목적으로 삼게 되면, 목회자의 야망을 하나님의 뜻이나 비전인 것처럼 강요해서 사람들을 영적으로 착취할 수 있습니다.

이런 것들은 허영이고 허상입니다. 참된 영광과 실상은 '하나님'입니다. 어떤 직업을 갖든, 어떤 일을 하든 하나님을 목적으로 삼을 때만 허영이나 허상이 아닌 영광과 실상을 구하는 삶을 살 수 있습니다.

하나 됨을 잘 유지하기 위해서는 어떻게 해야 하는지 3절 하반절이 이렇게 증거합니다.

■    오직 겸손한 마음으로 각각 자기보다 남을 낮게 여기고

우리가 하나 됨을 지킬 수 있는 것은 '겸손한 마음'과 '자기보다 남을 낮게 여기는 것'이라고 합니다. '겸손'의 헬라어 '타페이노스tapeinos'는 '낮은 곳'을 의미합니다. 즉 겸손한 마음은 낮은 자리에 자신의 마음을 둠으로 그곳에 계신 주님을 만나고, 주님께서 주시는 기쁨을 얻는 것입니다. 주님께서 낮아지신 분이시기 때문입니다. 다음 주에 살필 2장 5-11절이

합당하게 생활하라

잘 나타내고 있습니다. 주님은 하늘에서 땅으로, 땅에서도 종의 모습으로 나타나셨고, 더 낮아지셔서 십자가에 죽으심까지 가셨습니다. 그래서 스스로 낮아질수록 그곳에 계신 주님을 만나게 됩니다.

그러나 우리는 낮아지는 것을 본능적으로 싫어합니다. 오래전에 라디오 방송에서 들은 에피소드입니다. 한 애청자가 방송국으로 편지를 보냈습니다. 아파트에서 같은 엘리베이터를 타는 주부 몇 사람이 친하게 되어 자매처럼 지냈다고 합니다. 그러던 어느 날 '블라우스' 때문에 106호 주부와 108호 주부가 서로 속이 상해서 약간 다투게 되었다고 합니다. 이유는 그 두 사람이 같은 블라우스를 입고 있었기 때문이었습니다. (여자 분들은 같은 옷을 입고 있는 것을 보면 기분이 나빠진다면서요?) 두 사람의 대화입니다.

■   106호: (분위기를 풀려고) 이 옷이 좋긴 좋은가 봐요? 백화점에 갔더니 세일을 하는데 이 옷이 눈에 띄더라고요.

108호: 아니? 그럼 세일할 때 샀단 말이에요? 얼마 주고 샀어요?

106호: 2만 원요.

108호: 난 세일 전에 정가에 샀어요.

106호: 얼마 줬는데요?

108호: 12만 원요.

집으로 돌아와서 누가 화가 났겠습니까? 세일할 때 2만 원 주고 산 106호 주부가 집에 돌아와 이렇게 말했습니다. "아니, 나를 뭐로 아는 거야? 나는 세일을 안 하면 그런 물건을 살 수도 없다는 말이야 뭐야. 직장이다 뭐다 하며 돌아다니더니. 살림은 사는 거야 마는 거야. 좋은 물건 세일할 때 싸게 사는 게 지혜지."

우리 마음에는 내가 남보다 높아야지 낮아지는 것은 참지 못하는 속성이 있습니다. 달걀이 그 껍질을 스스로 깨면 병아리가 되지만, 남이 깨면 프라이가 된다고 합니다. 스스로 낮아지면 겸손함을 배우게 되지만 다른 사람에 의해 낮아지게 되면 자존심이 상함을 넘어 비참함을 경험하게 됩니다. 자발적인 낮아짐이 교회 공동체를 건강하게 만드는 자양분이 되고, 겸손한 사람만이 다른 사람을 인격적으로 존중할 줄 알게 됩니다.

또한 자기보다 남을 낮게 여기는 것은 한쪽이 일방적으로 하는 것이 아니라 서로 하는 것입니다. 3절 하반절에 있는 '각각'은 '서로'라고 표현하는 것이 훨씬 적절합니다. 그리고 '여기다'는 '존중하다, 높이다'의 뜻입니다. 상대를 자기보다 낮게 여겨 존중하고 높이는 것은 빈부귀천, 지위고하, 남녀노소를 초월해서 서로 하는 것입니다.

약 1년 전 일입니다. 초등학교 3학년이던 둘째아들이 시험을 며칠 앞두고 있었습니다. 아빠인 제가 아들과 나눈 대화입니다.

■  아빠: 아들! 시험공부 좀 해야지. 며칠 있으면 시험이잖아?
   아들: 시험공부 안 해도 돼요.
   제가 약간 화가 났습니다.
   아빠: 야! 시험 범위를 알려 주고, 시험 보는 날짜를 알려 주는
        것은 미리 공부해서 시험을 보라는 뜻이야.
   아들: 아녜요. 시험은 평소 실력으로 보는 것이에요.
   아빠: 시험은 평소 실력을 점검하는 시간이 아니야. 그러면 시

합당하게 생활하라

험 범위와 날짜를 알려주지 않고 시험을 보게 하지, 왜 시험 범위와 날짜를 알려주겠어? 아빠가 학교 다닐 때는 시험을 잘 못 보면 선생님께 맞았어. 많이 틀리면 많이 맞았고.

아들: 시험 못 보는 것이 무슨 잘못인가요? 누가 공부를 못하고 싶겠어요?

아빠: (순간 당황해서) 그……것은 아니지…….

아들: (아빠를 위로한다고) 그래도 걱정 마세요. 10등 안에는 들 수 있어요.

아빠: 야! 너네 반 아이들 다 합쳐도 30명도 안 되잖아?

아들: 그래서 10등이면 잘한 거 아니에요???

저와 아들은 서른여섯 살 차이가 납니다. 제가 훨씬 많이 배웠습니다. 그럼에도 "시험 못 보는 것이 무슨 잘못인가요? 누가 공부를 못하고 싶겠어요?"라는 아들의 말이 더 맞는다는 것을 인정하지 않을 수 없었습니다. 나보다 더 어리고 덜 배운 사람이 나보다 나을 수 있습니다.

계속해서 4절이 이렇게 증거합니다.

■ 각각 자기 일을 돌볼뿐더러 또한 각각 다른 사람들의 일을 돌보아 나의 기쁨을 충만하게 하라

우리가 하나 됨을 잘 유지하려면 먼저 자기 일을 돌보아야 하고, 그다음 다른 사람의 일을 돌보아 주어야 합니다. 자기 일만 돌보고 다른 사람의 일을 돌보아 주지 않는 사람은 이기적인 존재가 될 것이고, 자기 일을

돌보지 않고 다른 사람의 일만 돌보는 사람은 무책임한 존재가 될 것입니다. 갈라디아서 6장 2절에도 비슷한 말씀이 있습니다.

- **너희가 짐을 서로 지라 그리하여 그리스도의 법을 성취하라**

우리가 서로 짐을 져주는 것이 바로 그리스도의 법을 성취하는 것이라고 말씀하고 있습니다. 하나님께서는 거의 대부분 사람을 통해 하나님의 역사를 펼쳐 가시는 분이기 때문입니다. 종교개혁자 마르틴 루터는 이 말씀을 보고 이렇게 말했습니다. "그리스도인은 튼튼한 어깨와 힘찬 골격을 갖추어야 합니다." 다른 사람을 돕는 그리스도인이 되기 위해서는 허영이나 허상의 힘이 아니라 영광의 어깨와 실상의 골격을 지니고 있어야 합니다.

그뿐만 아니라 갈라디아서 6장 5절은 이렇게 증거합니다.

- **각각 자기의 짐을 질 것이라**

서로 져주어야 하는 짐과 자신이 져야 할 짐은 같은 단어가 아닙니다. 앞에서 말씀드린 짐은 혼자서는 도저히 들기 힘든 무거운 짐입니다. 그러나 뒤의 짐은 혼자서도 충분히 들 수 있는 '짐꾸러미'를 의미합니다. 자기 짐을 지려 하지 않는 사람의 인생은 다른 사람에게 짐이 됩니다.

권면과 위로, 교제, 긍휼과 자비가 있어야 하고, 다툼과 허영의 거품을 빼야 하고, 겸손한 마음으로 다른 사람을 낮게 여겨서 자기 일을 돌아보고 다른 사람의 일도 돌아보아야 하는 것은 인간이 온전치 못하다는 증거입니다. 온전하다면 이런 것들이 전혀 필요 없을 것입니다. 온전치 못하

합당하게 생활하라

기 때문에 다른 이들과 함께 온전함을 향해 나아가는 것입니다.

대형 마트에 가면 균일가로 파는 옷들이 있습니다. 옷의 종류는 아주 다양하지만 한 가격밖에 없습니다. 그 옷들에는 눈에는 잘 띄지 않을지라도 미세한 하자가 있다는 의미입니다. 실밥이 터져 있을 수도 있고, 변색된 부분이 있을 수도 있고, 단추가 약간 이상하게 달려 있을 수도 있고, 지퍼가 잘 올려지지 않을 수도 있습니다. 아무리 찾아도 하자가 보이지 않으면 그 옷은 유행이 많이 지난 옷일 것입니다. 주인이 그 하자들을 일일이 알려주지는 않지만 알고서 사라는 의미입니다. 그리고 그런 코너에는 이런 조건도 함께 있습니다. '반품 불가, 교환 불가, 환불 불가.'

이것은 우리의 자화상과 같습니다. 우리 각자에게는 모두 하자가 있습니다. 없는 사람은 아무도 없습니다. 그렇기 때문에 우리는 서로 자기보다 다른 사람을 낮게 여겨야 합니다.


독일의 신학자 디트리히 본회퍼 목사는 이런 말을 했습니다. "크리스천 공동체의 실제 모습이 아닌 자기만의 환상을 선호하는 사람은 아무리 자신의 의도가 정직하고 진실하고 헌신적이라 하더라도 결국에는 크리스천 공동체를 파괴하고 만다."

대부분의 그리스도인은 자신이 생각하는 이상적인 교회의 모습을 갖고 신앙생활을 합니다. 그러나 상상 속에 존재하는 그런 완벽한 교회는 없습니다. 단지 부족한 사람들이 더 건강한 교회를 꿈꾸며 나아가는 것입니다. 자신의 생각이나 꿈을 교회 공동체보다 더 사랑하게 되면 그는 교회 공동체를 파괴하는 사람입니다. 사람에 대한 막연한 기대를 포기할 때 진정한 교제와 하나 됨이 시작됩니다.

고정희 시인의 〈사랑법 첫째〉라는 시입니다.

남을 낮게 여기고

■　그대 향한 내 기대 높으면 높을수록/ 그 기대보다 더 큰 돌덩이
매달아 놓습니다.
부질없는 내 기대 높이가 그대보다 더 높아서는 아니 되겠기에/
커다란 돌덩이를 매달아 놓습니다.
그대를 기대와 바꾸지 않기 위해서/ 기대 따라 행여 그대 잃지
않기 위해서
내 외롬 짓무른 밤일수록/ 제 설움 넘치는 밤일수록/ 크고 무거
운 돌덩이 하나 가슴 한복판에 매달아 놓습니다.

　그리스도의 복음에 합당하게 생활하여 하나 됨을 누리는 것은 '기대'가
아니라 '그대'입니다. 사랑은 '기대'가 아니라 '그대'입니다. '그대'에게 집
중하지 않고 '기대'에 집중하는 것은 사랑이 아니라 집착이요, 아집입니
다. 우리 교회가 기대보다 그대에게 집중함으로 자기보다 남을 낮게 여
기는 공동체가 되기를 소망합니다.

---

하나님 아버지!
우리가 실상이라고 생각했던 것이 허상이었고, 허상이라고 생
각했던 것이 실상이었음을 깨닫게 해주심을 감사합니다. 우리
는 눈에 보이는 것을 갖는 것이 행복이고, 내가 인정받는 것이
라고 생각해 거기에만 매달렸습니다. 그로 인해 우리의 겉사람
은 건강하게 보이게 되었지만, 속사람은 피골이 상접해 가고 있
음을 고백합니다.
우리에게 권면, 위로, 교제, 긍휼과 자비와 같은 것이 있어야 함

을 알고 있고, 마음을 같이하여 같은 사랑으로 한마음을 품어야 함도 잘 알고 있습니다. 하지만 편 나누는 것이 우리의 취미와 같고 허영은 우리의 특기와 같음도 인정하지 않을 수 없습니다. 그리고 낮아짐은 얼마나 싫어하는지요? 다른 사람이 나의 일을 돌보아 주는 것은 마땅하다 여기고, 내가 다른 사람의 일을 돌보아 줄 때는 싫어서 자기 일도 제대로 하지 못한다며 얼마나 미움의 눈길을 보냈는지 모릅니다. 우리의 허물을 용서하여 주옵소서.

나 자신이 하자 있는 인생임을 잊지 않게 하시고, 온전함으로 나아가기 위해 더욱 그리스도의 복음에 나를 맞춰 가게 하여 주옵소서. 가족들과 다른 사람들에게 기대를 사랑이라 착각하지 않게 하시고, 그대를 있는 그대로 수용할 줄 아는, 그런 하나님을 닮은 자녀가 되게 하여 주옵소서. 그리하여 나보다 남을 낮게 여기지 않고 낮게 여김을 통해 삶에 진리의 실상이 가득하게 하옵소서. 예수님 이름으로 기도드립니다.

아멘.

# 19

## 이 마음을 품으라

빌립보서 2장 5-11절

**US오픈(골프) 우승자 로리 매킬로이**

2011년 6월 19일, US오픈 골프대회 마지막 날 경기가 있었습니다. 그 대회의 주인공은 북아일랜드 출신의 약관弱冠을 갓 넘긴 스물두 살의 로리 매킬로이였습니다. 그는 US오픈 역대 최다 언더파 기록으로 챔피언에 등극했습니다. 2위와는 8타 차이였습니다. 보통 골프대회에서 1, 2위의 기록 차이가 1, 2타 정도임을 감안하면 그가 얼마나 잘 친 것인지 짐작할 수 있습니다. 또한 골프는 철저하게 자기와의 싸움이라고 하는데, 그 어린 선수가 경기 기간 4일 내내 평정심을 잃지 않고 그렇게 훌륭하게 경기를 치를 수 있었던 것도 참 대단하게 여겨졌습니다.

그의 우승 기사를 읽으면서 눈에 들어온 것은 그의 가족 이야기입니다.

그의 가정 형편은 골프를 칠 수 있을 만큼 여유롭지 않았습니다.

합당하게 생활하라

그는 북아일랜드의 수도 벨파스트에서 8킬로미터쯤 떨어진 홀리우드의 가난한 집에서 태어났습니다. 그의 가족은 낡은 공공 임대주택에서 살았고, 전역군인이었던 아버지 게리 매킬로이는 골프장 클럽하우스에서 손님들에게 칵테일을 만들어 주고 팁을 받아 근근이 살아가는 바텐더였습니다. 그러나 아버지 덕분에 로리는 골프를 일찍 접할 수 있었습니다. 집에서 아버지가 일하는 홀리우드 골프장까지는 180미터 정도였습니다. 아버지는 로리를 유모차에 태우고 매일 그곳을 드나들었습니다.

로리는 태어난 지 21개월 만에 아버지가 준 플라스틱 클럽으로 골프공을 치기 시작해 만 두 살이 지나서는 36미터 정도를 날렸습니다. 네 살 때는 지역방송에 나가 칩샷으로 골프공을 세탁기에 집어넣는 묘기를 보이기도 했습니다. 로리가 집 앞 마당에 작은 그린을 만들어 놓고 퍼트 연습을 하면 이웃 사람들이 하도 구경을 와서 그 부모는 아예 마당을 빙 둘러 2.4미터 높이의 담장을 세우기도 했습니다.

아들에게 본격적으로 골프를 가르치기 위해 아버지는 방 두 칸짜리 집을 담보로 대출도 받았지만 그것으로도 턱없이 부족했습니다. 그래서 밤낮으로 닥치는 대로 일을 했습니다. 오전에는 동네 스포츠센터에서 라커룸 청소를 했고, 오후에는 골프장에서, 밤에는 다시 럭비클럽 바에서 테이블을 닦았습니다. 소위 쓰리잡으로 일주일에 100시간씩 10년 동안 청소하는 일을 했습니다. 어머니도 3M 공장에서 야간에 테이프를 상자에 담는 일을 했습니다.

아버지가 아들에게 한 유일한 잔소리는 "잘난 척하지 마라!"였다고 합니다. 로리는 골프를 위해 영재교육을 받은 적도, 특별 과외를 받아 본 적도 없었습니다. 어린아이 때부터 아버지가 일했던 골프장의 코치에게 배운 것이 전부였습니다. 로리가 코치에게 배우지 못한 정신적인 부분은 모두 아버지에게 배운 것이었습니다. 아버지가 자기를 골프선수로 키우기 위해 집을 담보로 대출받은 것으로 모자라서 세 직장을 전전하며 일주일에 100시간씩 일했고, 어머니도 야간에 일을 해야 했던 그 마음을 로리가 깊이 이해한 것입니다. 마침 로리가 우승한 날은 미국의 '아버지의 날Father's day'이었습니다. 로리가 부모의 마음을 제대로 기억하는 한, 그는 누구보다 훌륭한 골프선수가 될 것입니다.

## 낮게 낮게 내려오셨기에

오늘 본문은 부모의 마음보다 더 중요하게 배워야 할 마음에 대해 소개합니다. 5절이 이렇게 증거합니다.

■  너희 안에 이 마음을 품으라 곧 그리스도 예수의 마음이니

우리가 배워야 하는 최고의 마음은 '그리스도 예수의 마음'입니다. '마음'은 '생각'을 뜻하는 말입니다. 그래서 우리의 생각이 그리스도의 생각과 같아야 하고, 우리의 태도가 그리스도의 태도와 같아야 한다는 의미입니다. 그래서 5절을 NIV영어성경은 이렇게 번역합니다. "당신의 태도가 그리스도 예수님의 것과 동일하게 하십시오"(Your attitude should

합당하게 생활하라

be the same as that of Christ Jesus). '태도'란 겉으로 나타나는 것이지만 실제는 속에서 시작하는 것입니다.

유명한 사람을 자신의 멘토나 롤모델로 삼을 수 있습니다. 그러나 그분의 속을 배우려 하지 않고 겉만 배우면 배우지 아니함만 못할 수 있습니다. 신앙에서는 더욱 그러합니다.

주님의 마음, 주님의 태도를 본받는 것은 거대한 업적으로 나타나지 않고, 버림으로 나타납니다. 지금 이 편지를 쓰고 있는 바울은 표면적으로는 되는 일이 하나도 없었습니다. 게다가 옥에 갇혀 있습니다. 죄수로 로마에 온 후부터 그의 삶은 옥살이의 연속이었습니다. 그러나 그는 진정으로 그리스도의 마음을 배운 사람이었습니다.

디모데후서는 '바울의 유언서', '바울의 신앙고백서'라고도 합니다. 디모데후서에서 가슴이 뭉클해지는 장면은 디모데에게 개인적인 부탁을 하는 마지막 장면입니다. 디모데후서 4장 9-13절이 이렇게 증거합니다.

■　　　너는 어서 속히 내게로 오라 데마는 이 세상을 사랑하여 나를 버리고 데살로니가로 갔고 그레스게는 갈라디아로, 디도는 달마디아로 갔고 누가만 나와 함께 있느니라 네가 올 때에 마가를 데리고 오라 그가 나의 일에 유익하니라 두기고는 에베소로 보내었노라 네가 올 때에 내가 드로아 가보의 집에 둔 겉옷을 가지고 오고 또 책은 특별히 가죽 종이에 쓴 것을 가져오라

바울의 투옥 기간이 길어지고 처형당하게 될 것이 점점 뚜렷해지자 그를 떠나는 사람이 있었습니다. 바울 역시 자신의 마지막이 얼마 남지 않

은 것을 알고 옥바라지했던 사람들을 다른 곳으로 보내기도 했습니다. 그러면서도 영적인 아들로 삼은 디모데에게는 자신에게 빨리 오기를 청하고 있습니다. 겨울이 다가오고 있었기에 드로아에 있는 가보Carpus의 집에 둔 겉옷을 갖고 오라고 부탁합니다. 가죽종이에 쓴 책도 갖고 오라고 합니다. 다메섹으로 가다가 부르심을 받아 전 생애를 사도로 살았던 바울에게 남은 것은 입던 외투 한 벌, 책 몇 권이 전부였습니다. 그것은 웅장한 예배당을 남긴 것보다 훨씬 강하게 다가옵니다. 그것은 주님의 마음을, 주님의 태도를 본받았기 때문입니다. 그래서 2천 년이 지난 지금도 바울은 그리스도의 마음과 태도를 본받은 표상表象으로 남아 있습니다.

바울이 그토록 본받기를 원했던 예수 그리스도가 어떤 분이신지는 6-11절이 잘 나타내 줍니다. 단 여섯 절밖에 되지 않지만 예수 그리스도에 대해 완벽하게 정리해 주고 있습니다. 그래서 이것이 초대교회의 신앙고백이 되었습니다. 6절이 이렇게 증거합니다.

■ 　　그는 근본 하나님의 본체시나 하나님과 동등됨을 취할 것으로
　　　여기지 아니하시고

예수님은 '하나님의 본체'라고 하십니다. 또한 7절에서 예수님은 '종의 형체'를 지니셨다고 합니다. 우리말로는 '본체'는 '속'이 연상되고, 형체는 '겉'이 연상됩니다. 그러나 이는 둘 다 같은 단어 '몰페morphē'입니다. '몰페'는 '본질을 담아 그것을 드러내는 틀'을 의미하는 말입니다. 사람들은 겉을 보고 겉이 전부라고 생각하기 쉽지만, 그 속이 그러하기 때문에 그것이 겉으로 드러나는 것입니다.

예를 들어, 배우가 드라마나 영화에서 '천재 의사'의 역할을 해야 한다

　　　　　　　　　　　　　　　　　合당하게 생활하라

면, 그는 그 역할에 대해 열심히 배울 것입니다. 병원을 찾아가서 한동안 의사의 일상을 따라 살아 볼 것이고, 의학용어도 익힐 것입니다. 가능하다면 수술실에 들어가서 수술 장면도 보려 할 것이고, 돼지와 같은 짐승으로 실습을 해볼지도 모르겠습니다. 하지만 드라마나 영화에서 그 역할을 탁월하게 잘 했다 하더라도 그가 진짜 의사인 것은 아닙니다. 자신의 배역을 잘 했다고 해서 실제 의사인 것처럼 수술하려고 하면 범죄자가 됨은 물론 타인의 생명을 위험에 빠뜨릴 것입니다. 배우는 의사의 본체, 몰페가 아니기 때문입니다.

실제로 천재 의사가 되려면, 어린 나이에 의대에 뛰어난 성적으로 입학하여 두각을 나타내며 졸업하고 다양한 임상경험을 해야 합니다. 특정 분야에 남다른 식견과 경험이 있어서 어린 나이임에도 세계에서 독보적인 존재가 되어야 '천재 의사의 본체(형체)—몰페'를 가진 것입니다. 겉은 물론 속도 의사이기 때문입니다.

예수님은 하나님의 흉내를 내거나, 겉만 하나님과 비슷한 것이 아니라 겉은 물론 속도 하나님과 동일하신 분이라는 의미가 '근본 하나님의 본체'입니다. 그럼에도 예수님은 하나님과 동등함을 당연하게 여기지 않으셨습니다. '취할 것'으로 번역된 '하르파그모스harpagmos'는 '빼앗길 수 없는 권리, 마땅하게 누릴 수 있는 권리'를 뜻합니다. 그러나 주님은 그것을 사람들을 구원하시기 위해 누리지 아니하셨습니다. 계속해서 7절이 이렇게 증거합니다.


■　　　오히려 자기를 비워 종의 형체를 가지사 사람들과 같이 되셨고


하나님 자체이신 분이 스스로 비워서 사람이 되셨다고 합니다. 사람의

모습을 취하신 것이 아니라 실제로 사람이 되셨습니다.

바울의 사역 당시 영지주의가 횡행했습니다. 영지주의자들은 영은 선하고 물질은 악하다고 생각했습니다. 이 사상이 교회 안에도 스며들어 사람들은 예수님께서 사람이 되신 것을 부인했습니다. 그렇게 선하고 완전하신 분이 악하고 불완전한 인간이 되실 리가 없다고 생각한 것입니다. 제가 자랐던 교회에 한 권사님께서 기도하실 때 예수님에 대하여 종종 이런 문구를 사용하셨습니다. "높고 높은 보좌에서 낮고 낮은 이 땅에 인간의 탈을 쓰고 오셔서……." 이것이 바로 영지주의자들이 주장하던 것이었습니다. 예수님께서는 인간의 탈을 쓰고 오신 것이 아니라 진짜 인간이 되셨습니다.

또한 하나님이신 예수님께서는 사람이 되기 위해 자신을 완전히 비우셨습니다.

몇 해 전에 《내려놓음》이라는 책이 기독교계에 베스트셀러가 된 적이 있습니다. 저자는 1년 6개월 후 그 후편을 냈는데 책 제목이 '더 내려놓음'입니다. 그렇다고 해서 그분이 100퍼센트 다 내려놓았겠습니까? 아닐 것입니다. 그분만이 아니라 모든 인간이 그러합니다. 정치인들이 마음을 비우고 백의종군白衣從軍하겠다고 합니다. 그러나 그것을 믿는 사람은 아무도 없습니다. 인간은 그럴 수 있는 존재가 아니기 때문입니다.

우리도 예외가 아닙니다. 욕심을 내려놓겠다고, 양보하며 살겠노라고 얼마나 많이 결심합니까? 그러나 그것을 완전히 이룬 사람을 단 한 번도 본 적이 없습니다. 인간이 100퍼센트 자기를 비우는 것은 불가능합니다.

영원하신 성자 하나님이 유한한 인간이 되심을 우리는 알지 못합니다.

합당하게 생활하라

아무리 알려고 해도 그것은 우리의 이해력을 초월하는 일입니다.

이재철 목사님의 책 《사도행전 속으로》의 별책 부록에 '고이는 물, 흐르는 사랑'이 있습니다. 이재철 목사님의 설교에 나오는 인용문을 모은 것입니다. 그중에 아폴로 15호 조종사 제임스 어윈의 다음과 같은 말이 인용되어 있습니다.

"달 위에 두 발을 딛고 선 후, 끝없이 펼쳐진 저 광활하고 거대한 우주가 단 하나의 질서 속에 존재하고 있는 것을 보면서 하나님의 살아 계심을 더욱 더 확신하지 않을 수 없었습니다. 사람들은 지금쯤 인간이 달 위를 걷고 있다고 또 다시 대서특필하고 있을 것입니다. 그러나 2천 년 전 예수 그리스도께서 지구에 오셔서 지구 위를 걸으셨다는 것은 이보다 더 큰 사건임을 나는 지금 달 위에서 통감하고 있습니다."

우주에서 달은 얼마나 작습니까? 빛의 속도로 달까지는 불과 1.2초밖에 걸리지 않습니다. 우주의 끝은 빛의 속도로 200억 년을 가도 다다르지 않는다고 합니다. 어윈의 말처럼 인간이 달에 간 것을 대단하게 여기지만, 그리스도께서 이 지구로 오신 것에 비하면 정말 아무것도 아닙니다.

우주의 끝이 '서울에서 미국 LA'라고 한다면 달까지는 아마 '한 걸음' 아니, '한 뼘'도 되지 않을 것입니다. 그 우주를 만드신 성자 하나님이 인간이 되셨다는 것을 인간이 어떻게 이해할 수 있겠습니까? 다시 7절입니다.


■　　　오히려 자기를 비워 종의 형체를 가지사 사람들과 같이 되셨고


예수님은 종으로 오셔서 사람들과 같이 되셨다고 하는데, 누구를 섬기는 종이 되신 것입니까? 예수님은 인간과 하나님을 섬기는 종이 되기 위

해 오셨습니다.

예수님께서 인간의 종이 되셨다는 것은 인간들의 삶을 종의 삶으로 보는 것입니다. 본래 인간은 존귀하게 지어졌습니다. 하나님께서는 사람을 창조하시고 모든 피조세계를 다스리도록 하셨습니다. 거의 하나님 버금가는 수준이었습니다. 시편 8편 4-9절이 이렇게 증거합니다.

■　　사람이 무엇이기에 주께서 그를 생각하시며 인자가 무엇이기에 주께서 그를 돌보시나이까 그를 하나님보다 조금 못하게 하시고 영화와 존귀로 관을 씌우셨나이다 주의 손으로 만드신 것을 다스리게 하시고 만물을 그의 발 아래 두셨으니 곧 모든 소와 양과 들짐승이며 공중의 새와 바다의 물고기와 바닷길에 다니는 것이니이다 여호와 우리 주여 주의 이름이 온 땅에 어찌 그리 아름다운지요

하나님께서는 인간을 '하나님보다 조금 못하게' 지으셨습니다. 이것이 본래 인간의 자리였습니다. 그런데 인간은 그 자리에 만족하지 않고, 하나님과 동등한 자리로 가려고 했습니다. 뱀의 유혹을 받아서 선악을 알게 하는 나무의 열매를 먹고, 위임된 주권에서 단독적 주권을 차지하려고 했습니다. 그래서 인간은 죄의 종이 되었습니다. 신앙은 누구의 말에 순종할 것인지의 싸움이고, 우리는 우리가 듣고 순종하는 것의 종이 됩니다.

아담과 하와의 범죄 이후 인간에겐 좌절과 절망, 슬픔과 고난이 들어오고, 뜻대로 되지 않는 것이 너무 많아지게 되었습니다. 그런 우리의 삶에 마침표를 찍어 주시기 위해 예수님께서 인간의 몸으로, 종으로 오셔서 우리를 섬겨 주시는 것입니다. 또한 예수님은 하나님의 종이 되시고,

합당하게 생활하라

하나님의 뜻을 이행하기 위해 이 땅에 오셨습니다. 이사야 53장을 '종의 노래'라고 하는데, 1–6절이 이렇게 증거합니다.

■ 우리가 전한 것을 누가 믿었느냐 여호와의 팔이 누구에게 나타났느냐 그는 주 앞에서 자라나기를 연한 순 같고 마른 땅에서 나온 뿌리 같아서 고운 모양도 없고 풍채도 없은즉 우리가 보기에 흠모할 만한 아름다운 것이 없도다 그는 멸시를 받아 사람들에게 버림받았으며 간고를 많이 겪었으며 질고를 아는 자라 마치 사람들이 그에게서 얼굴을 가리는 것같이 멸시를 당하였고 우리도 그를 귀히 여기지 아니하였도다 그는 실로 우리의 질고를 지고 우리의 슬픔을 당하였거늘 우리는 생각하기를 그는 징벌을 받아 하나님께 맞으며 고난을 당한다 하였노라 그가 찔림은 우리의 허물 때문이요 그가 상함은 우리의 죄악 때문이라 그가 징계를 받으므로 우리는 평화를 누리고 그가 채찍에 맞으므로 우리는 나음을 받았도다 우리는 다 양 같아서 그릇 행하여 각기 제 길로 갔거늘 여호와께서는 우리 모두의 죄악을 그에게 담당시키셨도다

예수님의 외형적인 모습에는 하나님의 아들이라고 인정할 만한 것이 아무것도 없었습니다. 그래서 오늘날의 모습으로 그려보면 키는 160센티미터도 되지 않고, 길에서 한번 만나면 다음에는 다시 만나고 싶지 않을 듯한 외모를 지녔고, 가진 것이 아무것도 없어 이 장, 저 장을 돌아다니며 칼을 갈아 주고, 우산 수선해 주는 일을 했고, 학교는 초등학교 1~2학년을 다니다 말았고, 몸은 약해서 늘 병을 달고 살았고, 그래서 몸무게

는 50킬로그램도 안 될 정도였습니다. 그래서 주님을 본 사람은 업신여길 수밖에 없는 외모를 지녔습니다. 게다가 투박한 갈릴리 사투리를 쓰셨습니다. 그래서 예수님의 얼굴을 귀공자처럼 그린 성화는 거의 다 잘못 그린 것입니다.

그런 분이 하나님의 아들이라고 하시고, 구원자라고 하시니까 당시 제사장들이나 바리새인들은 물론 일반 사람들도 받아들이기가 정말 힘들었을 것입니다.

'아무런 흠모할 만한 것이 없는 예수님'을 생각하면 기억에 떠오르는 분이 있습니다. 제가 자라던 교회에서 교육전도사로 섬겼던 분입니다. 제가 자란 교회는 주일에 장년 교우님들이 120명 정도 모이는 크지 않은 교회였습니다. 게다가 재정도 넉넉하지 않았습니다. 그래서 담임목사님 외에 여러 명의 교역자를 둘 형편도 안 되었습니다. 한 명의 교육전도사가 초등학생들과 중고등부를 맡거나 중고등부와 청년부를 맡곤 했습니다. 당시 교회가 주는 신수비薪水費도 적었기 때문에 연초에 온 전도사는 연말에 거의 떠났습니다.

제가 대학 시절, 한 교육전도사가 부임했습니다. 표현하기가 좀 죄송한데, 보잘 것 없는 외모를 지닌 분이었습니다. 키도 저보다 작고, 목소리도 좀 경박스럽게 들렸고, 논리 없는 말을 자주 내뱉곤 하셨습니다. 사실 그분이 고등학교를 나왔는지도 잘 모르겠습니다. 중학교를 졸업하고 고등성경학교를 나온 후 신학교를 다녔던 분으로 기억됩니다.

그분이 중고등부와 청년부를 맡았는데, 당시 제가 중고등부 교사였고, 청년부 회장이었습니다. 중고등부 예배 시간에 그분이 전하는 설교를 이해하려면 많이 정리해서 들어야 했습니다. 그러니 학생들이나 교사들도

합당하게 생활하라

좋아하지 않았고, 따돌리기까지 했습니다.

당시 청년부 모임이 주일 저녁에 있었는데, 그때는 더 알아들을 수 없는 말을 많이 했습니다. 그분이 성경에 대해 무슨 말을 하고 나면 청년들이 제 얼굴을 쳐다보았습니다. 그 말이 맞는지 확인하는 것이었습니다. 제가 다시 바르게 설명하면 그분의 체면이 서지 않았고, 입을 닫고 있으면 답답했던 경험이 거의 매주 있었습니다.

그러던 어느 날, 그분이 제게 부탁했습니다. 얼마 있으면 신학교에서 영어 시험을 보는데 영어를 좀 가르쳐 줄 수 있느냐는 것이었습니다. 신학교이니 영어수업 교재가 성경이었습니다. 시험 범위는 요한복음 3-4장이고, 역본은 영어성경 중에서 가장 쉽다는 'Good News Bible'이었습니다. 그런데 그분이 얼마나 영어를 모르던지 처음에는 갑갑하다가, 그다음에는 화가 나다가 나중에는 불쌍하게 여겨지기까지 했습니다.

지금은 그분이 목사 안수를 받았는지 모르겠습니다. 당시 지방에서 신학교를 졸업한 사람은 서울에서 '목회연구과정'을 2년 더 이수해야 목사고시 응시 자격이 주어졌는데, 목회연구과정 시험에 계속 떨어졌습니다. 그분은 제가 대학 다닐 때부터 시험을 보았는데, 제가 신대원 과정 3년을 졸업할 때까지 합격하지 못했습니다.

그러나 그분은 하나님께서 자신을 부르셨다는 소명만큼은 누구보다도 분명했습니다. 자신은 하나님께서 원하시는 곳이라면 농촌이든, 어촌이든 어디라도 달려가겠다고 했습니다. 자기가 모자란다는 것도 알고 있고, 그렇게 모자람에도 하나님께서 불러 주셨기 때문에 무슨 일이든 순종할 거라고 했습니다.

해마다 사순절 기간이 되면 그분이 생각납니다. 그분은 "당신은 아니야"라며 제가 ×표 쳐놓은 사람이었습니다. 저의 철없는 생각이 이랬습니다. "당신은 머리가 똑똑한 것도 아니고, 재능이 뛰어난 것도 아니고, 인격이 좋은 것도 아니고, 성경을 잘 가르치는 것도 아닌데 무엇으로 목회를 하겠다는 말입니까?"

당시 저는 하나님께서 그분을 부르셨다는 것을 생각하지 못했습니다. 하나님께서 쓰시겠다고 하면 어떤 사람도 들어서 쓸 수 있다는 생각을 하지 않고 인간적으로만 생각한 것을 후에 참 많이 회개했습니다.


주님이 바로 이런 대접을 받던 분이셨습니다. "네가 목수의 아들이 아니냐? 그렇게 출신이 천한데 무슨 하나님의 말씀이냐?"고 무시하고 예수님을 잘 알지 못했던 사람들은 물론 친척들마저도 예수님을 미쳤다고 하며 잡으러 온 적도 있습니다.

이왕 오실 바에는 왕족은 아니어도 아리마대 요셉 같은 집안에다, 학벌도 바울 정도는 되고, 아주 세련되게 생겨서 누가 봐도 금방 알아차릴 수 있는 모습으로 오시지……. 그러나 주님은 그렇게 초라한 모습으로 오시고, 그렇게 고통의 길을 가셨습니다. 그것이 하나님께서 예수님에게 맡기신 종의 길이었기 때문입니다.

예수님은 종의 형체로 오셨기에 우리가 겪는 아픔과 고난을 겪지 않은 것이 없습니다. 주님은 남의 마구간에서 태어나 구유에 누우셨습니다. 그래서 가난한 사람의 마음을 아십니다. 또한 예수님의 직업이 목수였습니다. 그래서 현대인의 고달픈 직장생활에 대해서도 아십니다. 예수님도 피곤에 지치셔서 태풍이 치는 배 위에서도 깊은 잠이 드신 경험이 있기 때문에 우리 인생의 피곤함을 아십니다.

예수님은 머리 둘 곳이 없어서 늘 산에서 철야기도를 하셨기에 집 없는 사람의 설움도 아십니다. 또한 주님도 우셨기에 깊은 밤 잠 못 이루고 배

　　　　　　　　　　　합당하게 생활하라

우자도 자녀도 부모도 모르게 흘리는 눈물을 닦아 주십니다. 십자가에서 온몸이 마비되는 경험을 하셨기에 장애인의 마음도 아시고, 인생이 못이 박힌 것 같아서 아무것도 할 수 없고 오직 하늘만 바라보는 이를 위로해 주십니다. 이것이 종의 자리까지 내려오신 분의 모습입니다.

주님은 우리의 의로움 때문이 아니라 우리의 죄 때문에, 우리가 당해야할 형벌 때문에, 우리가 감추고 싶은 수치 때문에 종으로 오셔서 십자가를 지셨습니다. 우리의 신앙은 이런 주님을 본받는 것입니다. 종교적인 형식을 배워 가는 것으로 결코 만족할 수 없습니다. 이 주님을 인격적으로 만나면 우리는 결코 대충대충 신앙생활 할 수 없습니다.


로리 매킬로이의 부모는 아들을 골프선수로 만들기 위해 세 곳의 직장을 다니는 것을 감내했고, 야간에 일하는 것도 마다하지 않았습니다. 로리는 그런 부모의 마음을 가슴에 새겨 열심히 골프를 쳤다고 합니다. 그래서 골프를 시작한 지 10년 만에 부모에게 60만 달러짜리 집을 선물했고, 2009년에만 상금으로 56억 원을 벌었다고 합니다.

로리 매킬로이의 부모가 아들을 위하는 것보다 주님께서 더 우리를 위하지 않으셨습니까? 우리에게 영생을 주시기 위해 영원하신 분이 유한 속으로 들어오시고, 그것도 세상에서 가장 낮은 자까지 받아 주시기 위해 그 사람보다 더 낮은 자리까지 가셨습니다. 이 사실을 우리가 진심으로 믿는다면 우리는 주님을 위해 어떻게 살아야 할까요? 하나님께서 우리에게 말씀하십니다. "너희 안에 이 마음을 품으라 곧 그리스도 예수의 마음이니."

하나님 아버지!

영원하신 하나님과 동등하신 분이 유한한 인간을 위해 인간의 몸으로 이 땅에 오셨다는 것이 잘 상상이 되지 않습니다. 방 한 칸 없어 짐승의 밥통에 태어나실 수밖에 없던 것도 이해가 되지 않습니다. 의인이 아닌 죄인을 살리기 위해 조롱과 모멸, 채찍에 맞으심과 참혹한 십자가의 죽임을 당하심도 우리 이해력의 한계 너머에 있음을 고백합니다. 그러나 주님의 그 낮아지심은 우리, 아니, 바로 나를 살리기 위함이었음을 감사합니다.

그렇게 낮게 낮게 내려오셨기 때문에 우리가 남몰래 흘리는 눈물도 아시고, 혼자서 감당하지 못할 문제로 잠 못 이루는 것도 아시고, 오해와 편견으로 인한 상처로 어려워하는 것을 알아 주시는 것이 얼마나 소망과 용기가 되는지요!

그 주님의 마음을 잘 배우게 하옵소서. 주님의 태도를 배우고, 주님의 정신을 배우게 하여 주옵소서. 그리하여 주님께서 내 눈에 흐르는 눈물을 닦아 주셨던 것처럼 우리도 다른 사람의 눈물을 닦아 줄 줄 알게 하시고, 함께 울어 줄 줄 아는 자녀가 되게 하여 주옵소서. 연약함과 어찌할 수 없는 상황에서 힘들어하는 사람의 문제를 해결해 줄 능력은 우리에게 없지만 하나님께 두 손을 모으는, 그런 자녀가 되게 하여 주옵소서.

세상에서 더 높아지려 하고, 더 많이 가지려고 발버둥치기보다, 하나님의 능하신 손 아래에서 겸손히 행하는 자녀가 되게 하옵소서. 예수님의 이름으로 기도드립니다.

아멘.

합당하게 생활하라

# 20 이러므로 하나님이

100주년기념교회 창립 6주년 기념주일

빌립보서 2장 5-11절

에스더서

성경 에스더서에는 하나님의 신비한 인도하심이 잘 나타나 있습니다. 그럼에도 에스더서에는 '하나님', '주님'이라는 말이 단 한 번도 나오지 않습니다. 에스더서가 하나님 말씀임에도 '하나님'이라는 말이 한 번도 나오지 않는 것이 정말 신기한 일입니다. 그것만이 아닙니다. 율법, 언약, 성전과 같은 신앙적인 용어도 한 번도 나오지 않습니다. 오히려 '페르시아 왕'을 가리키는 말은 총 167절 중에 무려 190번이나 나옵니다. 그럼에도 에스더서에는 하나님의 신비한 손길로 가득합니다.

에스더서를 머릿속에서 그려 보십시오. 인도에서 에티오피아까지 광활한 지역을 다스렸던 페르시아의 왕 아하수에로는 자신이 등극登極한 것을 기념해서 페르시아의 장군들과 귀족들, 지방 총독들을 모두 왕궁으로 초대해서 잔치를 열었습니다. 그 잔치는 무려 6개월 동안이나 계속되었습니다. 그 잔치가 끝나자 수도 수산 성에 사는 사람들을 불러서 또 일주일 동안 잔치를 베풀었습니다. 그 잔치의 마무리 시점에 왕은 왕후 와스디의 아름다움을 자랑하기 위해 그를 초대했지만 그는 나오지 않았습니다. 당시에는 왕후라 할지라도 왕의 말을 거부하는 것은 있을 수 없는 일이었음에도 왕후는 나타나지 않았습니다. 성경은 그 이유를 아무것도 말하지 않습니다. 그래서 와스디는 폐위되고 말았습니다. 만약 와스디 왕후가 나왔다면 에스더는 간택될 수 없었을 것입니다. 사실 에스더가 왕후가 된 것도 신비한 일입니다. 원칙적으로 페르시아의 왕후는 귀족의 딸만이 될 수 있었습니다. 그러나 에스더는 도저히 왕후가 될 자격이 없는 포로민의 자녀에다 고아였습니다.

에스더의 사촌오빠 모르드개가 왕의 시해 음모를 미리 알고 알려 막았습니다. 그 내용이 궁중일기에는 기록되었지만 그는 아무런 보상을 받지 못했습니다. 그러나 그것이 이스라엘 자손을 살리는 계기가 되었습니다. 하만이 이스라엘 자손들을 몰살시키려는 계획을 실행에 옮기고 있을 때, 왕은 잠이 오지 않아서 궁중일기를 읽었습니다. 잠이 오지 않으면 산책을 할 수도 있었을 것이고, 최측근의 신하들을 불러서 술을 먹을 수도 있었을 것입니다. 그런데 그때 궁중일기를, 그것도 모르드개가 공적을 세운 부분을 읽었습니다.

당시 페르시아에서는 왕이 부르지 않을 경우 왕후라도 함부로 왕에게 나아가면 죽임을 당할 수 있었습니다. 잔치에 나오지 않았다고 왕후를 폐위했던 그가 한 달 만에 나아온 에스더에게, 그

합당하게 생활하라

것도 왕이 부르지 않았음에도 왕에게 나아온 에스더에게 '나라의 절반이라도 주겠다'고 호의를 보인 것은 하나님께서 아하수에로의 마음을 감동시킨 결과라고 볼 수밖에 없습니다.

또 이스라엘 자손들을 죽이려고 했던 하만이 자기가 만든 나무에 달려 죽은 것은 하나님의 뜻을 거역하는 자는 반드시 죽음을 초래한다는 것을 알리기 위한 하나님의 섭리라고밖에 설명할 길이 없습니다.

그래서 페르시아 왕은 자기가 내린 조서를 스스로 바꾸었습니다. 운동경기에서 심판이 내린 판정도, 그것이 비록 오심이었다 할지라도 바꾸기란 참 어렵습니다. 그런데 당시 절대 권력을 가진 왕이 자기가 내린 조서의 내용을 바꾼 것입니다. 이것은 이스라엘 자손들이 비록 이방 땅에 살고 있어도 하나님께서 자기 백성을 지키신다는 것을 가장 잘 보여 주는 예입니다.

하만과 에스더와 모르드개를 포함한 이스라엘 자손의 이야기는 하나님께서 자기를 높이려는 사람은 얼마나 많이 낮출 수 있는지, 또한 자기를 낮추는 사람은 얼마나 높여 주시는지를 보여 주는 교과서와 같습니다.

### 요셉의 생애

하만과 정반대의 그림을 보여 주는 사람이 야곱의 열한 번째 아들 요셉입니다.

요셉은 열일곱 살 때 형들의 모함에 의해 애굽에 종으로 팔려갔습니다. 그리고 13년 동안 노예생활과 옥살이를 치렀습니다. 요셉이 그 기간을 미리 알고 있었다면 몰라도, 몰랐기 때문에 더 힘들었을 것입니다. 하나님께서 고등학교 2학년 학생에게 "네가 8년 동안 종살이를 하고, 5년 동안 옥살이를 하면 너를 대한민국 국무총리로 만들어 줄게"라고 하신다면 아마 대부분이 그렇게 하겠다고 하고, 그 삶을 감내해 낼 것입니다. 그러나 요셉은 그렇지 않았습니다. 당시 노예의 삶은 몇 개월 또는 몇 년으로 끝나는 것이 아니었습니다. 한 번 노예는 평생 노예였을 뿐만 아니라 그 자녀들도 노예가 되었습니다. 옥살이도 징역 몇 년이라고 형이 정해지지 않았습니다. 시간이 지나서 특사特赦로 풀려나지 않으면 사형당하는 것이었습니다. 그러니 요셉의 삶은 고달프기 그지없었을 것입니다.

그렇게 암흑의 터널을 걷는 것과 같은 13년의 세월이 지났을 때, 요셉은 당시 세계 최대 제국이던 애굽의 총리가 되었습니다. 요셉을 그 자리에 앉게 만들어 준 것은 바로 왕이 꾸었던 꿈이었습니다. 바로 왕은 흉측하고 야윈 암소 일곱 마리가 잘생기고 살찐 암소 일곱 마리를 잡아먹는 꿈과, 야위고 마른 이삭 일곱 개가 토실토실하게 잘 여문 이삭 일곱 개를 삼키는 꿈을 꾸었습니다. 이 꿈의 해석이 요셉을 애굽의 총리로 만들어 주었습니다. 하나님은 대부분의 사람들이 거의 매일 꾸는 작고 보잘것없는 것처럼 보이는 꿈과 같은 것을 통해서도 한 인생을 완전히 바꾸실 수 있는 분이십니다.

요셉의 삶에 대해 창세기 41장 50절이 이렇게 증거합니다.

흉년이 들기 전에 요셉에게 두 아들이 나되 곧 온의 제사장 보디베라의 딸 아스낫이 그에게서 낳은지라

합당하게 생활하라

바로 왕이 꾸었던 꿈의 해몽은 7년의 풍년과 7년의 흉년이 이어질 터인데, 7년의 풍년 때 7년의 흉년을 잘 대비해야 한다는 것이었습니다.

요셉은 애굽의 총리가 된 후 결혼했습니다. 흉년이 들기 전에 결혼했다는 것으로 보아 7년의 풍년 기간 중에 결혼한 것으로 보입니다. 그러니까 이때는 요셉의 생애에서 최고의 날을 구가하던 시절이었습니다. 그에게는 권력도 있었고, 명예도 있었고, 재물도 있었습니다. 세상적으로는 무엇 하나 부러울 것이 없는 것처럼 보입니다. 그때 요셉의 첫 아들이 태어났습니다. 창세기 41장 51절이 이렇게 증거합니다.

> 요셉이 그의 장남의 이름을 므낫세라 하였으니 하나님이 내게 내 모든 고난과 내 아버지의 온 집 일을 잊어버리게 하셨다 함이요

요셉은 장남의 이름을 '므낫세'라고 지었습니다. 므낫세의 뜻은 '잊어버림'입니다. 사실 요셉이 과거의 고통스러운 순간들을 얼마나 잊고 싶었겠습니까? 악몽 같은 과거를 지울 수 있다면 지우고 싶었을 것입니다. 그런데 이 이름은 요셉이 종살이나 옥살이 중에 결혼해서 낳은 아들의 이름이 아니라 이미 그 과정이 다 지나고 총리가 되었을 때 아들을 낳아서 지은 이름입니다. 종살이나 옥살이 할 때 낳은 아들의 이름이라면 한이 많이 맺힌 이름이었을 것입니다. 제가 요셉이라면 아들 이름을 '정기억상실', '정지우개'로 짓는 것과 비슷할 것입니다. 그러나 요셉이 지금은

총리로 있음에도 장남의 이름을 이렇게 지었다는 것은 자신의 과거를 잊어버리고 말겠다는 결심의 표현이 아니라 하나님께서 그 과거를 잊게 해주시더라는 신앙의 표현입니다. 자신의 지난 13년의 삶이 그러했던 것은 다 의미가 있었고, 하나님의 인도하심 속에 있는 일이었음을 고백하는 것입니다.

그래서 요셉은 둘째 아들을 낳아서 이렇게 이름을 지었습니다. 창세기 41장 52절이 이렇게 증거합니다.

차남의 이름을 에브라임이라 하였으니 하나님이 나를 내가 수고한 땅에서 번성하게 하셨다 함이었더라

'에브라임'은 '창성昌盛함'이라는 뜻입니다. 이 말의 문자적 의미는 '갑절로 열매를 맺다'입니다. 내가 노력한 것은 100인데, 누리는 것은 200이라는 의미입니다. 하나님께서 그렇게 해주시는 분이시라고 고백하는 것입니다.

후에 요셉은 형들이 곡식을 사러 오는 것을 보고서야 자신이 애굽으로 팔리고, 종살이와 옥살이를 겪은 후 애굽의 총리가 된 것이 의미가 있다는 사실을 알게 되었습니다. 형들은 이기심과 질투심에서 자신을 팔았지만 그 모든 것이 하나님의 계획 속에 있다는 사실을 비로소 깨닫게 된 것입니다. 시편 105편 16-19절은 요셉의 삶에 대해 이렇게 증거합니다.

그가 또 그 땅에 기근이 들게 하사 그들이 의지하고 있는 양식을 다 끊으셨도다 그가 한 사람을 앞서 보내셨음이여 요셉이 종

　　　　　　　　합당하게 생활하라

으로 팔렸도다 그의 발은 차꼬를 차고 그의 몸은 쇠사슬에 매였으니 곧 여호와의 말씀이 응할 때까지라 그의 말씀이 그를 단련하였도다

하나님께서 요셉을 신분적으로는 낮고 낮은 자리까지 가게 하셨는데, 그것은 그가 입었던 옷이 잘 설명해 줍니다. 요셉은 아버지가 사랑의 증표로 입혀 준 '채색옷'을 입고 살았습니다. 그런데 어느 순간 '노예복'을 입게 되었고, '죄수복'을 입는 자리까지 내려가게 되었습니다. 그러나 마침내 하나님께서는 요셉에게 '총리의 옷'을 입게 하셨습니다.

또한 하나님께서는 요셉을 시간적으로는 '여호와의 말씀이 응할 때까지' 기다리게 하셨습니다. 요셉은 애굽으로 팔려가 총리가 되기까지 13년과 풍년의 기간 7년이 지나고 흉년의 기간 2년째에 비로소 가족을 만날 수 있었습니다. 우리 삶에도 '여호와의 말씀이 응할 때'는 하나님께서 정하십니다. 인생살이 가운데 '하나님께서 지금 당장 역사하여 주시는 것이 틀림없이 맞는데, 왜 역사해 주지 않으시는가' 하고 의심이 들 때가 있습니다. 요셉에게도 그런 때가 있었습니다.

바로 왕의 꿈을 해석해 주기 2년 전에 술 맡은 관원장과 떡 맡은 관원장의 꿈을 해석해 준 일이 있습니다. 요셉은 술 맡은 관원장에게 해몽해 주고서 "당신이 복직되면 저를 기억해 주시고, 바로 왕에게 저의 사정을 말씀드려서 이 감옥에서 풀려나게 해 주십시오. 저는 이런 감옥에 들어올 만한 일을 하지 않았습니다"라고 간곡하게 부탁했습니다. 그러나 술 맡은 관원장은 요셉

을 말하지 않았습니다. 아니, 요셉을 잊었고, 그의 말을 대수롭
지 않게 생각했습니다. 그래서 2년이 지난 뒤 바로 왕이 자신이
꾼 꿈을 신하들에게 이야기하고, 그 꿈을 해석할 수 있는 사람
이 아무도 없을 때 비로소 술 맡은 관원장은 요셉과 그의 말을
떠올렸습니다. 만약 2년 전에 술 맡은 관원장이 바로 왕에게 요
셉을 잘 말씀드려서 요셉이 풀려나게 되었다면, 그는 집으로 돌
아갈 수 있었을 것입니다. 그렇게 되었다면 이 흉년을 넘을 수
없었을 것이고, 야곱의 가족이 애굽으로 이주하는 일도 없을 것
이고, 사백 수십 년이 지난 후 이스라엘 자손들이 출애굽하는
일도 없었을 것입니다.

우리의 삶과 가정에 하나님께서 역사해 주시기를 그토록 간절
하게 기다림에도 아직 하나님의 손길이 보이지 않으십니까? 그
기다림의 끝은 하나님께서 정하고 계십니다. 때로는 하나님의
맷돌이 너무 천천히 돌아가는 것처럼 보입니다. 그러나 그렇기
때문에 아주 고운 가루가 됩니다. 하나님을 기다리면 반드시 하
나님께서 매듭을 지으실 때가 있습니다. 그 매듭은 어떤 인간의
매듭보다도 아름답고, 거룩하고, 풍성합니다.

스스로 높아지려는 사람은 낮아질 수밖에 없고, 하나님의 낮추
심을 묵묵히 감당하는 사람은 하나님께서 높여 주십니다.


## 삶의 영원한 전원電源

지난주에는 우리가 품고 배워야 할 그리스도 예수님의 마음에
대해 나누었습니다. 그리스도 예수께서는 창조주 하나님 그 자체이셨습

　　　　　　　　　　　　　合당하게 생활하라

니다. 그 그리스도 예수께서 하나님 됨을 누리지 아니하시고 인간이 되어 오셨습니다. 그것도 세상에서 가장 낮은 자의 신분으로 오셨습니다. 종으로 오실 예수님에 대해 예언한 이사야서 53장에서는 이런 용어를 사용합니다. '고운 모양도 없고', '풍채도 없고', '멸시를 받고', '귀히 여김을 받지도 않고', '곤욕과 심문을 당하고', '괴로울 때에도 입을 열지 아니하고', '범죄자 중 하나로 헤아림을 받고'입니다. 실제로 이와 꼭 같은 모습으로 33년을 사셨습니다.

종으로 오신 예수님을 묵상하다가 과거에 코미디언 이주일 씨가 부른 〈못생겨서 죄송합니다〉라는 노래가 생각났습니다. 가사가 이렇습니다.

1. 얼굴이 못생겨서 죄송합니다./ 얼굴이 잘났으면 앞줄에 섰을 텐데/ 풍채라도 좋았으면 어깨라도 폈을 텐데/ 그래도 남자라고 울지도 못하고/ 가슴에 쌓인 한을 풀기 위해서/ 이제는 조용히 조용히/ 뭔가 보여주고 싶습니다./ 뭔가 보여주고 싶습니다.
2. 얼굴이 못생겨서 죄송합니다./ 아무리 뜯어봐도 이렇습니다./ 지나온 세월은 마음이 아팠습니다./ 그래도 남자라고 울지도 못하고/ 가슴에 쌓인 한을 풀기 위해서/ 이제는 조용히 조용히/ 뭔가 보여주고 싶습니다./ 뭔가 보여주고 싶습니다.

소위 '얼짱'의 원조는 예수님입니다. 코미디언은 웃음만 보여 줘도 박수를 받지만, 예수 그리스도께서는 정말로 뭔가를 보여 주시기 위해 오셨습니다. 주님께서는 우리에게 영원한 생명을 주셨지만, 사람들은 예수님을 '웃음거리' 정도로만 여겼습니다.

사람들은 예수님의 십자가의 죽으심도 '웃음거리'로 여겼지만 하나님께서 그 예수 그리스도를 어떻게 하셨는지를 오늘 본문이 잘 설명하고 있습니다. 9절이 이렇게 증거합니다.

■   이러므로 하나님이 그를 지극히 높여 모든 이름 위에 뛰어난 이름을 주사

스스로 낮아지신 예수님을 하나님이 다시 높이셨습니다. 이것이 하나님의 법칙입니다. 세상의 법칙은 자기를 포장하고, 과시하고, 다른 사람의 것을 자기 것으로 만들고, 조금이라도 자기가 더 나은 모습을 보여 주어야 높아진다고 생각합니다. 그러나 이것은 하나님께서 본래 만드신 것이 아니라 타락한 사람들이 만든 질서입니다.

그래서 진품은 아니어도 모양이 같은 짝퉁이라도 들고 있어야 자기가 높아진다고 생각합니다. 또한 학력을 위조해서라도 좋은 학교를 나왔다고 해야 남들이 무시하지 않는다고 생각합니다. 이런 것뿐만이 아닙니다. 사람이 대나무나 소나무도 아닌데 길이로 승리자와 실패자로 구분하고, 더 나아가 사람이 소고기나 돼지고기도 아닌데 몸무게(근수)가 덜 나가야 괜찮은 사람이라고 합니다.

특히 젊은이의 최대의 화두가 '스펙'입니다. 2004년 신조어로 국어사전에 추가되었는데, 사전적 의미는 '직장을 구하는 사람들 사이에서 학력, 학점, 토익점수 따위를 합한 것을 이르는 말'입니다. 여기에다 자격증 소지 여부, 해외연수나 인턴 경험 유무 등을 합하여 두 글자로 줄여서 '스펙'이라고 합니다.

스펙의 본래 단어는 'specification'으로, 뜻은 '제품의 상세한 설명서'입니다. 그러나 인간은 출신학교, 학점, 영어실력, 각종 경험 등으로 평

합당하게 생활하라

가할 수 있는 제품이 아닙니다. 인간은 말로 표현할 수 없을 만큼 오묘하게 창조되었고, 하나님보다 조금 못하게 지어진 존재입니다. 자기 스스로를 높일 수 있는 존재가 아닙니다.

최근 스마트 TV나 3D TV 그리고 스마트 폰을 비롯한 최첨단 전자제품들이 쏟아져 나오고 있습니다. TV 회사들은 자사 TV가 타사 제품보다 얼마나 월등한지를 침을 튀겨 가며 광고합니다. 또한 4G(4세대)를 선점하기 위해 휴대폰 제조회사들은 늘 전쟁을 치르고 있습니다. 사용자들도 가능한 한 먼저 사용해 봄으로 자신이 초기사용자임을 과시하고 싶어 합니다.

그러나 TV가 현실을 그대로 보여 주는 것 같은 최고의 제품이어도, 휴대폰이 최고의 통화품질을 지니고 있으면서 어디서나 전파 방해를 받지 않고 초고속 인터넷까지 할 수 있다 해도, 전원에 연결되어 있지 않고 충전되어 있지 않다면 그것은 고철 덩어리에 불과합니다. 전원 없는 벽걸이 TV는 액자 대용으로 쓰고, 휴대폰은 호두를 까는 데 사용할 수 있을지 모르겠습니다. 그래서 TV를 TV 되게 하고, 휴대폰을 휴대폰 되게 하는 것은 그것이 얼마나 첨단 제품인가가 아니라 전원입니다. 전원을 연결해도 작동하지 않는 전자제품은 이내 흉물로 바뀝니다.

많은 사람들이 더 좋은 스펙을 원합니다. 그러나 그 삶이 영원한 전원이 되시는 하나님께 연결되어 있지 않으면, 그 인생은 얼마 지나지 않아 배터리가 소모된 휴대폰과 같습니다. 당장은 100퍼센트 충전되어 있어서 자신의 인생을 헤쳐 갈 수 있으리라 자신하지만, 세월이 지날수록 자신을 바르게 인도하고 자신을 자신답게 만들어 주는 것은 자신이 아니라 자기와 연결된 하나님이라는 것을 인정하지 않을 수 없습니다.

그래서 자신을 낮추어 겸손하게 가꾸어 가면서도 하나님을 소망하며 살아가는 것보다 더 지혜로운 삶이 없고, 더 바른 신앙의 길이 없습니다. 그러면 하나님의 때에 하나님께서 높여 주시는 것을 경험하게 될 것입니다. 하나님께서 가장 낮은 데까지 내려가신 예수 그리스도를 가장 높은 데로 올려 주셨듯이 말입니다.

오늘은 뜻 깊은 우리 교회 창립기념주일입니다. 우리의 지난 6년간은 우리를 드러내지 않고 철저하게 낮은 자리에서 하나님을 기다리는 삶이 었습니다.

2005년 7월 10일 창립된 우리 교회는 2006년 교회 표어를 '몸을 산 제물로'로 정했습니다. 우리의 아집과 교만을 죽여 제물로 드리지 않고 서는 양화진외국인선교사묘원과 용인에 있는 한국기독교순교자기념관 을 관리할 수 없을 뿐더러 하나님보다 더 앞서 행하려고 했을 것이기 때 문입니다.

2007년의 표어는 '야긴과 보아스'였습니다. 성전 오른쪽 기둥인 '야긴' 은 '하나님이 세우리라'는 뜻이고, 성전 왼쪽 기둥인 '보아스'는 '하나님에 게 능력이 있다'는 의미입니다. 우리가 아무리 열심히 우리의 삶과 가정, 교회를 세우려 해도 하나님께서 야긴과 보아스가 되어 주지 않으신다면, 우리의 노력은 물거품으로 끝날 것입니다. 그래서 야긴과 보아스도 우리 가 하나님을 바르게 기다릴 때만 경험할 수 있는 것입니다.

2008년의 표어는 '미래와 희망'이었습니다. 하나님은 우리의 미래와 희망이 되어 주시는 분이시기 때문에 어떤 폭우와 눈보라 속에서도 우리 교회를 세워 갈 수 있었습니다. 그해 연말에 교우님들께 단체문자를 보 냈습니다. 어떤 말로 보낼까 생각하다 불현듯 '세상이 우리를 힘들게 하 여도……'라는 유행가 가사가 생각났습니다. 그래서 "세상이 우리를 힘

합당하게 생활하라

들게 하여도 미래와 희망이 되시는 하나님으로 인해서 살아가자"고 문자를 드렸습니다. 그 후 여러 교우님들이 그 문자를 저장해 놓고 삶이 힘들 때마다 본다고 하셨습니다.

2009년의 표어는 '오직 나의 영으로'였습니다. 하나님의 성령님께서 함께해 주지 않으시면 우리는 가정도 교회도 지킬 수 없습니다. 그래서 우리는 하나님의 영을 기다리는 것입니다.

작년 2010년의 표어는 '함께'였습니다. 우리 교회가 온 마음을 다해서 하나님과 함께하고, 하나님께서 우리에게 함께하게 하신 사람들과 함께하겠다는 뜻입니다. 그래서 우리가 하나님보다 앞서지 아니하고 하나님과 동행함으로 하나님께서 행하시는 일에 우리를 드리겠다는 결단이었습니다.

올해 표어가 '여호와를 기다릴지어다'입니다. 지금까지 기다린 것처럼 앞으로도 계속 하나님께 소망을 두고 기다리겠다는 의미입니다. '기다린다'는 것은 아주 소극적이고 무기력한 말처럼 보입니다. 그러나 그것은 강하지 않으면 할 수 없는 일입니다. 특히 내면이 강하지 않으면 더욱 그러합니다. 그래서 시편 27편 14절은 이렇게 증거합니다.

■    너는 여호와를 기다릴지어다 강하고 담대하며 여호와를 기다릴
     지어다

또한 '여호와를 기다릴지어다'에서 초점은 '기다리다'에 있지 않고, '여호와'에 있습니다. 우리의 기다림이 하나님이 아닐 때, 그것은 전혀 쓸데없는 것이거나, 약간의 도움밖에 되지 않는 것입니다. 우리의 삶과 가정이 망가지고 고장 나 있다면, 그 근본 원인은 하나님을 기다리지 않고 다

른 것을 기다리다 지친 것입니다. 주님은 우리의 망가진 삶을 영원히 망가지지 않게 하시기 위해 십자가를 지셨습니다.

우리 교회의 지난 6년을 돌아보면 하나님께서 해주신 일이 참 많습니다. 아니, 하나님께서 해주시지 않은 일이 없습니다. 6년 전 양화진외국인선교사묘원과 한국기독교순교자기념관이 오늘의 모습이 되리라고 생각한 사람은 우리 중에 아무도 없었습니다. 오늘 이 자리에서 우리 모두가 이렇게 감격의 예배를 드리게 되리라고 예상한 사람도 없었습니다. 전적으로 하나님께서 행하신 일입니다. 그럼에도 우리는 또다시 강하고 담대하게 여호와를 기다립니다. 그것은 하나님께서 우리를 통해 이루실 최선의 것이 아직 오지 않았기 때문입니다. 우리는 6년 뒤 하나님께서 우리를 만드신 모습에 또 놀랄 것입니다.

하나님께서 자기를 낮추어 죽기까지 복종한 예수 그리스도를 모든 이름 위에 뛰어난 이름이 되게 하셨듯이, 우리도 우리를 낮추어 겸손하게 하나님을 섬기면 하나님께서 우리와 우리 교회를 높여 주실 것입니다. 잊지 마십시다. 낮추는 것은 우리의 일이요, 높이시는 것은 하나님께서 행하시는 것이라는 사실을 말입니다.

---

하나님 아버지!
교회 창립 6주년을 맞는 주일에, 자기를 높이려는 사람은 낮아질 수밖에 없고 자기를 낮추는 사람은 높여 주시는 하나님의 원리를 재확인하게 해주셔서 감사합니다. 우리가 주님으로 섬기는 예수 그리스도께서 가장 낮은 자리에 있는 사람보다 더 낮아짐의 자리로 가셨을 때, 하나님께서 가장 높은 자와 비교할 수

합당하게 생활하라

없는 분으로 세우심을 가슴에 새김으로 우리도 그러한 길을 걸어갈 수 있도록 인도하여 주옵소서.

6년 전 우리는 서로 모르는 사람들이었습니다. 서로 다른 지역에 살고 있었고, 같은 지역에 살고 있었다 해도 옆을 지나도 서로 알지 못하는 타인이었습니다. 또 어떤 사람들은 외국에서 살고 있었습니다. 하나님에 대해 관심도 없던 사람들도 있었습니다. 그러했던 우리 모두를 이곳으로 부르셔서, 2011년 7월 10일 오늘 이 자리에서 예배드리게 해주심을 감사합니다.

지난 6년보다 앞으로 6년, 아니, 60년을 넘어 주님께서 다시 오시는 날까지 우리 교회가 강하고 담대하여 하나님을 기다리는 공동체가 되게 하여 주옵소서.

또한 우리 각자를 하나님 앞에 바르게 세우게 하여 주옵소서. 자신의 인생을 하나님과 분리된 자신의 제국으로 만들지 않고, 하나님께 연결된 천국으로 만듦으로 평생 하나님을 소망 중에 기다리며 살아가게, 평생 하나님을 기다리게 하여 주옵소서. 그리고 우리 가정도 교회로 세워 가는 것을 잊지 않게 하여 주옵소서. 가정의 크고 작은 일에 하나님의 주권을 인정하게 하시고, 가족 구성원이 건강하고 바르게 하나님을 기다리게 하여 주옵소서. 그리하여 매일매일이 인생과 가정과 교회 공동체의 창립기념주일이 되게 하여 주옵소서. 예수님의 이름으로 기도드립니다.

아멘.

5

# 빌립보서
## 2장 12-30절

<sup>12</sup> 그러므로 나의 사랑하는 자들아 너희가 나 있을 때뿐 아니라 더욱 지금 나 없을 때에도 항상 복종하여 두렵고 떨림으로 너희 구원을 이루라 <sup>13</sup> 너희 안에서 행하시는 이는 하나님이시니 자기의 기쁘신 뜻을 위하여 너희에게 소원을 두고 행하게 하시나니 <sup>14</sup> 모든 일을 원망과 시비가 없이 하라 <sup>15</sup> 이는 너희가 흠이 없고 순전하여 어그러지고 거스르는 세대 가운데서 하나님의 흠 없는 자녀로 세상에서 그들 가운데 빛들로 나타내며 <sup>16</sup> 생명의 말씀을 밝혀 나의 달음질이 헛되지 아니하고 수고도 헛되지 아니함으로 그리스도의 날에 내가 자랑할 것이 있게 하려 함이라 <sup>17</sup> 만일 너희 믿음의 제물과 섬김 위에 내가 나를 전제로 드릴지라도 나는 기뻐하고 너희 무리와 함께 기뻐하리니 <sup>18</sup> 이와 같이 너희도 기뻐하고 나와 함께 기뻐하라 <sup>19</sup> 내가 디모데를 속히 너희에게 보내기를 주 안에서 바람은 너희의 사정을 앎으로 안위를 받으려 함이니 <sup>20</sup> 이는 뜻을 같이하여 너희 사정을 진실히 생각할 자가 이밖에 내게 없음이라 <sup>21</sup> 그들이 다 자기 일을 구하고 그리스도 예수의 일을 구하지 아니하되 <sup>22</sup> 디모데의 연단을 너희가 아나니 자식이 아버지에게 함같이 나와 함께 복음을 위하여 수고하였느니라 <sup>23</sup> 그러므로 내가 내 일이 어떻게 될지를 보아서 곧 이 사람을 보내기를 바라고 <sup>24</sup> 나도 속히 가게 될 것을 주 안에서 확신하노라 <sup>25</sup> 그러나 에바브로디도를 너희에게 보내는 것이 필요한 줄로 생각하노니 그는 나의 형제요 함께 수고하고 함께 군사 된 자요 너희 사자로 내가 쓸 것을 돕는 자라 <sup>26</sup> 그가 너희 무리를 간절히 사모하고 자기가 병든 것을 너희가 들은 줄을 알고 심히 근심한지라 <sup>27</sup> 그가 병들어 죽게 되었으나 하나님이 그를 긍휼히 여기셨고 그뿐 아니라 또 나를 긍휼히 여기사 내 근심 위에 근심을 면하게 하셨느니라 <sup>28</sup> 그러므로 내가 더욱 급히 그를 보낸 것은 너희로 그를 다시 보고 기뻐하게 하며 내 근심도 덜려 함이니라 <sup>29</sup> 이러므로 너희가 주 안에서 모든 기쁨으로 그를 영접하고 또 이와 같은 자들을 존귀히 여기라 <sup>30</sup> 그가 그리스도의 일을 위하여 죽기에 이르러도 자기 목숨을 돌보지 아니한 것은 나를 섬기는 너희의 일에 부족함을 채우려 함이니라

# 21 너희 구원을
이루라

빌립보서 2장 12-14절

리어 왕과 오이디푸스 왕

3월 13일 주일에 셰익스피어의 비극 〈리어 왕〉에 대해 말씀드
렸습니다. 80세가 넘은 리어 왕은 자신의 왕국과 왕위를 세 딸
과 사위들에게 물려주고 편안한 여생을 보내고 싶었습니다. 리
어 왕은 영토를 3등분하고는 딸이 얼마나 자신을 사랑하는지 묻
고 그 답변에 따라 영토를 나누어 주었습니다. 그러나 리어 왕은
자기를 사랑하지 않는 첫째와 둘째 그리고 자기를 사랑하는 셋
째를 바르게 분별하지 못함으로 비극의 주인공이 되었습니다.

비극의 원류源流는 고대 희랍(그리스)입니다. 희랍 비극의 대표
적인 예가 소포클레스가 쓴 〈오이디푸스 왕〉입니다.

코린토스(고린도)에서 아버지 폴뤼보스와 어머니 메로페에게서
자란 오이디푸스는 어느 날 잔치에서 자기 부모는 진짜 부모가
아니라는 말을 들었습니다. 그것을 확인했더니 부모는 아니라

고 부인했습니다. 그런데 한 예언자가 "당신은 아버지를 죽이고 어머니와 결혼할 것이다"라고 했습니다. 오이디푸스는 그 말이 실현되는 것을 피하기 위해 코린토스를 떠났는데, 마차를 타고 가다가 비탈길에서 다른 마차를 탄 사람과 시비가 붙어서 마부와 전령과 마차에 타고 있던 노인을 죽이고 말았습니다. 그리고 오이디푸스는 스핑크스가 낸 "아침에는 네 발로 걷고, 점심에는 두 발로 걷고, 저녁에는 세 발로 걷는 것이 무엇이냐?"는 수수께끼를 풀고 공석이었던 테베의 왕이 되었으며, 왕비를 물려받았습니다.

후에 오이디푸스는 원래 테베의 왕이었던 라이어스의 죽음을 추적하다가 자기가 테베 왕의 아들이었고, 마차에서 죽인 노인이 자기 아버지였으며, 자기가 물려받은 왕비는 바로 자기 어머니 이오카스테였다는 사실을 알게 되었습니다.

그 사실을 알게 된 어머니는 자살하고 말았습니다. 오이디푸스는 "눈이 있어도 보지 못하는 눈은 소용이 없다"며 황금 브로치로 눈을 여러 번 찔러 실명하고 말았습니다. 그런데 아이러니하게도 오이디푸스에게 "아버지를 죽인 사람이 오이디푸스 당신이다"라고 말해 준 사람은 테이레시아스라는 예언자였는데, 그는 눈이 먼 사람이었습니다. 오이디푸스는 눈먼 예언자도 아는 자신의 운명을 피하기 위해 발버둥쳤지만 결국 그것을 피할 수 없더라는 것입니다.

고대 희랍 비극과 셰익스피어의 비극은 분명한 차이가 있습니다. 희랍 비극이 결정된 운명을 피하려고 아무리 애를 써도 피할 수 없는 삶을 다룬 '운명비극'이라면, 셰익스피어의 비극은 주인

합당하게 생활하라

공의 성격적인 결함에서 오는 '성격비극'입니다. 리어는 자신에게 주어진 운명 때문에 비극의 길을 간 것이 아닙니다. 바른 분별력이 없었기 때문에 그런 종말을 맞이하게 된 것입니다.

우리의 삶과 신앙은 리어 왕과 비슷합니까? 아니면 오이디푸스 왕과 비슷합니까? 의외로 많은 그리스도인들이 신앙을 '오이디푸스 왕'과 비슷한 것으로 생각하며 살아갑니다. "내가 아무리 발버둥 쳐봐야 무슨 소용이 있어! 모두 하나님 마음대로 하시면서……", "하나님 뜻대로 모든 것이 이루어지니까 가만히 있어……" 등등의 말을 합니다. 그러나 그것은 바른 신앙인의 자세가 아닙니다.

오히려 신앙은 '리어 왕'과 비슷합니다. 하나님께서 우리 삶에 주신 상황과 환경이 있습니다. 그것을 바르게 분별하고, 바르게 해석하고, 바르게 적용함으로 삶과 신앙을 점점 더 성숙시켜 가는 것입니다. 오늘 본문이 그것에 대해 잘 일러 줍니다.

## 세 가지 구원

예수 그리스도는 하나님 그 자체이셨기에 하나님 됨을 영원히 누리시는 것이 마땅했지만, 자신을 비우셔서 가장 낮은 사람보다 더 낮은 사람으로 이 땅에 오시고, 십자가에 죽으심의 자리까지 스스로 가셨습니다. 그래서 하나님께서는 예수 그리스도에게 세상에서 가장 높은 이름보다 더 높은 이름을 주셨고, 천상, 지상, 지하에 있는 모든 존재로 하여금 예수 그리스도 앞에 무릎 꿇게 하셨습니다. 이것이 우리가 믿는 신앙의 핵심입니다. 오늘 본문 12절이 이렇게 증거합니다.

■  그러므로 나의 사랑하는 자들아 너희가 나 있을 때뿐 아니라 더욱 지금 나 없을 때에도 항상 복종하여 두렵고 떨림으로 너희 구원을 이루라

오늘 본문이 '그러므로'로 시작합니다. 이것은 앞에 있는 5-11절과 연관이 있다는 의미입니다. 예수 그리스도의 자발적 낮아지심과 스스로 자기 비우심을 믿는 그리스도인이라면 구원을 이루어 가는 삶을 살아야 한다는 뜻입니다.

국가든 직장이든 좋은 지도자와 함께하는 것은 참 행복한 일입니다. 좋은 지도자와 함께하는 것은 좋은 시설보다도 중요하고, 많은 봉급보다도 가치 있는 일입니다. 그 지도자가 걷는 길이 바른 방향을 제시해 주고, 그분의 삶이 좋은 모델과 사례가 되기 때문입니다. 그러나 그 지도자가 내 삶을 대신해 주지는 않습니다. 우리 각자의 삶은 자신이 사는 것입니다.

세상에는 바른 길을 걸었던 사람이 한두 사람이 아닙니다. 우리 삶에 좋은 본보기가 되어 주었던 분도 부지기수입니다. 그러나 우리는 그 길을 좋아하고 바라볼 뿐, 걸으려 하지 않습니다. 그래서 세상은 나아지지 않고 있습니다.

영적인 길은 더욱 그러합니다. 영적 지도자가 하나님의 말씀의 길을 가르쳐 줄 수는 있습니다. 그러나 그 지도자가 내 신앙을 대신해 줄 수는 없습니다. 내 신앙의 길은 내가 걷는 것입니다. 그래서 바울은 빌립보교회 사람들에게 "당신들의 구원을 이루어 가라"라면서 "한 순간이라도 내가 당신들과 함께 있는 것이 그리스도인의 삶에 필수적인 것이라 생각하지 마십시오"라고 권면하는 것입니다.

우리는 이미 구원을 받았는데, '구원을 이루라'는 것은 무슨 의미입니

합당하게 생활하라

까? 구원에는 세 가지 시제가 있습니다. '과거완료'가 있고, '현재진행'이 있고, '미래완료'가 있습니다. 그래서 우리가 구원을 말할 때, "나는 구원받았습니다"라고 하는 것도 맞고, "나는 구원받고 있습니다"라고 하는 것도 옳고, "나는 구원받을 것입니다"라고 하는 것도 틀리지 않습니다. 과거완료의 구원을 '칭의'(稱義, Justification)라고 합니다. 현재진행의 구원을 '성화'(聖化, Sanctification)라고 하고, 미래완료의 구원을 '영화'(榮化, Glorification)라고 합니다. 이 세 가지를 조금 더 구체적으로 설명해 드리겠습니다.

첫째는 칭의의 구원입니다. 칭의의 구원은 100퍼센트 하나님의 작품입니다. 이것을 위해 인간이 한 일은 아무것도 없습니다. 여기에 인간의 행위를 더하면 율법주의자가 되거나 사이비가 됩니다. 에베소서 2장 8-9절은 이렇게 증거합니다.

- 너희는 그 은혜에 의하여 믿음으로 말미암아 구원을 받았으니 이것은 너희에게서 난 것이 아니요 하나님의 선물이라 행위에서 난 것이 아니니 이는 누구든지 자랑하지 못하게 함이라

우리가 받은 구원의 근거는 '은혜에 의하여'이고 '믿음으로 말미암아'라고 합니다. 은혜와 믿음이라는 것은 나 자신이 만든 것이 아니라는 의미입니다. 자칫 "나는 믿었기 때문에 구원을 얻었고, 너는 믿지 않았기 때문에 구원을 얻지 못했다"라고 하면 믿음도 조건이 되기에 바른 설명이 아닙니다. 성경은 '믿음으로 말미암아(통해서) 구원을 받았다'고 합니다. 나에게는 아무런 자격도 능력도 없어서 나를 하나님께 의탁했더니 구원

이라는 선물이 주어졌다는 의미입니다.

  칭의의 구원은 언제나 하나님이 근거이시고, 출발이시고, 과정이시고 완성이십니다. 칭의의 구원의 가장 좋은 예는 이스라엘 자손들의 '출애굽 사건'입니다. 그들은 애굽에서 400년 동안이나 노예 생활을 하고 있었습니다. 그들이 애굽을 벗어나 가나안 땅에 이르게 된 것은 그들이 각종 무기를 구비해서 독립전쟁을 일으켰거나 막대한 돈을 주고 노예문서를 사서 폐기처분했기 때문이 아닙니다. 출애굽의 역사는 전적인 하나님의 작품입니다. 하나님께서 이스라엘 자손들의 출애굽을 위해 모세를 부르셨는데 이렇게 말씀하셨습니다. 출애굽기 3장 7-8절이 이렇게 증거합니다.

■　　여호와께서 이르시되 내가 애굽에 있는 내 백성의 <u>고통을 분명히 보고</u> 그들이 그들의 감독자로 말미암아 <u>부르짖음을 듣고</u> 그 <u>근심을 알고</u> 내가 <u>내려가서</u> 그들을 애굽인의 손에서 <u>건져내고</u> 그들을 그 땅에서 <u>인도하여</u> 아름답고 광대한 땅, 젖과 꿀이 흐르는 땅 곧 가나안 족속, 헷 족속, 아모리 족속, 브리스 족속, 히위 족속, 여부스 족속의 지방에 <u>데려가려 하노라</u>

  이 말씀에 있는 동사들—고통을 보고, 부르짖음을 듣고, 근심을 알고, 내려가서, 건져내고, 인도하여, 데려가려 하노라—은 주체가 전부 '하나님'입니다. 그리고 하나님께서는 이스라엘 자손들을 '내 백성'이라고 부르셨습니다. 그들은 수백 년 동안 노예생활을 하면서 하나님의 존재는 거의 잊고 있었습니다. 그러나 하나님은 그들을 잊지 않으시고, 당신의 때가 이르자 당신의 백성을 불러 내신 것입니다.

　　　　　　　　　　　　　　　　　합당하게 생활하라

우리도 동일합니다. 우리 모두는 하나님에 대해, 영생에 대해 관심이 없던 사람들입니다. 눈에 보이는 것이 전부이고, 세상이 이끄는 데로 끌려가던 인생이었습니다. 그런 우리 인생에 우리가 한 번도 요청한 적이 없음에도 하나님께서 개입하셨습니다. 가족들을 통해 예수 그리스도가 누구신지 듣게 되었고, 친구를 통해 천국의 실제를 듣게 되었고, 직장 동료를 통해 영생이 무엇인지 듣게 되었고, 심지어 낯선 장소에서 낯선 사람을 통해서도 하나님이 우리 인생에 관심을 갖고 계신다는 것을 듣게 되었습니다.

그래서 칭의의 구원은 하나님의 작품이기 때문에 언제나 수동태로 표현합니다. 찬송가 305장 〈나 같은 죄인 살리신Amazing Grace〉의 후반부 가사가 '잃었던 생명 찾았고, 광명을 얻었네'입니다. 이 부분의 영어 가사가 이렇습니다. 'I once was lost(전에 나는 잃어버린 존재였는데), but now am found(지금은 발견되었습니다. 누구에 의해서요? 하나님에 의해서입니다.); Was blind(전에는 앞을 보지 못했는데), but now I see.(지금은 봅니다.)' 잃어버린 상태, 즉 영적으로 죽은 상태에 있었던 우리를 하나님께서 살려 주셨기 때문에 지금은 하나님과 구원을 보는 사람들이 되었다는 것입니다.

둘째는 성화의 구원입니다. 칭의의 구원이 '신분'이라면, 성화의 구원은 '수준'이라고 할 수 있습니다. 같은 고등학교를 다니는 학생들은 고등학생이라는 신분은 동일합니다. 3년 동안 학교를 성실하게 다니면 동일한 졸업장을 받고 동문이 됩니다. 그러나 성적표까지 동일한 것은 아닙니다. 98점을 받고도 2개 틀렸다고 안타까워하는 학생이 있는가 하면, 30점을 받고도 지난번보다 20점이 올랐다며 웃고 다니는 학생도 있습니다. 그들의 학업 수준이 다르기 때문에 3년 동안 공부한 뒤 동일한 대학을 가는 것도 아닙니다.

공부만이 아니라 모든 분야에 동일하게 적용됩니다. 요리사, 디자이너, 화가, 성악가, 연주자, 가수, 배우, 사장, 주부, 목사 등등 명함에 쓰인 직업이나 직책이 동일하다고 그 사람들의 수준까지 동일한 것은 결코 아닙니다.

제가 초등학교 시절, TV에서 〈임금님의 첫사랑〉이라는 사극을 방영했습니다. 조선 25대 왕 철종의 이야기를 다룬 것입니다. 선왕인 헌종에게 자식이 없었습니다. 그래서 조정에서는 전계대원군全溪大院君의 셋째 아들로 강화도에서 농사 짓던 '원범元範'이라는 아이를 데려다가 덕완군德完君으로 책봉하고, 헌종이 승하하자 18세였던 덕완군을 철종으로 즉위시켰습니다. 그는 농사짓던 사람이어서 나라 다스리는 일을 전혀 알지 못했습니다. 그의 별명이 '강화도령'이었습니다. 그래서 정치는 '안동김씨'의 독무대가 되었습니다. 이때 민란도 전국에서 폭발적으로 일어났습니다. 결국 철종은 14년 동안 왕으로 있었지만 정치 한 번 제대로 해보지 못하고, 자식도 없이 32세에 요절하고 말았습니다. 왕은 왕으로서의 삶과 역할이 있습니다. 철종의 신분은 왕이지만 그의 수준은 농사꾼이었던 것입니다.

12절에서 말하는 구원이 바로 '성화(수준)의 구원'입니다. 하나님은 우리로 하여금 신분의 구원을 즐기도록 부르지 않으시고, 수준의 구원의 삶을 이루어 가도록 부르셨습니다. 개신교인이 점점 줄어들고, 교회가 욕을 먹고, 주님의 이름이 먹칠 당하는 이유는 수준의 구원의 삶을 무시했기 때문입니다.

합당하게 생활하라

셋째는 영화의 구원입니다. 이것은 이 땅에서 완성되지 않습니다. 예수님께서 부활하셨을 때, 몸을 가지셨음에도 공간에 얽매이지 않으셨습니다. 제자들이 있는 곳에 가실 때, 그곳에 문이 닫혀 있었음에도 들어가셨습니다. 이 땅에 종말이 이르게 되었을 때, 하나님께서 우리도 그렇게 만들어 주실 것입니다.

칭의의 구원은 과거의 구원이라 할 수 있고, 성화의 구원은 현재의 구원, 영화의 구원은 미래의 구원이라 할 수 있습니다. 칭의는 우리에게 이미 이루어진 사실이고, 영화는 세상의 종말에 완성될 것입니다. 그렇다면 우리에게는 성화의 구원이 가장 중요합니다. 물론 아직 예수 그리스도가 누구인지 모르는 사람, 여전히 세상을 따라 살며 그것이 전부라고 생각하는 사람에게는 칭의의 구원이 가장 중요합니다.

모든 그리스도인에게는 성화의 의무가 있습니다. 이 성화의 과정을 통해 우리는 점점 하나님을 닮은 하나님의 자녀가 되어 갑니다. 그래서 '구원을 이루라'고 합니다. 이 의미는 '구원을 만들어 내라'거나 '구원에 도달하기 위해 발버둥 쳐라'가 아닙니다. 이미 주어진 것을 '완성해 가라'는 것입니다. 이것은 아주 적극적인 명령입니다.

그런데 성화를 소극적으로 생각하는 사람들이 더러 있습니다. 그들은 '하나님을 의지하기만 하면 성화의 구원이 저절로 이루어지게 될 것'이라고 합니다. 그러나 그것은 바른 신앙의 자세가 아닙니다.

이런 찬양이 있습니다.

■　　　보라 너희는 두려워 말고/ 보라 너희를 인도한 나를/ 보라 너희는 지치지 말고/ 보라 너희를 구원한 나를/ 너희를 치던 적은 어디 있느냐/ 너희를 억누르던 원수는 어디 있느냐/ 보라 하나

님 구원을/ 보라 하나님 능력을/ 너희를 위해서 싸우시는 주의 손을 보라

성화의 입장에서 보면 이 찬양의 가사가 맞습니까? 틀립니까? 하나님께서 우리를 위해 싸워 주시기 때문에 우리는 나서지 말아야 합니까? 만약 그렇다면 에베소서 6장에 나오는 하나님의 전신갑주—진리의 허리띠, 의의 호심경, 평안의 복음이 준비한 신(군화), 믿음의 방패, 구원의 투구, 성령의 검(하나님의 말씀)—를 왜 입으라고 하십니까? 차라리 운동복을 입고 열심히 운동하라는 것이 훨씬 낫지 않습니까? 어차피 전쟁은 하나님께 속한 것이고 하나님께서 싸우실 것인데, 왜 우리가 완전무장을 해야 합니까?

과거에는 부흥회에 참석하면 이런 말씀, 이런 기도 참 많이 들었습니다. 부흥사들이 예수 믿고 세상적으로 잘된 사람, 기도해서 이른바 '대박'이 터진 사람의 예를 길게 늘어놓으며 말씀을 전했습니다. 그러고는 "지금까지는 내 인생을 내 것이라고 내 마음대로 했지만, 이제부터 주님께 모든 것을 맡기기로 결심하시는 분, 오른손을 들어 주십시오", "지금까지는 내 인생의 문제를 아등바등 내가 풀려다가 더 많이 꼬이기만 했는데 '이제부터는 주님께서 내 인생을 풀어주십시오'라고 주님께 맡기기로 결단하시는 분, 그 자리에서 일어나 주십시오. 그분들을 위해 기도해 드리겠습니다."

그러고 나서 기도합니다. "하나님 아버지! 이제까지는 내 인생을 내 마음대로 살다가 실패와 낙망만 했습니다. 이제부터는 주님 안에만 있게 하시고, 주님께서 우리 인생을 꾸려가 주십시오……." 그러면 눈물 콧물을 흘리면서 "아멘!"을 연발했습니다.

합당하게 생활하라

신앙은 우리가 싸우는 것이 아니라 주님께서 싸우시는 것이기 때문에 우리의 신앙은 '우리의 문제를 주께 맡기는 싸움'이라고 이해하는 사람들이 그리스도인 중에 의외로 많습니다. 앞서 말씀드린 찬양은 '칭의의 구원'에 관한 것입니다. 그러나 성화의 구원은 우리가 이루어 가는 것입니다. 그럼에도 세월이 지난 뒤에 돌아보면 우리의 노력과는 비교할 수 없을 정도로 하나님께서 은총을 베풀어 주셨다는 것을 알게 됩니다. 다시 12절입니다.

> ■ 그러므로 나의 사랑하는 자들아 너희가 나 있을 때뿐 아니라 더욱 지금 나 없을 때에도 항상 복종하여 두렵고 떨림으로 너희 구원을 이루라

우리가 구원을 이루어 가는 데 필요한 태도를 '두렵고 떨림'이라고 합니다. 이 의미는 구원을 잃을까에 대한 염려는 아닙니다. 삼가고 조심하는 마음입니다. 고린도전서 2장 3-5절이 이렇게 증거합니다.

> ■ 내가 너희 가운데 거할 때에 약하고 두려워하고 심히 떨었노라 내 말과 내 전도함이 설득력 있는 지혜의 말로 하지 아니하고 다만 성령의 나타나심과 능력으로 하여 너희 믿음이 사람의 지혜에 있지 아니하고 다만 하나님의 능력에 있게 하려 하였노라

바울이 고린도교회를 시작할 때, 자신이 복음을 잘 전하고 설교를 잘해서 교회가 잘되어 가고 있다고 사람들이 생각할까 봐 무척 두려워했다고 합니다. 즉 불신자들이 복음을 들어 말씀을 깨닫고 하나님의 은총을

깨닫게 되는 것이 성령님께서 하신 일이 아니라 내가 잘 가르쳤기 때문에 잘 알아들었다고 생각할까 봐 그랬다는 것입니다.

대학 시절 2년 동안 그리스도인 친구들 네 명과 자취를 했습니다. 저녁마다 말씀을 한 장씩 읽고 기도했는데, 지금까지 좋은 추억으로 남아 있습니다. 한번은 한 친구가 이런 말을 했습니다. "너와 오랫동안 같이 살아보니까 아무리 봐도 너는 할 것이 목사밖에 없는 것 같다." 처음에는 그 말에 기분이 언짢고 화가 났습니다. 속으로 '나는 직장에 다녀도 잘할 수 있고, 가르치는 일도 좋아하고, 공무원을 해도 잘할 수 있어'라고 생각했습니다. 그런데 지금은 그 말을 너무 감사하게 생각하고 있습니다.

만약 교우님들이 저를 자랑한다고 "정한조 목사님은 똑똑해요. 아이큐가 150은 넘는 것 같고, 공부를 아주 잘했을 것 같아요. 목사를 하지 않고 직장을 다녔으면 초고속 승진을 했을 것이고, 사업을 했어도 갑부가 되었을 거예요"라고 하신다면 그것은 칭찬이 아니라 욕입니다. "당신 같은 사람도 목회를 하는 것을 보니 진짜로 하나님께서 살아 계신 것 같습니다." 이것이 최고의 칭찬입니다.

최근 여러 교우님께 이런 말씀을 들었습니다. "요즈음은 주일예배 시간에 졸지 않습니다." 제 답변은 이렇습니다. "제가 말주변이 어눌하기 때문에 마음이 조마조마하고 불안해서 그럴 것입니다."

그리스도인이 믿고, 알고 있는 것은 세상의 지혜나 세상의 능력으로 도무지 이해하고 깨달을 수 없는 것입니다. 우리가 그리스도인이 되고, 그리스도인으로서 믿고 깨닫고 있는 내용들은 우리의 학식이나 경륜으로 깨우친 것들이 아니라는 것을 잘 기억하셔야 합니다.

그래서 두렵고 떨림은 겸손과 경외감, 신중함을 의미합니다. 이것은 성화의 구원, 신분의 구원을 완성시켜 가는 그리스도인들에게 나타나는

합당하게 생활하라

공통적인 현상입니다.


　미국에서 사역하는 대학 친구 목사의 이야기입니다. 어느 날 밤 11시
쯤 속이 좋지 않아 약을 사러 나갔습니다. 약을 사러 나가는 게 싫었지만,
속이 거북한 것은 더 싫었습니다. 그래서 빨리 약을 사러 갔다 와야겠다
고 생각하고 쏜살같이 운전해서 약을 사고는 돌아오는데, 한 차가 뒤에
서 아주 빠른 속도로 따라오고 있었습니다. 집 차고에서 내리려는데, 그
차에서도 누군가가 내렸습니다. 경찰이었습니다.
　"차에서 내리지 말고 들어가서 기다리시오!"라고 말하며 차를 조회하
기 시작했습니다.
　'아, 차를 너무 빨리 몰았구나'라며 후회했지만, 이미 늦은 일이었습니
다. 평소에도 그 친구에게 과속은 일상적인 것이었습니다. 집에서 교회
까지 그의 아내가 운전하면 12분이 걸렸지만, 그가 운전하면 7분이면 충
분했습니다.
　경찰은 운전 면허증과 보험증, 자동차 등록증을 요구했습니다. 친구는
"내가 잘못한 것이 무엇이냐"고 다소 뻔뻔스럽게 물었습니다. 젊은 경찰
은 씨익 웃으며 "몰라서 묻는 거냐?"고 반문하고는 속도위반과 정지신호
위반이라고 했습니다. 그러고는, 혹시 그렇게 빨리 운전하지 않으면 안
되는 이유가 있었느냐고 물었습니다. 친구는 "특별한 이유는 없지만, 속
이 좀 불편했고 밤이 깊었기에 빨리 집으로 오고 싶었다"고 했습니다.
　경찰관은 알았다고 하고는 자기 차에 가서 무엇인가 작업을 했습니다.
친구는 은근히 기분이 나빴습니다. "참 열심이기도 하지, 12시가 다 되
어 가는데 왜 나와서 단속이람? 잠이나 잘 것이지……." 저절로 불만이
나왔습니다.

잠시 후, 경찰관이 다시 다가와 물었습니다. "당신 직업이 뭡니까?"

친구는 순간 당황하며 답했습니다. "저…… 목사입니다."

경찰은 빙긋 웃으면서 다시 물었습니다. "최근 5년간, 같은 일로 경찰에 잡힌 적이 있습니까?"

친구는 생각해 보니 두세 차례 있었습니다. 그래서 퉁명스럽게 대답했습니다. "예, 속도위반도 했고, 정지 신호 위반도 한 번 했네요."

경찰관은 다시 입가에 미소를 띠고 친구에게 말했습니다.

"경찰에서 당신에게 티켓을 발부하는 이유는 당신의 운전 습관이 달라지기를 요청하는 것입니다. 그런데 당신은 최근 5년간 두세 차례 티켓을 발부받았음에도 스스로를 변화시키지 않는군요. 목사님, 당신은 다른 사람에게 변화를 요청하는 사람 아닙니까? 그런데 왜 당신은 변화되지 않습니까?"

친구는 마치 망치로 한 대 맞은 것 같았습니다. 그는 계속 말했습니다. "당신의 차를 조회했을 때 우리는 당신의 차가 교회 것이고, 당신이 목회자라는 것을 알 수 있었습니다. 다행히 당신이 저에게 정직하게 이야기했기 때문에 오늘은 경고장만 발부하겠습니다. 하지만 이제부터 당신은 운전 습관을 변화시켜야 합니다. 지금 변화시키지 않으면 그 습관 때문에 큰 어려움을 당하게 될 겁니다." 그는 다시 한 번 웃어 주고는 돌아갔습니다.

우리의 인생이 길어질수록, 하나님을 깊이 알아갈수록 우리는 더 변화하는 존재들입니다. 두렵고 떨리는 마음으로 우리의 구원을 이루어 가다 보면 우리의 모습에서 주님이 나타나게 될 것이고, 이 땅에서 만신창이가 된 주님의 이름이 다시 존귀하게 될 것입니다.

하나님 아버지!

100퍼센트 하나님의 은혜로 우리에게 주신 구원도 있지만 우리가 이루어 가야 하는 구원도 있음을 일깨워 주셔서 감사합니다. 하나님의 자녀가 된 신분에만 만족하지 않게 하시고, 수준을 높여 가는 그리스도인이 되게 하여 주옵소서. 그것을 이루어 가기 위해 늘 하나님 앞에서 모든 삶을 살게 하시고, 두렵고 떨림으로 이 구원을 완성해 갈 수 있도록 인도하여 주옵소서.

우리의 인생과 신앙이 오이디푸스 왕과 같은 것이라고 오해하고 착각했다면 그것을 바로잡게 하옵소서. 하나님께서 우리의 인생에 허락하신 환경들 속에서 리어 왕과 같이 오판하지 않게 하시고, 언제나 하나님과 동행하며, 하나님의 말씀 속에 있음으로 바르게 결단하고 바르게 행하는 용기를 주옵소서.

아직은 우리의 모습이 연약하고 부족하고 형편없지만 소망을 갖고 살게 하시고, 하나님께서 원하시는 부르심의 자리까지, 존귀와 영광으로 관을 씌워 주시는 자리까지 묵묵히 걸어가게 하여 주옵소서. 사람들이 인정해 주지 않는다 할지라도, 때로는 왜곡과 의혹의 시선을 보낸다 할지라도 그것이 두렵고 떨림으로 이루어 가는 우리의 구원을 방해하지 않게 하여 주옵소서. 그리하여 우리가 점점 더 변화하여 온전한 그리스도인, 온전한 하나님의 자녀가 되게 하옵소서. 예수님의 이름으로 기도드립니다.

아멘.

# 22

## 원망과
## 시비가 없이

빌립보서 2장 12-14절

영화 〈파이어 프루프—사랑의 도전〉

대부분의 시계에는 '워터 리지스턴트water resistant'라는 말
이 쓰여 있습니다. '방수防水'라는 의미로, '워터 프루프water-
proof'와 같은 의미입니다. 시계에 물이 스며드는 것을 막아 주
어서 외부가 전부 물일지라도 시계의 기능을 해낸다는 의미입
니다. 그래서 사방이 불이어도 그 불이 삼키지 못하도록 막아주
는 것을 'fireproof'라고 합니다.

2008년에 나온 〈파이어 프루프:사랑의 도전Fireproof:The Love
Dare〉이라는 기독교 영화가 있습니다. 갈렙 홀트라는 소방관
이야기인데, 불 끄는 이야기가 아니라 그의 가정 이야기입니다.
이 영화는 50만 달러의 제작비를 들인 저예산 영화지만 67배의
수익을 냈습니다. 그보다 더 놀라운 것은, 이 영화를 통해 이혼
하려던 4,000쌍의 부부가 마음을 고쳐 먹었다는 것입니다.

합당하게 생활하라

조지아 주 올바니에 있는 소방서에서 소방대장으로 일하는 갈렙은 그의 좌우명이 "결코 동료를 뒤에 남겨 두지 말라"였습니다. 하지만 그의 아내 캐서린과는 이혼 직전에 있습니다. 아내는 병원 홍보실 직원으로 일하고 있습니다.

결혼한 지 7년 된 갈렙과 캐서린은 가정이 삐걱거리는 원인을 서로 상대 탓으로 돌렸습니다. 캐서린의 불만은 남편이 가정 일에 무관심하고, 인터넷 음란 사이트에 중독된 것, 집을 고쳐야 할 곳이 많은데도 자가용 배를 사겠다고 봉급의 3분의 1을 수년간 따로 떼어 2만 4,000달러를 모아 놓고 있다는 것이었습니다. 게다가 캐서린은 중풍으로 거동이 아주 불편한 친정어머니에게 병원 침대와 휠체어를 사드리고 싶은데 고가일 뿐 아니라 보험이 적용되지 않아 구입할 여유가 없었습니다. 그럼에도 남편은 외면하고 있었습니다.

갈렙은 자신과 같이 화재 진압과 시신 인양 등 생명을 다루는 직업인 사람은 초긴장 상태로 일해야 하는데 아내가 그것을 이해하려 하지 않는다고 생각했습니다. 게다가 자신은 집 융자금과 자동차 두 대의 할부금을 붓고 있고, 나름대로 열심히 하고 있는데도 존중받지 못하는 것이 불만이었습니다. 어느 날 두 사람은 심하게 싸우고는 그날부터 각방을 썼습니다. 캐서린은 결혼반지를 빼서 서랍장 속으로 던져 버렸습니다.

갈렙이 아버지에게 이혼에 대해 말했을 때, 아버지는 "40일 동안만 이혼을 미루면 안 되겠니?"라며 '사랑의 도전'이라고 쓰인 노트를 보내 주었는데, 그 내용을 따라 실천해 보라고 했습니다.

첫째 날 과제는 '배우자에게 자극적인 말을 듣더라도 부정적인 말을 하지 말라'였습니다. 갈렙은 아내에게 "세탁소 갈 시간 있어요?"라고 물었더니, 아내는 "24시간 일하고 48시간 쉬는 당신이 시간이 더 많잖아?"라고 했습니다. 그러나 갈렙은 아무런 대꾸를 하지 않았습니다.

둘째 날 과제는 '상대를 배려하는 마음을 가지라. 보상은 바라지 말라. 예상하지 못한 친절을 한 번 이상 보여라'였습니다. 그래서 갈렙은 커피를 내려서 컵에 부어 놓았습니다. 그러나 아내는 시간이 없다며 마시지 않고 출근해 버렸습니다. 화가 난 갈렙은 커피를 싱크대에 전부 부어 버렸습니다.

셋째 날에는 아내를 위해 꽃다발과 초콜릿을 배달시켰지만, 아내는 흘깃 쳐다보는 것이 전부였습니다.

넷째 날엔 직장에 있는 아내에게 안부전화를 했습니다. 그러자 아내는 '해가 서쪽에서 떴느냐?'고 비아냥거리기만 했습니다.

계속된 실천에도 아내의 마음은 요지부동이었습니다. 20일째가 되었을 때 갈렙은 아내와 대화를 더 많이 나누려고 스테이크와 요리를 준비했지만 아내는 한 가지 분명히 할 것이 있다며, "나는 당신을 정말 사랑하지 않아"라고 말했습니다. 갈렙은 이 일을 포기하고 싶었지만 그리스도인 직장 동료와 아버지의 진심 어린 조언으로 계속 이어 갈 수 있었습니다.

갈렙은 인터넷으로 배를 살펴보다가 "오-빠"와 같은 즉석 미팅 메시지가 오자, 누르려다 누르지 않고는 컴퓨터를 들고 나가 "중독은 끝이다"라며 야구 배트로 컴퓨터를 부숴 버렸습니다. 대신 컴퓨터 책상 위에는 장미다발과 '더 사랑해'라고 쓴 카

합당하게 생활하라

드를 놓았습니다. 그러나 아내가 식탁 위에 남긴 것은 '이혼 신청서'였습니다.

캐서린은 친정어머니에게 필요한 장비에 대해 다시 알아보기 위해 병원 홈 케어 센터를 찾았는데, 여직원은 한 신사분이 부인이 물었던 것의 비용을 전부 지불했다고 했습니다. 그리고 지금쯤 부모님의 집에 침대와 휠체어가 도착했을 것이라고 했습니다.

캐서린은 병원의 켈러 박사를 찾아가 정말 감사하다고 했습니다. 그러자 켈러 박사는 "겨우 그걸 가지고 그러세요. 내가 할 수 있는 건 그것뿐입니다"라고 했습니다. 캐서린은 얼마 전 켈러 박사에게 친정어머니에게 필요한 것이 무엇인지를 말했기  때문입니다. 남편과의 관계가 소원해지자 캐서린은 친절하고 자상하게 보이는 켈러 박사로 인해 마음이 많이 흔들리고 있었는데, 사실 그는 바람둥이였습니다.

하루는 갈렙이 아침에 퇴근했더니 아내가 출근하지 않고 누워 울고 있었습니다. 갈렙은 나가서 먹을 것을 사오고, 열이 있다며 물수건으로 이마를 닦아 주었습니다.

캐서린은 최근에 왜 이러는 거냐고 물었습니다. 갈렙이 아버지가 보내 준 노트에 대해 말하려 하자, 캐서린은 노트를 꺼내며 이것이냐고 물었습니다. 갈렙은 "그것이 있는 것을 언제 알았느냐?"고 물었습니다. 캐서린은 어제라고 하며 "오늘이 며칠 째냐?"고 물었습니다.

갈렙이 '43일'이라고 하자, 캐서린은 40일까지이지 않느냐고 반문했습니다. 계속 캐서린은 혼란스러워하며 "원래 당신은 이러지 않지 않았느냐?"고 하자 갈렙은 "이제는 이것이 나야. 처음에는 하기 싫었고 사랑이 무엇인지 몰랐는데 사랑을 알고 나니까 계속 하고 싶어"라고 했습니다.

하지만 캐서린은 "당신의 진심을 믿고 싶지만 아직 마음이 준비가 되지 않았어"라고 말했습니다. 갈렙은 무릎을 꿇고 이렇게 말했습니다. "미안해. 내가 너무 이기적이었어. 지난 7년 동안 말과 행동으로 당신에게 참 많은 상처를 줬어. 당신을 사랑해야 했는데 다른 것들을 더 사랑했어. 지난 몇 주 동안 주님께서 이전에 내게 없었던 당신에 대한 사랑의 마음을 주셨어. 주님께 용서를 구했고, 당신도 날 용서해 주길 계속 기도할 거야. 캐서린, 당신 없이 남은 인생을 살고 싶지 않아."

다음 날 캐서린은 병원 홈 케어 센터에 친정어머니 침대 시트를 사러 가서는 직원에게 "의사 선생님이 침대와 휠체어를 사면서 그것을 빠뜨려서요"라고 말했습니다.

그러자 직원은 "의사 선생님이라고요? 침대와 휠체어 비용을 낸 분은 의사 선생님이 아닌데요. 제 기억이 정확하다면 2만 4,300달러 중에서 의사 선생님이 낸 것은 300달러이고, 나머지는 당신 남편 갈렙이 냈습니다. 2주 전에 지불했는데 아시는 줄 알았습니다. 비밀이라고 하셨는데, 그래도 부인은 아시는 비밀인 줄 알았습니다"라고 말했습니다.

캐서린은 곧바로 집으로 돌아가 서랍장을 열어 전에 빼 던졌던 결혼반지를 찾아 끼고는 남편이 일하는 소방서로 가서 남편에게 말했습니다.

"내가 지금까지 당신이 좋은 사람이라는 것을 아직 말하지 않았

합당하게 생활하라

다면, 당신은 좋은 사람이에요."

"내가 그동안 당신을 용서했다고 하지 않았다면, 용서했어요."

"내가 아직까지 당신을 사랑한다고 하지 않았다면, 사랑해요."

"당신은 정말 많이 변했어요. 당신에게 일어난 일이 나에게도 일어났으면 좋겠어요."

지인들 앞에서 두 사람이 두 번째 결혼 서약—주님 안에서는 처음으로 하는 것—을 함으로 영화는 끝을 맺습니다.


## 인생의 불길, 인생의 소방관

우리 인생에도 많은 '불'들이 존재합니다. 그 불들은 우리를 삼키려고 늘 기회를 노립니다. 집이나 직장 건물에 불이 나면 소화기로 끄거나 신속하게 화재 신고를 해서 피해를 줄일 수 있습니다. 그뿐만 아니라 가족관계, 직장이나 학교에서의 관계, 친구관계에도 화마火魔가 찾아올 수 있습니다. 그 불은 내 욕심을 채워 주는 물질의 모습으로 올 수 있고, 나를 좀더 대단한 사람으로 보이게 할 수 있는 승진이나 더 좋은 학점의 모습으로 찾아올 수 있습니다. 그 불을 잘 진압하지 못하면 많은 피해를 보게 됩니다. 심하면 인생 전체가 잿더미가 될 수도 있습니다. 그러나 그 불을 잘 극복하면 그 인생은 문자 그대로 'fire-proof'가 되어 다른 사람들보다 더 높은 경지에 이르게 됩니다.

이와 같은 불들은 신앙생활에도 있습니다. 그 불들이 무엇인지, 그 불을 어떻게 끌 수 있는지를 오늘 본문이 잘 일러 주고 있습니다. 12절이 이렇게 증거합니다.

■    그러므로 나의 사랑하는 자들아 너희가 나 있을 때뿐 아니라 더
     욱 지금 나 없을 때에도 항상 복종하여 두렵고 떨림으로 너희 구
     원을 이루라

지난주에 우리가 '이루어 가야 하는 구원'에 대해 말씀드렸습니다. 과
거완료의 구원인 '칭의의 구원'은 하나님께서 100퍼센트 해주신 것으로
'신분의 구원'이라고 했습니다. 고아원에 있는 아이를 데려가다 양자로
삼으면 그 아이의 신분이 완전히 바뀝니다. 그 부모가 누리는 것을 동일
하게 누릴 자격을 얻게 됩니다.

현재진행의 구원인 '성화의 구원'은 '수준의 구원'입니다. 같은 고등학
교를 다니면 신분은 같지만 학습 수준이 동일한 것은 아닙니다. 공부를
잘해서 좋은 대학에 들어가고도 남을 학생이 있는가 하면, 중학생보다
못하는 학생도 있습니다.

미래완료의 구원인 '영화의 구원'은 이 세상 마지막 때에 이루어지게
될 것입니다.

이 중에서 우리가 이루어가야 하는 구원은 '성화의 구원'인데, 그것을
이루어가는 자세가 '두렵고 떨림'이라고 합니다. 인생에 중요한 시험이나
큰 대회를 앞두게 되면 두렵고 떨리는 현상이 나타날 것입니다. 그것은
그 시험이나 대회가 쉽지 않다는 의미이기도 하고, 중요하다는 의미이기
도 합니다. 그러나 구원을 이루어 가는 것은 시험에 합격하는 것이나 대
회에서 상을 받는 것보다 훨씬 중요합니다. 구원을 이루어 감이 영원한
상과 관련이 있기 때문입니다. 13절이 이렇게 증거합니다.

■    너희 안에서 행하시는 이는 하나님이시니 자기의 기쁘신 뜻을

합당하게 생활하라

12절에서 바울은 빌립보교회 사람들에게 '내가 있을 때에도 순종해서 자기 자신의 구원을 이루어 갔던 것처럼, 떨어져 있는 지금은 더욱 순종해서 자신의 구원을 이루어 가라'고 권면했습니다. 빌립보교회 사람들과 함께 있거나 없거나 바울 자신은 유한하기 짝이 없지만, 언제나 함께하시는 하나님은 전능하신 분이시기 때문입니다.

우리가 어떤 영적 지도자의 가르침을 통해 구원자이신 예수 그리스도를 인격적으로 알게 되고, 영생에 눈 뜨며, 진리의 길을 걷게 되는 것은 큰 은총입니다. 그러나 아무리 뛰어난 영적 지도자라 할지라도 그분의 삶은 모두 예수 그리스도를 가리키는 손가락이고, 진리로 안내하는 표지판들입니다. 손가락과 표지판과 같은 사람이 구세주일 수 없고, 진리일 수 없습니다.

그래서 우리는 오늘 본문 말씀을 적용해 볼 절호의 기회를 갖고 있습니다. 담임목사님이 계실 때는 '구원을 이루어가는 삶'이 살아지는데, 담임목사님이 부재하는 지금은 '구원을 이루어가는 삶'이 살아지지 않고 있다면 우리는 우리의 시선을 교정해야 합니다. 우리가 기다리는 분은 담임목사님이 아니라 하나님이기 때문입니다. 사실 우리 교회에서 담임목사님의 복귀를 가장 간절하게 기다리는 사람은 저일 것입니다. 저는 다음 주일이 8월 마지막 주일이면 좋겠습니다. 아니, 오늘이 그날이면 좋겠습니다. 그러나 제가 제 구원을 이루어가는 삶을 위해서는 강하고 담대하게 하나님을 기다립니다. 다시 13절입니다.

■　　너희 안에서 행하시는 이는 하나님이시니 자기의 기쁘신 뜻을

위하여 너희에게 소원을 두고 행하게 하시나니

'행하다'는 헬라어로 '에네르게오energeō'인데, 영어 단어 'energy'가 여기서 파생한 단어입니다. 우리가 두렵고 떨림으로 우리의 성화의 구원을 이루어 가는 삶을 살지만 실제로 우리 속에 그러한 삶을 살도록 열정을 주시고 의지를 주시는 분이 하나님이라는 의미입니다. 바울은 이 사실에 대해 이미 이야기했습니다. 1장 6절이 이렇게 증거합니다.

■　　　너희 안에서 착한 일을 시작하신 이가 그리스도 예수의 날까지
　　　　이루실 줄을 우리는 확신하노라

바울은 빌립보로 갈 계획이 전혀 없었습니다. 그러나 성령님께서 바울이 복음 전하는 것을 막으시고 빌립보로 향하게 하셨습니다. 강가에서 모인 여인들 중에서 유일하게 자색 옷감장사 루디아의 마음을 하나님께서 열어 주셔서 바울의 말이 들리게 하셨습니다. 귀신 들려 점치던 소녀도 하나님을 스스로 요청하지 않았습니다. 빌립보 감옥의 간수 역시 구원해 달라고 하나님께 기도하지 않았습니다. 그 누구도 빌립보 지방에 하나님의 구원이 임하게 해달라고 기도하지도, 요청하지도 않았습니다. 그러나 하나님께서는 친히 착한 일을 시작하셨습니다. 그렇기 때문에 바울은 그들의 성화의 구원도 하나님께서 완성시켜 가실 것을 확신하고 있습니다.

또한 바울은 골로새서 1장 28-29절에서 자신의 삶을 이렇게 고백합니다.

합당하게 생활하라

- 우리가 그를 전파하여 각 사람을 권하고 모든 지혜로 각 사람을 가르침은 각 사람을 그리스도 안에서 완전한 자로 세우려 함이니 이를 위하여 나도 내 속에서 능력으로 역사하시는 이의 역사를 따라 힘을 다하여 수고하노라

　사람들에게 그리스도를 전하고, 사람들을 권면하고 가르쳐서 그리스도 안에서 온전한 존재로 서도록 하는 것이 바로 성화의 구원을 이루어 가도록 돕는 것입니다. 바울이 그 사역을 감당하고 있는 것은 자신이 잘났거나 능력이 있기 때문이 아니라 자기 속에서 먼저 능력으로 역사(에네르게오)하시는 분의 역사(에네르게이아) 때문이라고 고백합니다. 우리가 구원의 삶을 이루어 가지만 그 힘은 하나님께로부터 옵니다.
　우리가 성화의 구원을 이루어 가는 데 방해하는 불과 같은 것이 있습니다. 이 불을 반드시 막아야 성화의 구원이 재로 변하지 않습니다. 그 불이 무엇인지 14절이 이렇게 증거합니다.

- 　모든 일을 원망과 시비가 없이 하라

　그 두 가지 불이 원망과 시비입니다. '모든 일'은 하나님께서 우리에게 관심을 가지시고 우리 속에서 행하시는 구원의 완성에 관한 일 전부입니다. 그 일에 우리는 '원망－프루프' 해야 하고, '시비－프루프'해야 합니다.
　'원망怨望'의 사전적 의미는 '남이 내게 한 일을 억울하게 또는 못마땅히 여겨 탓하거나 분하게 여겨 미워함'입니다. 특히 신앙에 있어서는 하나님이 내게 행하신 일이 못마땅하게 여겨질 때 원망이 나옵니다. 고린

도전서 10장 5–11절이 이렇게 증거합니다.

■ 너희 안에서 행하시는 이는 하나님이시니 자기의 기쁘신 뜻을 위하여 너희에게 소원을 두고 행하게 하시나니 그러나 그들의 다수를 하나님이 기뻐하지 아니하셨으므로 그들이 광야에서 멸망을 받았느니라 이러한 일은 우리의 본보기가 되어 우리로 하여금 그들이 악을 즐겨 한 것같이 즐겨 하는 자가 되지 않게 하려 함이니 그들 가운데 어떤 사람들과 같이 너희는 우상 숭배하는 자가 되지 말라 기록된 바 백성이 앉아서 먹고 마시며 일어나서 뛰논다 함과 같으니라 그들 중의 어떤 사람들이 음행하다가 하루에 이만 삼천 명이 죽었나니 우리는 그들과 같이 음행하지 말자 그들 가운데 어떤 사람들이 주를 시험하다가 뱀에게 멸망하였나니 우리는 그들과 같이 시험하지 말자 그들 가운데 어떤 사람들이 원망하다가 멸망시키는 자에게 멸망하였나니 너희는 그들과 같이 원망하지 말라 그들에게 일어난 이런 일은 본보기가 되고 또한 말세를 만난 우리를 깨우치기 위하여 기록되었느니라

하나님께서는 400년 동안 노예로 살았던 이스라엘 자손들에게 자유를 주셨고, 약속의 땅을 주셨습니다. 만나도 내려 주셨고, 반석에서 나오는 물을 먹게 하셨습니다. 40년 동안 옷이 해어지지 않게 하셨고, 발이 부르트지 않도록 해주셨습니다. 얼마나 감격적인 은총입니까?

그런데 이스라엘 자손들은 감사하기는커녕 다른 지휘관을 세워서 애굽으로 돌아가자고 했고, 애굽에서 '생선', '오이', '참외', '부추', '파', '마

합당하게 생활하라

늘' 등을 먹을 때가 좋았다고 했습니다. 노예들이 먹었으면 얼마나 잘 먹었겠습니까? 그런데도 그때가 좋았다고 했습니다.

'원망'은 헬라어 '투덜거리다'의 의성어입니다. 우리말에 적당한 낱말이 있는데 '구시렁구시렁'입니다. 이스라엘 자손들은 하나님께서 그들에게 자유를 주시고 하나님의 백성으로 삼아 주신 것에는 아무런 관심이 없고, 지금 먹을 것이 부족하다는 것이 원망의 이유였습니다. 디모데전서 6장 6절에 "자족하는 마음이 있으면 경건은 큰 이익이 되느니라"고 했습니다. 반대로 자족하는 마음이 없으면 경건은 아무 짝에도 쓸모없는 것이 되고 맙니다. 원망은 구원을 이루어 가는 삶을 방해하는 아주 무서운 불입니다.

'시비是非'의 사전적 의미는 '옳음과 그름'인데, 헬라어적 의미는 '말로 불만을 터뜨리는 것이나 다투는 것'입니다. 그래서 원망이 내적인 것이라면, 시비는 외적인 것입니다. 그래서 시비하는 사람, 즉 말로 불만을 터뜨리는 사람에게는 이미 그 속에 원망이 있습니다. 그래서 시비도 구원의 삶을 잿더미로 만드는 성냥불과 같습니다.

원망이 '하나님에 대한 사랑의 부족'에서 나온다면, 시비는 '하나님에 대한 믿음의 부족'에서 옵니다. 원망과 시비의 원형은 에덴동산에서 있었던 선악과 사건입니다. 사탄은 아담과 하와에게 말했습니다. "하나님이 너희를 정말 사랑하신다면 이것을 먹지 말라고 하셨겠느냐?" "선악을 알게 하는 나무의 열매를 먹어도 죽지 않아. 오히려 눈이 밝아진다니까? 내 말을 믿어." 아담과 하와는 원망과 시비의 불을 막지 못해 실낙원했을 뿐만 아니라 원죄의 출발점이 되었습니다.

야곱의 열한 번째 아들 요셉은 비록 형들의 모함으로 애굽까지 팔려

와서 종살이를 했지만 하나님을 향해 구시렁구시렁거리지 않았고, 하나님을 향해 소리 지르지도 않았습니다. 또한 마담 보디발의 유혹에 슬쩍 넘어가 주어 보디발의 집에서 편안한 삶을 살 수도 있었는데, 그것을 거절했다가 억울하게 옥살이를 하게 되었습니다. 그때도 요셉은 하나님을 향해 원망과 시비를 퍼붓지 않았습니다. 그가 언제나 그 속에서 행하시는 하나님을 바라보았기 때문입니다. 요셉은 '원망 프루프', '시비 프루프'를 한 사람입니다.

요셉이 마침내 애굽의 총리가 되었고, 바로 왕의 꿈처럼 7년의 풍년 후 7년의 흉년이 시작되었습니다. 흉년이 든 지 2년째에 곡식 사러 온 형들을 만났습니다. 요셉이 처음에는 자신의 신분을 밝히지 않다가 나중에 밝혔더니 형들은 보복이 무서워서 말도 못하고 떨었습니다. 그때 요셉이 이렇게 말했습니다. 창세기 45장 4-5절입니다.

■    요셉이 형들에게 이르되 내게로 가까이 오소서 그들이 가까이 가니 이르되 나는 당신들의 아우 요셉이니 당신들이 애굽에 판 자라 당신들이 나를 이곳에 팔았다고 해서 근심하지 마소서 한 탄하지 마소서 하나님이 생명을 구원하시려고 나를 당신들보다 먼저 보내셨나이다

비로소 요셉은 자신의 인생을 한 줄로 정리할 수 있었습니다. 우리의 삶과 상황은 만족스러울 때보다 만족스럽지 못할 때가 많고, 남을 때보다 모자랄 때가 많고, 기쁘고 즐거울 때보다 슬프고 서글플 때가 많습니다. 그때 우리는 우리의 시선을 하나님께 맞추어야 합니다. 그래야 원망과 시비가 우리의 삶과 가정을 불사르지 못합니다.

합당하게 생활하라

앞서 말씀드린 영화에서 갈렙은 3주간의 실천에도 아내의 마음이 바뀌지 않자 아버지와 공원에서 이런 대화를 나누었습니다.

"아내는 너무 고집스러워요. 감사할 줄도 모르고 언제나 불평 불만이에요. 꽃을 사다 주면 버리고요, 제가 세차하고 기름도 넣어 주고, 설거지에 청소까지 해도 고마워하지 않고, 집에 오면 원수 대하듯 해요. 지난 3주 동안 최선을 다해 관계 회복을 위해 노력했어요. 하지만 소용없어요. 그 모욕과 빈정거림을 참고 어제는 요리를 준비했는데, 제 얼굴에 침을 뱉더군요. 이제는 더 이상 못하겠어요. 계속, 계속 절 거부하는 사람에게 제 사랑을 어떻게 보여 주죠?"

그러자 아버지는 "좋은 질문이다"라며 한 나무에 몸을 기댔는데 그것은 십자가였습니다. 아버지는 아들에게 "너는 아내를 사랑할 수 없다. 네가 갖지 않은 것을 줄 수 없기 때문이지. 대가를 바라거나 자격이 있어서 하는 것은 사랑이 아니다. 주님은 네가 자격이 없어도 너를 사랑하신다. 네가 계속해서 주님을 거부하고 침을 뱉었어도 말이다. 주님이 십자가에 죽으심은 너를 사랑했기 때문이다. 내가 주님 앞으로 갔을 때 주님은 내 인생을 바꾸어 주셨고, 그때부터 네 엄마를 진심으로 사랑하게 되었다. 내가 너를 도울 수 있는 것은 여기까지다. 그다음은 너와 주님과의 문제다. 네게 주님의 용서가 필요한 것을 모르겠니? 그리고 주님께 네 인생을 맡길 수 있겠니?"

성도님들에게 원망과 시비의 불길이 타오르게 하는 것들은 무엇입니까? 남편이나 아내입니까? 부모나 자식입니까? 직장 동료입니까? 친구입니까? 아니면 경제적인 문제입니까? 신분이나 업적의 문제입니까? 그 모든 불길을 끄는 것은 우리의 시선을 하나님께 맞추는 것입니다. 그러면 영원한 'Fire-fighter'(소방관)가 되시는 하나님께서 우리와 함께 우리 인생의 불을 끄고 계신 것을 발견하게 될 것입니다.

---

하나님 아버지!

우리가 구원을 이루어 가는 삶 가운데 원망과 시비가 있었던 것을 고백합니다.

하나님께서 조금만 도와주시면 모든 것이 잘 이루어질 수 있는 것 같은 상황에서, 하나님은 아스라이 멀리 계신 것처럼 느껴지거나, 가까이 계시기는 하지만 물끄러미 지켜보고만 계시는 느낌이 들 때 마음속에서부터 하나님을 원망하곤 했습니다.

때로 하는 일마다 되는 것이 없고, 모든 관계가 뒤틀리는 것 같을 때는 "하나님! 이러실 수 있습니까?"라며 하나님께 시비를 걸기도 했습니다.

어쩌면 이제는 그 모든 것을 넘어서 주일이면 예배당에도 오고, 다른 사람이 기도하면 머리도 숙이지만 신앙과는 전혀 상관없는 삶을 살기도 합니다.

하나님 아버지!

우리 모두 원망과 시비를 넘어서 다시 한 번 우리의 시선을 하나님께 고정합니다. 하나님께서는 독생자를 아끼지 않고 우리를 위해 보내신 분이라는 것을 잊지 않게 하여 주옵소서. 또한 우리에게 진실로 필요한 것은 하나님의 능력이 아니라 하나님이라는 것을 잊지 않게 하여 주옵소서.

참 많은 불길들이 우리의 인생을 삼키려 하고, 구원을 이루어 가는 우리의 삶을 무효화시키려고 하며, 우리의 삶을 잿더미로 만들려고 합니다. 우리가 그 불길을 막으려고 발버둥 치지만, 우리의 능력으로는 막을 수 없음을 자인합니다. 우리 모두가 우리 인생의 소방관이신 하나님과 동행하기로 결단하며 하나님과 한 발 내딛는 오늘이 되게 하여 주옵소서. 예수님의 이름으로 기도드립니다.

아멘.

## 23

# 빛들로
## 나타내며

빌립보서 2장 14-18절

**소금과 빛**

마태복음 5-7장은 예수님께서 산 위에서 가르치신 말씀이라
해서 '산상수훈'이라고 합니다. 5장 13절에서 이렇게 말씀하셨
습니다.

너희는 세상의 소금이니 소금이 만일 그 맛을 잃으면 무엇으로
짜게 하리요 후에는 아무 쓸 데 없어 다만 밖에 버려져 사람에
게 밟힐 뿐이니라

예수님께서는 제자들에게 "너희는 세상의 소금이다"라고 말씀
하셨습니다. 소금의 가장 중요한 기능은 '맛을 내는 것'입니다.
아무리 훌륭한 재료를 사용하였다 해도 소금이 들어가지 않은
음식을 먹는 것은 생각만 해도 끔찍합니다.

세상은 맛이 없는 곳입니다. 그럼에도 사람들은 세상이 맛이 있는 줄 알고 세상에 탐닉합니다. 그래서 어떤 이들은 쾌락의 맛을 추구합니다. 그러나 쾌락의 끝에 몸과 마음이 다 망가진 후에야 그것이 얼마나 무의미(맛이 없는)했는지 비로소 깨닫고 후회합니다. 또 어떤 사람들은 권력이나 명예가 맛이 있는 줄 알고 달려듭니다. 그것은 한때는 아주 맛있는 것처럼 느껴집니다. 많은 사람들이 자기 말 한마디에 머리를 숙이는 것을 보고 '세상 사는 맛이 이것이야'라고 생각하기도 합니다. 그러나 권불십년權不十年 아닙니까? 권력의 자리에서 내려온 뒤에 찾아오는 허무함은 인생의 쓴맛만을 느끼게 합니다. 또 어떤 사람들은 많은 재물로 세상의 맛을 느끼려고 합니다. 그러나 바르게 사용하지 않은 재물은 자신의 인생뿐만 아니라 가족들의 인생마저 맛이 없게 만든다는 것을 임종할 때 뼈저리게 느끼게 합니다.

그리스도인은 사람들에게 인생의 의미(맛)를 제공하는 사람들입니다. 그리스도인이 없는 세상은 소금이 빠진 음식과 같습니다.

또한 소금은 냉장시설이 발달하지 못한 고대에 방부제 같은 역할을 했습니다. 그래서 '너희는 세상의 소금이라'는 뜻은 너희는 세상의 방부제와 같다는 의미입니다. 이 말은 이 세상은 썩고 부패할 수밖에 없는 곳이라는 것을 전제하고 있습니다.

그리스도인이 없는 세상은 상해 가는 생선과도 같습니다. 그리스도인들이 곳곳에서 자신의 역할을 성실하게 감당할 때 비로소 세상은 부패한 생선이 아니라 자반고등어가 되는 것입니다. 우리가 소금임에도 우리 있는 곳이 맛이 나지 않고 썩어 가고 있다면 우리가 녹지 않고 있기 때문이거나, 우리가 소금임을 부인하고 있기 때문일 것입니다.

또한 주님께서는 이렇게 말씀하셨습니다. 마태복음 5장 14-15절입니다.

너희는 세상의 빛이라 산 위에 있는 동네가 숨겨지지 못할 것이요 사람이 등불을 켜서 말 아래에 두지 아니하고 등경 위에 두나니 이러므로 집 안 모든 사람에게 비치느니라

예수님께서는 제자들에게 "너희는 세상의 빛이다"라고 말씀하셨습니다.

당시에는 불이 귀했습니다. 지금처럼 성냥이나 라이터가 있는 것이 아니라 부싯돌처럼 자연을 이용해서 불을 켜야 했습니다. 한번 끄면 다시 불을 켜기가 여간 어려운 것이 아니었습니다. 그래서 외출할 때는 불을 약하게 해서 됫박 아래 감추어 두었습니다. 주님께서 그것을 말씀하고 계시는 것입니다. 불을 켜서 어쩔 수 없을 때 됫박 아래 두기도 하지만 원래 목적은 등대 위에 두어서 사람들이 이용하는 것이라는 얘깁니다.

소금은 소리 없이 은밀하게 자기 역할을 하는 반면, 빛은 공공연하게 누구나 다 볼 수 있는 모습으로 드러납니다. 소금은 안에서 녹으면서 역사하지만 빛은 밖에서 드러나게 역사합니다.

빛의 역할은 '드러내는 일'입니다. 칠흑 같은 어둠이 드리워져 있을 때는 아무것도 보이지 않지만, 그곳에 빛이 비칠 때는 모든 것이 드러납니다. 아주 작은 것이라 할지라도 빛 앞에서는

합당하게 생활하라

반드시 드러납니다.

"너희는 세상의 빛이다"라는 주님의 말씀은, 세상은 어두움이라는 의미입니다. 그럼에도 많은 사람들은 세상이 어두움이라는 것을 인지하지 못합니다. 휘황찬란한 조명 아래서 평생을 살았다 할지라도, 영원한 빛 되시는 주님을 인격적으로 만나고 나면 그 조명들이 얼마나 어두움이었는지를 비로소 깨닫습니다.

또한 빛의 역할은 '인도하는 일'입니다. 어두운 밤길을 갈 때는 자동차의 헤드라이트가 길을 인도해 주고, 어두운 바다를 항해할 때는 등대가 해로海路를 밝혀 줍니다. 고대에 나침반이 발명되지 않았을 때는 북극성 같은 별빛을 보고 길을 찾았습니다. 그리스도인이 없는 세상은 빛이 없는 산길에서 헤드라이트 없이 자동차를 운전하는 것과 같고, 비바람 치는 바다를 등대 없이 항해하는 것과 같습니다.

그리스도인들이 있는 곳에 여전히 어두움이 존재하고 사람들이 어떻게 살아야 하는지 갈 길을 몰라 하고 있다면, 우리가 빛임에도 빛이 아닌 척하고 있거나, 우리 인생이 영원한 빛 되시는 주님과 연결이 끊어져 더 이상 빛이 아니기 때문일 것입니다.

주님께서는 제자들에게 "너희는 세상의 소금이다. 너희는 세상의 빛이다"라고 말씀하셨습니다. 여기서 강조되는 단어는 '너희는'입니다. 다른 사람이 아니라 바로 너 자신이 '소금'이고 '빛'이라는 것입니다. 주님의 산상수훈을 들은 사람들은 당시의 고관대작들이나 최고의 석학들이 아니었습니다. 지역 상권商權을 쥐고 있는 사람들도 아니었습니다. 그들 대부분은 갈릴리의 가진 것 없고 배운 것 없는 어부들이었고, 손가락질 받는 세리였

고, 자기 의와 자기 생각에 가득 찬 사람들이었습니다. 그럼에
도 주님은 그들에게 "너희는 세상의 소금이다, 너희는 세상의
빛이다"라고 말씀하기를 주저하지 않으셨습니다.

## 흠 없이, 순전한 마음으로

오늘 본문은 거기서 한 걸음 더 나아가야 함을 말씀하고 있습
니다.

모든 그리스도인은 자기 자신의 구원을 이루어 가는 사람들입니다. 그
자세는 두렵고 떨림입니다. 그 구원을 놓치거나 구원이 취소될 것 때문
에 갖는 두려움이나 떨림이 아니라, 그 구원의 가치와 중요성 때문입니
다. 그래서 구원을 이루어 가는 삶보다 인생을 가치 있게 사는 것이 없습
니다. 그것은 많은 돈을 버는 것보다 가치 있고, 높은 자리에 올라 이름
을 떨치는 것보다 의미가 있으며, 태산보다 높은 업적을 쌓는 것보다 하
나님께 더 인정받는 것입니다. 그래서 이 구원의 완성을 위해 하나님께서
는 우리에게 그런 삶을 살도록 소원도 주시고 힘도 주십니다.

구원을 이루어 가는 삶에 가장 큰 방해거리는 '원망과 시비'입니다. 원
망과 시비는 우리의 예상이나 기대와 달리 다른 상황들이 전개될 때 나오
는 것입니다. 애굽에서 400년간 노예로 살았던 이스라엘 자손들의 광야
생활 40년은 우리에게 좋은 거울이 됩니다. 그들의 40년간을 요약하면
'원망과 시비'라고 할 수 있습니다. 그러나 하나님께서는 그들 스스로의
노력으로는 결코 가질 수 없는 자유를 주셨고, 약속의 땅 가나안을 주셨
습니다. 그런데도 그들은 당장 필요한 '생선, 오이, 참외, 부추, 파, 마늘'
같은 것이 없다고 하나님께 원망과 시비로 불을 질렀습니다. 시편 106편

합당하게 생활하라

13-15절이 이렇게 증거합니다.

■ 그러나 그들은 그가 행하신 일을 곧 잊어버리며 그의 가르침을 기다리지 아니하고 광야에서 욕심을 크게 내며 사막에서 하나님을 시험하였도다 그러므로 여호와께서는 그들이 요구한 것을 그들에게 주셨을지라도 그들의 영혼은 쇠약하게 하셨도다

그래서 그들은 하나님께서 내려 주신 만나도 먹고, 하나님께서 보내 주신 메추라기 고기도 먹고, 하나님께서 터트려 주신 반석에서 나오는 물을 먹었을지라도 하나님을 바라보는 영적인 시력이 약해질 대로 약해져, 하나님께서 그들에게 주기 원하셨던 가나안 땅을 보지 못했습니다. 하나님께서는 이스라엘 자손들, 아니, 하나님의 백성을 최고, 최선으로 인도하셨음에도 그들은 그것들이 자기들 보기에 최고, 최선이 아니라며 원망하고 시비를 했던 것입니다.

그 이스라엘 자손들의 이야기가 고스란히 우리 각자의 인생에 전개되고 있습니다. 그들에게 성경이 없었고, 그들 앞에 좋은 사례가 없었기 때문에 그러했다 할지라도, 우리에게는 하나님의 말씀도 있고, 지난 수천 년 동안 수없이 많은 믿음의 사람들이 '하나님의 인도하심이 당장에는 최선의 것이 아닌 것처럼 보인다 할지라도 하나님의 인도하심만큼 최고의 것은 없다'고 수없이 많이 증언했음에도 우리는 그것을 믿지 않습니다. 그래서 우리 인생에도 원망과 시비의 불로 인해 신분의 구원인 칭의의 구원에 머무르고, 수준의 구원인 성화의 구원을 이루어 가지 못하는 경우가 허다합니다.

하나님께서 이스라엘 자손들을 출애굽하게 하신 목적은 단순히 애굽을

벗어나는 것이 아니라 그들이 하나님의 백성이 되어 가나안 땅에 들어가는 것이었습니다. 마찬가지로 하나님께서 우리에게 영적 출애굽을 하게 하신 목적은 나중에 받을 구원만을 위해서가 아니라 우리가 하나님의 자녀답게 되어 우리의 구원을 완성해 가는 것입니다. 그래서 원망과 시비를 하지 않는 것만으로는 우리의 구원을 완성해 갈 수 없습니다. 우리가 어떻게 바뀌어 가야 하는지를 15절이 이렇게 증거합니다.

■   이는 너희가 흠이 없고 순전하여 어그러지고 거스르는 세대 가운데서 하나님의 흠 없는 자녀로 세상에서 그들 가운데 빛들로 나타내며

우리 모두는 원망과 시비가 없음을 넘어서, 흠 없고 순전함의 자리까지 나아가야 한다고 합니다. 원망과 시비가 '나와 하나님의 관계의 문제'라면, '흠 없고 순전함'은 '나와 나의 관계'라 할 수 있습니다.

'흠이 없다'는 의미는 '비난받을 만한 일이 없다'입니다. 이것은 어떤 사람의 삶이 윤리적으로 높은 수준을 유지하고 도덕적으로 고결함을 나타냅니다. 이것은 주위 사람들이 우리 삶을 들여다보았을 때, 우리에게서 '그것은 틀렸다'라고 할 만한 것이 없어야 하고, 몰상식하거나 비합리적인 것 때문에 비난당하거나 꾸짖음 당하는 일이 없어야 한다는 것입니다. 즉 나의 삶이 다른 사람에게 '진면교사眞面敎師'여야지, '반면교사反面敎師'이지 않아야 한다는 말입니다. 우리는 가까이 갈수록 역겨운 사람이 아니라 향기 나는 사람이어야 합니다.

'흠 없는'에 해당하는 대표적인 인물을 들면 다니엘일 것입니다. 다니

엘서 6장 3-9절이 이렇게 증거합니다.

> ■ 다니엘은 마음이 민첩하여 총리들과 고관들 위에 뛰어나므로
> 왕이 그를 세워 전국을 다스리게 하고자 한지라 이에 총리들과
> 고관들이 국사에 대하여 다니엘을 고발할 근거를 찾고자 하였
> 으나 아무 근거, 아무 허물도 찾지 못하였으니 이는 그가 충성되
> 어 아무 그릇됨도 없고 아무 허물도 없음이었더라 그들이 이르
> 되 이 다니엘은 그 하나님의 율법에서 근거를 찾지 못하면 그를
> 고발할 수 없으리라 하고 이에 총리들과 고관들이 모여 왕에게
> 나아가서 그에게 말하되 다리오 왕이여 만수무강 하옵소서 나
> 라의 모든 총리와 지사와 총독과 법관과 관원이 의논하고 왕에
> 게 한 법률을 세우며 한 금령을 정하실 것을 구하나이다 왕이여
> 그것은 곧 이제부터 삼십일 동안에 누구든지 왕 외의 어떤 신에
> 게나 사람에게 무엇을 구하면 사자 굴에 던져 넣기로 한 것이니
> 이다 그런즉 왕이여 원하건대 금령을 세우시고 그 조서에 왕의
> 도장을 찍어 메대와 바사의 고치지 아니하는 규례를 따라 그것
> 을 다시 고치지 못하게 하옵소서 하매 이에 다리오 왕이 조서에
> 왕의 도장을 찍어 금령을 내니라

다니엘이 포로로 끌려온 것은 바빌론 왕 느부갓네살이 예루살렘을 1차 침공하던 때였습니다. 그때가 여호야김 때였고, BC 605년경입니다. 그 때 다니엘은 열여섯 살 정도의 소년이었습니다. 그런데 사자굴 이야기 가 나온 것은 다리오 왕 때입니다. 다니엘이 사자굴에서 기도하는 모습 을 그린 그림을 보면 청년으로 그리고 있는 것이 많습니다. 그러나 그것

은 바르지 않습니다. 다니엘이 사자굴로 들어갔을 때는 BC 539년경입니다. 그러니까 다니엘이 끌려온 때와 사자굴에 들어갈 때 사이에는 약 66년의 간격이 있습니다. 그래서 사자굴에 들어갈 때 다니엘의 나이는 82세 정도였습니다.

다니엘은 최소한 다섯 명의 왕을 섬겼습니다. 그리고 끌려갈 때의 나라는 바벨론 제국이었는데 사자굴에 들어갈 때의 나라는 페르시아 제국이었습니다. 그럼에도 그는 여전히 총리로 있었습니다. 우리나라에서 대통령 임기 5년 동안 국무총리, 장관이 몇 번씩 바뀝니다. 그러나 다니엘은 왕이 바뀌어도 총리였고, 제국이 바뀌어도 총리였습니다. 더구나 적국에서 말입니다. 그래서 다니엘은 훌륭하고 대단합니다.

또한 적국이었기 때문에 다니엘에게는 계파가 있을 수 없었고, 많은 신하들 가운데 그의 편은 아무도 없었습니다. 우리나라 정치에는 여당과 야당이 있을 뿐만 아니라 같은 당 내에도 계파들이 있어서 서로 싸웁니다. 그러나 다니엘은 '하나님 당'이었고 당대표 다니엘, 당원 다니엘이 전부였습니다. 나머지 신하들은 전부 '페르시아 당'이었습니다. 다니엘의 반대편 사람들이 일제히 다니엘의 허물을 찾았지만 허사였습니다. 지금으로 하면 혹시 돈 문제로 책잡을 것이 있나 해서 그와 관련된 장부를 다 뒤져 보고 계좌추적도 해봤지만 1원 하나 틀리지 않은 것입니다. 혹시 내연녀가 있나 해서 휴대폰 통화 내역을 조사해 봤더니 전부 업무와 관련된 것들이었고, 혹시 가정에 문제가 있나 해서 확인했더니 그 집 식구들은 매우 화목했습니다. 다니엘을 반대하는 사람들에게는 권력도 있고, 금력도 있고 정보력도 있었을 터인데 다니엘을 비난할 만한 것을 찾을 수 없었습니다. 다니엘의 삶과 신앙이 충성되어 그릇됨도 없고 허물이 없었다는 것은 반대자들의 시각에서 보아 그러했기 때문에 그의 인생

합당하게 생활하라

은 참 눈이 부십니다.

'순전하다'는 말은 '불순물이 섞이지 않다'는 뜻입니다. 특별히 이 단어는 상대가 악한 의도로 다가옴에도 자신의 고결함을 유지한다는 의미가 있습니다. '흠이 없다'가 외적인 고결함이라면, '순전하다'는 내적인 고결함입니다. 즉 그리스도인들은 내·외적으로 정결하고 순수함을 구하는 사람들입니다.

'순전하다'는 단어에 떠오르는 사람은 에스더입니다. 하만은 모르드개가 자신에게 절하지 않는다 하여 페르시아에 있는 모든 유대인을 몰살시킬 계획을 세웠습니다. 제비 뽑아 12번째 달 13일로 날짜를 정한 다음 그날 모든 유대인을 죽이고 재산을 몰수한다며 전국적으로 조서를 내렸습니다. 조서를 받는 지방의 유대인들은 베옷을 입고 통곡하며 금식했습니다. 모르드개는 왕후이자 사촌인 에스더에게 "왕에게 나아가 이 사실을 알리라"고 했습니다. 그러나 에스더는 왕이 부르지 않았는데도 왕에게 갔을 때 왕이 금 규(금지팡이)를 내밀면 살지만 그렇지 않으면 죽는다고 했습니다. 그리고 왕이 자신을 부르지 않은 지 30일이나 되었다고 했습니다. 그러나 모르드개는 물러서지 않고 당신이 왕후에 오른 것이 이때를 위함이 아닌지 어떻게 알겠느냐고 했습니다. 그때 에스더는 이렇게 결단했습니다. 에스더 4장 16절이 이렇게 증거합니다.

■    당신은 가서 수산에 있는 유다인을 다 모으고 나를 위하여 금식하되 밤낮 삼 일을 먹지도 말고 마시지도 마소서 나도 나의 시녀와 더불어 이렇게 금식한 후에 규례를 어기고 왕에게 나아가리니 죽으면 죽으리이다 하니라

에스더는 왕후의 힘을 이용해서 군사를 모아 하만과 싸우려 하지 않았고, 최정예 자객을 풀어서 하만을 암살하려고 하지도 않았습니다. 그가 행한 것은 금식이었습니다.

인간은 음식을 먹어야 힘을 냅니다. 그래서 금식을 한다는 것은 '내 힘의 근원은 먹는 것이 아니라 하나님께 있다'는 고백입니다. 에스더가 금식하는 것은 자신의 생각이나 삶에 불순물을 섞지 않고 모든 것을 하나님께 의지하겠다는 결단이었던 것입니다.

우리 삶이 흠 없고 순전해야 하는 이유는 이 세상이 '어그러지고 거스르는 세대'이기 때문입니다. '어그러지다'는 겉으로 휘어지고 왜곡된 것이고, '거스르다'는 속으로 휘어지고 왜곡된 것입니다. 이 세상은 맛이 없는 곳임에도 사람들은 맛이 있는 척하고, 부패하면서도 그렇지 않은 척하며, 어두움이고 갈 길을 몰라 하면서도 빛이라고 우기고, 바른 방향을 향하고 있다고 우리를 세뇌합니다. 다시 15절입니다.

■　　　이는 너희가 흠이 없고 순전하여 어그러지고 거스르는 세대 가운데서 하나님의 흠 없는 자녀로 세상에서 그들 가운데 빛들로 나타내며

하나님의 자녀인 우리는 '빛'으로 나타나야 한다고 합니다. 여기서 말하는 '빛'은 '발광체-별'을 가리키는 말입니다. 그래서 '빛들'이라고 복수형으로 되어 있습니다. 즉 우리 각자의 삶이 달이고, 태양이고, 북극성이어야 한다는 의미입니다.

삶 가운데 남들보다 선한 행실이 포함되어 있어서 그것이 무엇을 비추는 정도가 아니라, 인생 전체가 완전히 달라서 다른 사람들에게 모델이

　　　　　　　　　　　　합당하게 생활하라

되어야 한다는 의미입니다. 그래서 우리는 모든 면에서 불신자와 달라야 합니다. 언어도, 행동도, 일하고 공부하는 태도도, 사람을 대하는 자세도, 가정에서 자신의 역할을 감당하는 것도 달라야 합니다. 무엇보다 가치관이 달라야 합니다. 불신자들은 이 세상과 눈에 보이는 것이 전부이지만, 우리는 하나님나라와 눈에 보이지 않는 것을 더 귀하게 여기는 사람들이기 때문입니다.

권력과 금력을 지닌 반대자들이 그토록 고발할 것과 흠이 될 만한 것을 찾았지만 찾을 수 없었던 다니엘을 통해 하나님께서는 이렇게 말씀하셨습니다. 다니엘서 12장 3절입니다.

■　　　지혜 있는 자는 궁창의 빛과 같이 빛날 것이요 많은 사람을 옳은 데로 돌아오게 한 자는 별과 같이 영원토록 빛나리라

이 말씀에 가장 적합한 사람을 꼽으라면 바로 다니엘 자신일 것입니다. 다니엘이 이 땅에 산 것이 약 2,500년 전입니다. 그가 포로로 끌려가 이방나라에서 관직에 있으면서도 흠 없는 삶을 살기 위해 최선을 다하고, 하나님을 향해 순수함을 지키려고 몸부림쳤을 때, 하나님께서는 그를 궁창의 빛과 같이 빛나게 해주셨습니다. 그래서 그는 지금도 모든 그리스도인에게 하늘의 별과 같이 신실한 사람으로 서 있습니다.

또한 하만은 유대인을 몰살하려 했던 그날 죽임을 당하고, 그다음 이틀은 유대인들이 가장 기뻐하는 절기인 '부림절Days of Purim'이 되었습니다. 에스더가 악한 마음을 품지 않고 순전한 마음으로 하나님께 집중했을 때, 하나님께서는 에스더를 성경을 이루는 한 책의 이름이 되게 하셨습니다. '에스더'의 뜻이 '별'입니다.

제가 제네바에서 사역할 때, 성악가이자 한양대학교 음대 교수인 바리톤 고성현 선생이 제네바에 있는 오페라극장 그랑 떼아터에서 푸치니의 오페라 〈라 토스카〉 공연을 하기 위해 오셨습니다. 그분은 꼭 한국 음식을 드셔야 하는 체질이라 머물 곳이 마땅치 않아서 한 권사님 댁에서 2개월을 머물렀습니다. 어느 날 저녁 그 권사님 댁에서 고 선생과 다른 음악인 몇 분이 자리를 함께했습니다. 식사 후, 대화 중에 오페라극장에서 테너로 일하는 성악가가 고 선생께 이런 질문을 했습니다. "선생님, 저는 노래하는 것이 너무 좋습니다. 그런데 노래를 하다 보면 약간 흥분될 때가 있습니다. 그러면 좀 지나치게 열심히 노래를 하게 되는데, 그러다 보면 종종 끝에 힘이 부칠 때가 있습니다. 고쳐야 하는데 잘 고쳐지지 않습니다. 어떻게 하면 좋겠습니까?"

그때 고 선생이 이렇게 답변하셨습니다. "그건 지금 당장 고치지 않으면 나중에는 못 고친다. 시간이 지나다 보면 고쳐지리라 생각하기 쉬운데 절대로 그렇게는 안 된다. 나는 성악가는 검투사와 같다고 생각한다. 오페라 같은 음악이 사자와 같은 맹수지. 원형경기장에서 검투사와 맹수가 맞서고 있다. 뛰어난 검투사일수록 그 맹수를 멋있게 죽이지. 수많은 관중은 검투사에게 그 맹수를 죽이기를 요구하는데, 검투사가 힘이 부쳐서 맹수를 죽이지 못하면 자신이 맹수에게 죽임을 당하게 된다. 그리고 다른 검투사에게 자신의 자리를 넘겨주어야 한다. 나는 바리톤이지만 남자 성악가 중에서 가장 돋보이는 음역이 테너라고 생각한다. 그래서 공연할 때는 테너가 잘 리드해 가야 한다고 생각한다. 테너가 잘 리드하지 못하면, 이번에 내가 공연하는 〈토스카〉에서 테너인 카발라도시는 바리톤인 스카르피아에게 짓밟히게 되지."

이 이야기를 들으면서 저는 설교학 수업을 듣는 것 같았습니다. 이런

합당하게 생활하라

생각을 했습니다. '그래. 목사도 검투사와 같지. 하나님의 말씀을 어떻게 다루느냐에 따라 성도가 기뻐하기도 하고, 아무런 느낌이 없어 하기도 하지. 같은 말씀을 가지고도 어떤 목사가 설교하면 정말 하나님의 말씀같이 들리고, 어떤 목사가 설교하면 지루한 교훈같이 들리기도 하지.'

집으로 돌아가는 길에 검투사와 목사는 사람들 앞에서 일한다는 것과, 자기를 철저하게 훈련해야만 계속 경기장과 말씀의 단에 설 수 있는 점이 같다는 생각이 들었습니다. 차이라면, 검투사는 자신의 외적인 부분, 즉 체력과 기술을 연마해야 하지만, 목사는 자신의 내면을 잘 훈련해야 하는 점입니다. 목사가 잘 훈련되지 못하면 그 자리를 넘겨주어야 한다는 생각도 들었습니다. 그러다 문득 검투사와 목사의 차이는 무엇일까 궁금했습니다. 검투사는 사람들에게 일시적으로 쾌락을 주지만, 목사는 영원한 기쁨을 맛보게 해야 한다는 생각이 들었습니다. 그리고 검투사는 짐승을 죽여야만 인기가 높아지고 사람들이 더 많이 좋아하지만, 목사는 하나님의 말씀을 살리기 위해 자신이 죽어야 하나님께서 그 인생을 존중하신다는 생각이 들었습니다. 성악가, 검투사, 목사, 참 공통점이 많습니다.

저는 목사이기 때문에 모든 것을 목회적인 관점에서 생각합니다. 그리고 저를 세우려고 노력합니다. 성도님들도 하시는 일은 저와 다르지만 자세는 동일해야 합니다. 우리 모두가 흠 없이 순전하게 살겠다는 마음으로 옷매무새를 고치고 신발 끈을 질끈 묶으며 '나는 바른 청지기인가? 나의 시선은 영원한 것에 맞추어져 있는가?' 하는 질문을 항상 던져야 합니다. 그것이 이 땅에서 빛으로, 별로 살아가는 것입니다.

하나님 아버지!

우리가 이 땅에서 빛과 같은 존재로, 별과 같은 존재로 살아가기를 원하심을 일깨워 주셔서 감사합니다.

그러나 우리는 '그런 삶은 목회자나 소수의 그리스도인들만을 위한 것이고 나는 예외'라고 생각할 때가 많았음을 고백합니다. 그래서 빛 가운데 거하겠다고 하면서도 삶의 자리는 늘 어두움일 때가 많았고, 거기서 벗어나야 한다고 하면서도 은근히 즐기는 삶을 살았습니다.

다시 한 번 우리의 옷매무새를 고치고, 신발 끈을 묶습니다. 우리가 이 시대의 다니엘과 에스더로 살아가게 하옵소서. 우리는 재상도 아니고 왕후도 아니지만, 하나님께서 허락하신 삶의 자리에서 흠 없이, 순전한 마음으로 하나님의 자녀다운 삶을 살아가게 하여 주옵소서.

그리하여 우리의 삶이 어두움 속에 있으면서도 그것이 어두움인지도 모르는 사람들에게 진리의 등불로 나타나게 하시고, 어디로 가야 할지 몰라 헤매는 사람들에게 영원한 빛이신 주님을 가리키는 손전등이게 하여 주옵소서. 또한 언제나 한 자리에서 방향을 알려주는 북극성처럼, 우리 삶의 자리가 사람들에게 바른 길을 알려주는 북극성이 되게 하여 주옵소서. 예수님의 이름으로 기도드립니다.

아멘.

# 24 생명의 말씀을 밝혀

빌립보서 2장 14-18절

**어느 초신자의 고백**

제네바에서 사역할 때 '유럽 선교사 수련회'에 참석한 적이 있는데, 그때 강사로 오신 목사님께서 자신의 목회 초년 시절 이야기를 하셨습니다.

이분이 신학대학원을 졸업하고 전임전도사로 부임하게 되었습니다. 그런데 2개월쯤 지났을 때, 그 교회 담임목사님께서 갑자기 다른 교회로 자리를 옮기셨습니다. 그래서 4개월 동안 담임목사도 아니면서 교회 전체를 책임지게 되었습니다. 처음에는 아주 기분이 좋았다고 합니다. 하고 싶은 일도 많았고, 하고 싶은 설교도 많았기 때문이었습니다. 게다가 이분은 대학에서도 신학을 전공했기 때문에 7년 동안이나 신학을 배웠습니다. 그런데 한 달을 하고 나니까 할 설교가 없어졌습니다.

그 4개월 사이에 설이 끼여 있었습니다. 물론 설교 준비로 고향에 가지 못했습니다. 설날 새벽기도 후 집에 누워 있는데 한복을 말끔히 차려 입은 처음 보는 신사가 찾아와 "담임목사님이 계시면 만나고 싶다"고 했습니다. '지금 이 교회는 담임목사는 공석'이라고 하니까, 그러면 전도사님이라도 가셔서 예배를 인도해 주시면 좋겠다고 했습니다.

그래서 뒤따라갔습니다. 가는 동안 머릿속에는 어떤 말씀을 가지고 설교할까 하는 생각밖에 없었습니다. 그러다가 "설이니까 고린도후서 5장 17절 말씀으로 '새로운 피조물'이라는 제목의 설교를 하자"고 정하고 따라갔습니다. 그런데 그분 집에 도착하고 보니 온 가족이 한복을 입고 기다리고 있었고, 분위기가 심상치 않았습니다. 오면서 전해야겠다고 생각한 말씀이 적절치 않을 듯한 느낌이 들어 무릎 꿇고 기도하는데, 기도는 되지 않고 '뭘 설교하지?' 하는 생각만 맴돌았습니다. 그러나 어떤 말씀도 떠오르지 않았습니다.

기도가 끝난 후 왜 그를 불렀는지 물었더니 사연이 이러했습니다. 그 가정에 어머니와 세 아들이 있었는데 막내아들 내외가 미국 유학 중에 예수님을 믿게 되어 귀국 후 두 형님께 전도를 했습니다. 그랬더니 큰형님이 완곡히 거절했습니다. "어머니가 살아 계신데 우리가 예수를 믿을 수 없다"는 것이었습니다. 막내며느리도 '우리 시댁 가족들이 예수님을 믿어야 하는데……' 하는 생각으로 속이 타 시어머니에게 열심히 전도했습니다. "어머니, 밝은 새 시대가 왔어요. 어두운 시대에는 미신을 믿었지만, 이제는 세상을 창조하시고 예수님을 보내 우리를 구원해 주신 하나님을 믿어야 해요"라고 전했습니다. 그러나 시어머니는

　　　　　　　　　합당하게 생활하라

귀가 약간 먹어서 늘 "나는 모르겠다"고만 했습니다. 그렇게 몇 년이 흘렀습니다.

막내아들 부부는 여전히 안타까워 속이 탔습니다. 그래서 그때도 섣달그믐에 가족들이 모였을 때 다시 어머니에게 전도했습니다. 마침내 어머니가 기적처럼 막내아들 부부의 말을 받아들였습니다. 그 어머니가 가족들을 모으고는 이렇게 말했습니다. "새 시대가 왔으니 새 종교를 믿으라." 그래서 가족들이 그럼 내일부터 제사를 드리지 말고 예배를 드리자 해서 그 전도사님을 모셔 온 것이었습니다.

그 말을 듣고 나니까 이분이 더 미칠 지경이었습니다. 그날 무슨 말씀을 전했는지 전혀 기억이 나지 않는다고 했습니다. 예배를 마치고 얼굴이 벌게져서 도망치듯 나왔고, 집으로 오면서 자기 머리를 수도 없이 쥐어박았다고 합니다. '이 돌팔이! 신학을 7년이나 하고도 그 모양이냐?' 그 주간 동안 그는 깊은 죄책감에 사로잡혀 있었습니다. 더구나 막내아들 부부는 대학교수였습니다. 그 버벅거리는 설교를 들으며 안타까워했을 것을 생각하니 더욱 죄책감이 깊어졌습니다.

그다음 주일이 되었습니다. 다리가 아파서 거동이 불편한 어머니를 제외하고 모든 가족이 자녀들까지 동반해서 교회로 나왔습니다. 물론 그 후로도 신앙생활을 계속했습니다. 그런데 3개월 후, 큰며느리가 울며 전화를 했습니다. 남편이 후두암이라고 했습니다. 전화를 끊고 이분이 하나님께 원망했습니다. '하나님! 왜 이러십니까? 좀 일찍 발견되어 그 병 때문에 예수님을 믿게 하시든지, 좀더 뒤에 신앙이 깊어졌을 때 병이 나게 하시면 얼마나 좋습니까? 3개월 동안 설교를 들었으면 몇 번이나 들었다고 이러십니까? 설교도 예배시간 전에 겨우 마무리해서 한 설교가 아니었습니까?'라는 생각이 들었습니다.

병실로 심방 가서 먼저 기도를 했습니다. 그분을 위해서가 아니라, 무슨 말을 해야 할지도 몰랐고, 무슨 말을 들을지 무서워서 기도를 했습니다. 그런데 환자가 이런 말을 했습니다. "전도사님! 하나님께 진심으로 감사합니다. 제게 이런 병이 있는 줄 아시고 저를 올해부터 예수를 믿게 하셨나 봅니다." 이분이 그 말을 듣고 울었습니다. "내가 갑자기 신神을 바꾸었더니 암이 걸렸다고, 이럴 줄 알았으면 교회를 다니지 않을 건데……"라고 말하리라 생각했기 때문입니다.

이 초신자분이 투병하면서 열심히 신앙생활을 했습니다. 심방 가면 환자는 설교하고, 전도사는 들었습니다. 시간이 지나면서 암이 머리까지 전이되었습니다. 이 환자분이 찬송가 493장, 〈하늘 가는 밝은 길이〉를 좋아하셨습니다. 그중에도 3절을 특히 좋아하셨습니다. '내가 천성 바라보고 가까이 왔으니 아버지의 영광 집에 나 쉬고 싶도다 나는 부족하여도 영접하실 터이니 영광 나라 계신 임금 우리 구주 예수라.'

"하늘나라에 가면 예수님이 임금이신데, 그 임금이 대신 죽어준 사람이 왔는데 천사들이 가만히 있겠느냐"는 것이 초신자의 신앙고백이었습니다. 이분은 1년 만에 세상을 떠났습니다.

무엇이 이 초신자분으로 하여금 이 고백을 하게 했습니까? 하나님의 말씀입니다. 말씀은 곧 생명이기 때문입니다. 하나님의 말

합당하게 생활하라

씀이 얼마나 존귀한 것인지를 안다면 우리는 모든 것을 상대화할 수 있습니다. 오늘 본문이 그것을 강조하고 있습니다.

## 구원을 위해 해야 할 것

모든 그리스도인은 오직 하나님의 은혜로 신분의 구원인 성화의 구원을 얻었습니다. 그래서 이제 우리에게는 수준의 구원인 성화의 구원을 이루어 갈 의무가 있습니다. 이 구원을 어떻게 이루어 가느냐에 따라 우리의 상급이 결정됩니다. 이 구원을 점점 더 완성해 가야 하기 때문에 우리에게는 두렵고 떨림이 있습니다. 이러한 두렵고 떨림은 구원을 이루어 가는 것의 가치가 지극히 높음에서 오는 것입니다. 구원을 이루어 가는 우리의 삶을 방해하고 평가절하하는 것이 원망과 시비입니다. 원망과 시비는 하나님과 우리 사이를 금 가게 만드는 흉기일 뿐만 아니라 다른 사람들과의 관계를 부수는 해머와 같습니다. 원망과 시비가 있는 곳에는 하나님과의 평화, 사람과의 화목이 있을 수 없습니다.

하나님께서 이스라엘 자손들을 출애굽하게 하신 목적은 지리적으로 애굽을 벗어나는 것만이 아니었습니다. 하나님께서 백성으로 삼으신 그들이 하나님의 백성답게 변화되어 가나안 땅에서 하나님을 신실하게 섬기는 것이었습니다. 그래서 하나님의 백성들이 어떻게 살아야 하는지를 보여 주는 본보기가 되기를 원하셨습니다.

부모님이 나에게 바이올린을 가르치기를 원하셔서, 바이올린을 사 오셨다고 해봅시다. 그런데 그 바이올린이 10만 원이나 20만 원 정도라면, 우리는 예상할 수 있습니다. '아, 부모님은 나에게 취미생활로 이것을 하라고 하시는구나. 그리고 몇 달 배우다 싫증나면 안 해도 되겠구나, 혹시

야구를 하다가 배트가 없으면 바이올린으로 공을 쳐도 되겠구나'라고 생각하게 됩니다. 그런데 부모님이 사 오신 바이올린의 가격이 1억 원 정도라면 어떻게 생각해야겠습니까? 이렇지 않을까요? '부모님은 내가 차이코프스키 콩쿠르나 퀸엘리자베스 콩쿠르, 쇼팽 콩쿠르 같은 대회에서 입상함은 물론, 세계 정상급 연주자가 되기를 원하시는구나…….'

목적이 높은 곳에 있으면 거기까지 나아가기 위해 그만큼 값비싼 대가를 치러야 합니다. 하나님께서는 이스라엘 자손들을 가나안 땅으로 인도하시기 위해 애굽에 열 가지 재앙도 내리셨고, 40년 동안 그들에게 만나를 내려 주셨고, 반석에서 나오는 물을 마시게 하셨고, 의복이 해어지지 않게 하셨고, 발이 부르트지 않게 하시는 등, 값으로 매길 수 없을 정도의 대가를 지불하셨습니다.

하나님께서 우리로 하여금 영적 출애굽을 하게 하려고 지불하신 '예수 그리스도의 십자가의 죽으심과 부활'이라는 대가는 어떻게 형언할 수 있을까요? 그래서 우리는 원망과 시비를 그치는 정도가 아니라 흠 없고 순전하여 어그러지고 거스르는 세상에서 빛(별)과 같은 존재가 되어야 합니다.

각자의 구원을 이루어가기 위해 우리가 행해야 할 것이 또 있습니다. 16절이 이렇게 증거합니다.

■    생명의 말씀을 밝혀 나의 달음질이 헛되지 아니하고 수고도 헛되지 아니함으로 그리스도의 날에 내가 자랑할 것이 있게 하려 함이라

우리가 빛(별)과 같은 존재가 되는 것을 '생명의 말씀을 밝히는 것'이라

합당하게 생활하라

고 합니다. 그런데 '밝혀' 앞에 작은 글자로 2)라고 되어 있고, 해당 각주란에 보면 '또는 붙들어'라고 되어 있습니다. 그래서 여러 영어성경에서는 'holding fast, holding out'이라고 번역합니다. '밝히다'라는 헬라어 단어 '에페코epecho'는 '햇불을 꼭 쥐고 앞으로 손을 내밀어 빛을 밝히는 동작을 그리는 말'입니다. 그래서 생명의 말씀을 붙드는 것과 생명의 말씀을 밝히는 것은 같은 의미입니다.

우리가 생명의 말씀을 밝혀야 하는 이유는 우리가 빛들로 나타나야 하는 것과 동일합니다. 생명의 말씀이 없는 이 세상은 어두움이기 때문입니다. 예수님께서 당신 스스로를 이렇게 표현하셨습니다. 요한복음 8장 12절이 이렇게 증거합니다.

> 예수께서 또 말씀하여 이르시되 나는 세상의 빛이니 나를 따르는 자는 어둠에 다니지 아니하고 생명의 빛을 얻으리라

예수님께서는 우리를 향해서도 '너희는 세상의 빛이다'라고 말씀하셨지만, 예수님도 세상의 빛이라고 하십니다. 예수님의 빛이 '영원한 자체 발광'이라고 한다면, 우리는 '충전 발광'과 같습니다. 헬라어는 동사 어미를 보면 주어를 알 수 있기 때문에 일반적으로 주어를 사용하지 않지만 강조할 때는 주어를 사용했습니다. '나는 세상의 빛이다'에서 주님은 분명하게 '나는'이라고 말씀하셨습니다. '오직 나만이 세상의 빛이다'라는 의미입니다. '세상의 이단 교주들이 천 명, 만 명이 나타나 그들이 빛이라고 주장해도 그 빛은 전부 가짜이고 오직 참 빛은 예수 그리스도이시며, 예수 그리스도 없는 삶은 아무리 화려하고 휘황찬란하게 보일지라도 그것은 어두움이다'라는 뜻입니다.

예수님께서 공생애를 시작하시면서, 앞으로 사역하실 지역을 바라보며 말씀하셨습니다. 마태복음 4장 15-16절이 이렇게 증거합니다.

■ 스불론 땅과 납달리 땅과 요단 강 저편 해변 길과 이방의 갈릴리여 흑암에 앉은 백성이 큰 빛을 보았고 사망의 땅과 그늘에 앉은 자들에게 빛이 비치었도다 하였느니라

본래 자연인인 모든 인간은 예수 그리스도의 빛이 비치기 전에는 '흑암에 앉아 있는 존재'였습니다. 그래서 인간은 언제나 빛보다 어두움에 관심이 더 많고, 빛보다 어두움을 더 좋아합니다. 신문이나 TV 뉴스에 왜 선한 내용의 기사보다 악한 내용의 기사가 훨씬 많겠습니까? 사람들이 그것에 더 관심이 많고, 더 좋아하기 때문입니다. 예를 들어 "자기 신장을 떼서 생면부지의 사람에게 준 목사와, 칼을 들고 강도짓 한 목사가 신문에 났을 때 어느 기사에 사람들이 더 많은 관심을 갖겠습니까? 어느 기사가 사람들에 더 많이 회자膾炙되겠습니까?

다메섹으로 가다가 부활하신 주님께서 자신을 만나 주심으로 인생의 방향을 바꾼 바울은 아그립바 왕과 버니게 왕비, 베스도 총독 등 여러 사람들 앞에서 자신이 받은 소명에 대해 사도행전 26장 16-18절에서 이렇게 피력했습니다.

■ 일어나 너의 발로 서라 내가 네게 나타난 것은 곧 네가 나를 본 일과 장차 내가 네게 나타날 일에 너로 종과 증인을 삼으려 함이니 이스라엘과 이방인들에게서 내가 너를 구원하여 그들에게 보내어 그 눈을 뜨게 하여 어둠에서 빛으로, 사탄의 권세에서

합당하게 생활하라

하나님께로 돌아오게 하고 죄 사함과 나를 믿어 거룩하게 된 무리 가운데서 기업을 얻게 하리라 하더이다

바울이 행한 사역의 본질은 사람들의 영적인 눈을 뜨게 해서, 어두움의 다스림에서 빛의 다스림 속으로 들어오게 하고, 사탄의 지배에서 하나님의 지배 속으로 들어오게 하는 것이었습니다.

지금 바울 앞에 있는 사람들은 왕과 왕비, 총독과 고관대작들입니다. 그들의 삶에는 각광脚光이 비쳐서 누가 봐도 화려하게 보입니다. 반면 바울은 한낱 죄수에 불과합니다. 그러나 바울은 그들 모두가 오히려 어두움 속에 있다고 합니다. 자신의 과거가 그러했기 때문입니다. 바울은 자신의 삶이 빛 속에 있다고 확신하고 있었습니다. 그러나 주님께서 그를 만나 주신 후 눈이 멀게 되어 사람들에게 이끌려 다메섹으로 들어갔습니다. 그때, 아나니아라는 주의 제자가 그에게 안수를 함으로 눈에서 비늘 같은 것이 떨어지고서야 다시 보게 되었습니다. 그가 주님을 만나기 전에는 얼마나 어두움 속에 있었는지를 비로소 깨닫게 된 것입니다. 그래서 그리스도인의 삶은 언제나 '빛'과 관련이 있습니다.

바울만이 아닙니다. 사도 베드로도 그리스도인이 어떤 존재인지를 베드로전서 2장 9절에서 이렇게 설명합니다.

■ 그러나 너희는 택하신 족속이요 왕 같은 제사장들이요 거룩한 나라요 그의 소유가 된 백성이니 이는 너희를 어두운 데서 불러내어 그의 기이한 빛에 들어가게 하신 이의 아름다운 덕을 선포하게 하려 하심이라

그리스도인들은 이 말씀에서 '택하신 족속', '왕 같은 제사장들', '거룩한 나라', '그의 소유가 된 백성'…… 이런 말들을 좋아합니다. 그러나 우리가 그렇게 된 것은 '어두운 데'서 불러주셨고 '기이한 빛에 들어가게 해주신 분'이 계시기 때문입니다. 주님께서 우리의 눈을 뜨게 해주심으로 우리가 비로소 하나님의 빛 속으로 들어가게 되었습니다. 그래서 우리의 삶은 '생명의 말씀을 밝히는' 것입니다. 다시 16절입니다.

■　　생명의 말씀을 밝혀 나의 달음질이 헛되지 아니하고 수고도 헛되지 아니함으로 그리스도의 날에 내가 자랑할 것이 있게 하려 함이라

우리가 빛으로 세상에 나타나는 삶은 생명의 말씀을 밝히는 것입니다. 하나님의 말씀은 여러 가지로 불립니다. 거룩한 말씀, 능력의 말씀, 진리의 말씀, 영원한 말씀 등등이 있습니다. 그런데 오늘 본문은 '생명의 말씀'이라고 합니다. 여기에는 두 가지 중요한 의미가 있습니다.

첫째는, '생명을 살리는 말씀'이라는 의미입니다. 본래 '모든 인간은 영적으로 어두움에 있다'는 것과 함께 '모든 인간은 영적으로 죽어 있다'는 것은 성경의 선언입니다. 베드로전서 1장 23절이 이렇게 증거합니다.

■　　너희가 거듭난 것은 썩어질 씨로 된 것이 아니요 썩지 아니할 씨로 된 것이니 살아 있고 항상 있는 하나님의 말씀으로 되었느니라

살아 있고 영원히 존재하는 말씀만이 우리에게 영원한 생명을 줄 수

　　　　　　　　합당하게 생활하라

있습니다.

2009년 가을, 한 자매님이 저를 찾아왔습니다. 다른 교회에 다니는 친구가 있는데, 그 아버지에게 복음을 전해 줄 수 있겠느냐고 물었습니다. '친구 아버지는 뇌혈관 질환을 앓고 계셔서 수명이 얼마 남지 않았고, 신앙이 거의 없지만 병이 깊어지면서 마음이 열려 있다'고 했습니다. 순간, '자기가 다니는 교회 교역자에게 부탁하면 되지 왜 나에게 부탁하지?' 하는 생각이 들었지만, 얼마나 사정이 있으면 나에게까지 부탁했겠나 싶어 병원을 찾았습니다.

먼저 "우리가 아직 죄인 되었을 때에 그리스도께서 우리를 위하여 죽으심으로 하나님께서 우리에 대한 자기의 사랑을 확증하셨느니라"라는 로마서 5장 8절 말씀을 읽고 제가 첫마디를 이렇게 시작했습니다. "아버님, 사람은 모두 죽습니다." 그리고 제가 보았던 60대의 죽음과 50대, 40대의 죽음, 10대의 죽음에 대한 이야기를 한 후 이렇게 이야기를 이어 갔습니다.

"모든 사람에게는 이 땅에서 마지막 숨을 내쉴 때가 있습니다. 그 후 손을 잡아 주시는 분이 필요합니다. 사람들이 이 땅을 살아가면서는 돈, 명예, 권력, 재능을 쥐고 살아가지만, 마지막 숨을 내어 쉰 후 그것들은 아무런 도움을 주지 못합니다. 심지어 가족들도 내가 마지막 숨을 내어 쉰 순간 나를 격리시킵니다. 그러나 그때 나의 영혼을 붙들어 주시는 분이 계십니다. 그분이 아버님을 영원히 살리기 위해 십자가에서 대신 죽어 주신 예수 그리스도이십니다. 그분의 손을 붙잡을 수 있는 기회는 이 땅에서밖에 없습니다. 그분의 손을 붙잡지 않은 사람은 아무리 많은 것을 쌓아도, 아무리 권력과 명예를 얻어도 죽을 때는 허무하다고 합니다. 그러나 그분의 손을 붙잡으면 그분이 아버님을 영원히 인도해 주실 것입니다. 이것이 마지막 제안이 될지도 모릅니다. 아버님께서 다시 일어나 건강하게 되시더라도 다시 이런 이야기를 듣지 못하시게 되면 이것이 마지막입니다."

그랬더니 그분이 있는 힘을 다해서 손을 모아 제 앞으로 내밀었습니다. 저는 그분의 손을 잡고 '주님께서 이분의 영혼을 꼭 잡아주시기'를 기도드렸습니다. 그리고 6개월쯤 뒤 그분은 별세하셨습니다. 그리고 또 7개월이 지난 후 그 청년은 우리 교회 교인이 되었습니다.

하나님의 말씀이 우리에게 영원한 생명을 줍니다. 하나님의 말씀이 '생명의 말씀'이기 때문입니다.

둘째로, 생명의 말씀은 '생명을 자라나게 하는 말씀'이라는 의미입니다. 베드로전서 2장 2절이 이렇게 증거합니다.

■    갓난아기들같이 순전하고 신령한 젖을 사모하라 이는 그로 말미암아 너희로 구원에 이르도록 자라게 하려 함이라

갓난아기들에게 젖은 자라나는 데 절대적입니다. 마찬가지로 그리스도인들에게 신령한 젖이 되는 말씀은 성장하고 성숙하는 데 절대적입니다. 하나님의 말씀에는 인간의 언어로는 표현할 수 없는 영원한 자양분이 있습니다. 하나님 말씀은 우리를 흠 없고 순전하게 하여 빛 된 삶을 살게 만들어 줍니다. 자녀가 부모 말을 잘 들으면 부모가 원하는 사람이 되듯이, 하나님 말씀을 잘 들으면 하나님의 사람이 됩니다. 부모는 유한한 존재고 시야가 넓지 못하기 때문에 자녀를 그릇된 길로 인도할 수 있지만, 하나님은 실수와 실패가 없는 분입니다. 우리 인생이 바른지 그렇지 않은지, 잘 성장하고 성숙하고 있는지 점검할 수 있는 것은 오직 '생

합당하게 생활하라

명의 말씀'밖에 없습니다. 16-18절입니다.

■　　생명의 말씀을 밝혀 나의 달음질이 헛되지 아니하고 수고도 헛되지 아니함으로 그리스도의 날에 내가 자랑할 것이 있게 하려 함이라 만일 너희 믿음의 제물과 섬김 위에 내가 나를 전제로 드릴지라도 나는 기뻐하고 너희 무리와 함께 기뻐하리니 이와 같이 너희도 기뻐하고 나와 함께 기뻐하라

　　바울은 빌립보교회 사람들이 로마제국이 주는 화려함을 붙들지 아니하고 하나님의 말씀을 붙들며, 로마의 가치관을 드러내는 것보다 하나님의 말씀을 밝히는 삶을 살아서, 자신이 하나님 앞에 서게 되었을 때 "하나님, 빌립보교회 사람들 보셨죠? 그들은 생명의 말씀을 붙들고 밝힌 사람들입니다"라고 자랑하고 싶다고 합니다. 그렇게 된다면 자신을 전제奠祭—부어서 드리는 제사입니다. 짐승을 태워서 제사를 드릴 때 마지막에 포도주를 부어서 그 향기를 하나님께 드리는 것입니다. 바울은 자신의 순교의 피가 그런 의미가 되기를 소망하고 있습니다—로 드리게 된다 하더라며 기뻐할 것이라 고백합니다.

　　〈진품명품〉이라는 TV 프로그램이 있습니다. 시청자들은 작품 가격의 의외성 때문에 재미있어 합니다. 의뢰인도 예상했던 가격보다 높게 책정되면 좋아하지만, 반대의 경우에는 실망의 빛이 역력합니다.
　　오래전에 본 것 중에 아주 인상적인 대목이 있습니다. 한 의뢰인이 추사 김정희 선생의 글씨가 담긴 8폭 병풍을 갖고 나왔습니다. 서체가 아주 좋아 보였습니다. 추사 선생이 제주도 유배 시절 소나무를 그린 〈세한

도歲寒圖〉는 크기가 23×69.2㎝로 그리 크지 않아도 국보입니다. 그렇기 때문에 그 병풍은 아주 높은 가격이 예상되었습니다. 의뢰인은 6·25 직후 쌀 몇백 가마를 주고 샀다며 예상 가격을 1억이라고 적었습니다. 그러고는 이렇게 말했습니다. "추사 선생의 작품을 값으로 매기는 것이 말이 되지 않지만, 그때 지불했던 쌀값에 그간의 이자를 합하면, 이 정도 금액이 나올 것입니다. 하지만 실제 가치는 이것보다 훨씬 높을 것입니다."

감정위원들이 모여 세밀하게 조사한 후 발표한 가격은 표구 값도 되지 않는 5만 원이었습니다. 누군가가 추사의 글을 인쇄해서 표구하고는 속여서 판 것이었습니다. 의뢰인은 당시 자기 재산의 절반을 내어서 샀다며 참담해했습니다.

아마 그는 그동안 세상을 살면서 염려가 생길 때마다 그 병풍을 펴고 미소 지었을 것입니다. 값진 보물을 감상하는 기분이 얼마나 좋았겠습니까? 그러나 그것은 가짜였기 때문에 그의 기대는 산산조각 나고 말았습니다. 인생에도 이런 일이 있을 수 있습니다.

지금 성도님들을 가장 미소 짓게 하는 것은 무엇입니까? 그것이 후에 하나님 앞에서도 자랑할 수 있는 것입니까? 내 인생을 진품이라고 생각하며 달려간 후 하나님 앞에 서게 되었을 때, 하나님께서 내 인생을 모조품(짝퉁)이라고 하시면 어떻게 되겠습니까? 또한 세상을 살아가면서 사람들에게 당신 같은 명품 인생이 없다고 수없이 듣고 살았는데, 마지막 숨을 내어 쉰 후 주님 앞에 서게 되었을 때 주님께서 "너의 인생은 명품이 아니라 폐품이었다"고 하시면 어떻게 되겠습니까?

두렵고 떨림으로 우리의 구원을 이루어 가는 것, 어그러지고 거스르는 세상에서 흠 없고 순전하게 살아 가는 것, 우리 인생을 진품으로 만들고 명품으로 만드는 것은 생명의 말씀을 붙들고, 생명의 말씀을 밝히며 살

합당하게 생활하라

아가는 것보다 나은 길이 없습니다. 그러면 그 생명의 말씀이 우리를 밝히고, 우리를 살려 낼 것입니다.

---

하나님 아버지!

우리에게 생명의 말씀을 주셔서 감사합니다.

우리는 모두 어두움 속에서의 삶을 좋아하고, 그것이 전부로 알았던 존재였음을 고백합니다. 그러나 주님께서 빛을 비추어 주심으로 말미암아 그 빛을 보게 되고, 영원한 삶에 눈뜨게 해주셔서 감사합니다. 예수 그리스도가 없는 삶은 아무리 풍요하게 보이고, 아무리 화려한 조명 속에 있다 할지라도 어두움임을 한 순간도 잊지 않게 하여 주옵소서. 오직 영원한 빛이신 주님의 은총을 덧입어 생명의 말씀을 붙들고, 생명의 말씀을 밝히는 자녀가 되게 하여 주옵소서.

우리 인생이 이 땅에서 마지막 숨을 내쉰 후 하나님 앞에 서게 되었을 때, 생명의 말씀으로 인해 우리가 살게 되었고, 그 생명의 말씀을 붙들고 생명의 말씀을 밝히며 산 것이 우리의 자랑이 되게 하여 주옵소서.

이 땅에 남은 우리 생명의 길이가 얼마이든 사람들이 평가하는 진품 인생, 사람들이 인정하는 명품 인생에 일희일비―喜―悲하지 않게 하시고, 우리를 언제나 바르게 보시고 바르게 인도하시는 하나님께 진품 인생, 명품 신앙이라 인정받는 자녀들이 되게 하여 주옵소서. 예수님의 이름으로 기도드립니다.

아멘.

# 25 주 안에서 확신하노라

빌립보서 2장 19-24절

**제갈성렬 감독의 선수 시절 이야기**

일전에 TV에서 〈강심장〉이라는 토크 프로그램을 재방송으로 보았습니다. 그 프로그램에서 지금은 스케이트 감독인 제갈성렬이라는 분의 선수 시절 감동적인 이야기를 들었습니다. 1996년 중국 하얼빈 동계 아시안게임에서 제갈성렬 선수는 국가대표가 된 지 10년 만에 스피드스케이팅 500미터에서 금메달을 따고, 곧 바로 세계 월드컵 대회에 참가하기 위해 미국 미네소타 주로 향했습니다.

그런데 공항에 도착했을 때, 처음 보는 한 중년 남성이 그를 기다리고 있었습니다. 그분은 미네소타 주립병원 의사였습니다. 그분이 제갈 선수에게 말했습니다. "발레리나를 꿈꾸고 있는 한인 여고생이 늦게까지 연습하고 귀가하다 큰 교통사고를 당했는데, 당신이 가서 그 소녀에게 용기를 주면 좋겠습니다." 제갈

합당하게 생활하라

선수는 순간 "내가 힘을 내야 하는데 누구에게 힘을 준단 말인가" 하는 생각이 들었지만 그래도 자신이 미력이나마 도움이 된다면 기꺼이 감당해야겠다고 생각하고 병원을 찾아갔습니다. 그 여고생은 제갈 선수를 보자마자 싸늘한 눈빛을 보내고는 뒤돌아 누워 버렸습니다. 그는 사고로 모든 꿈이 사라진 절망적인 상황이었기에 수술과 재활을 모두 거부하는 것은 물론, 삶을 포기하고 있었습니다.

제갈 선수는 처음에는 어떻게 해야 하나 생각하며 병실에 멍하니 앉아 있었습니다. 제갈 선수에게도 2년 전, 올림픽을 불과 달포 앞두고 복숭아뼈가 부러지는 사고가 있었습니다. 그때는 제갈 선수에게도 절망적이었습니다. 올림픽을 향해 수년 동안 달려왔는데 올림픽을 코앞에 두고 그런 일을 겪어 모든 것이 물거품이 되자 자신의 존재가치가 없다고 생각했습니다. 의사들은 선수 생명이 끝났다고 했지만 제갈 선수는 이를 악물고 병실에서 재활을 시작해서 올림픽에 참가하여 중위권에 들었습니다. 경기를 하면서 고통을 참기 위해 입술을 깨물고 달렸는데, 끝나고 나니까 입술에 구멍이 날 정도였습니다. 그 경험을 소녀에게 이야기해 주었지만 여전히 아무런 반응도 없었습니다.

그래서 이렇게 말했습니다. "내가 이번 대회에서 금메달을 딸 테니까, 내가 약속을 지키면 너도 치료받고 네 꿈을 향해 나아가자." 그리고 소녀의 손가락에 손가락을 걸었지만 혼자만의 약속이었습니다. 사실 그 약속은 제갈 선수에게 거의 불가능한 일이었습니다. 국가대표 10년 동안 단 한 번도 세계대회에서 금메달을 딴 적이 없었기 때문입니다. 그리고 대회 포스터에 사인을 하고는 벽에 붙여 주었습니다. 그때까지 아무런 반응이 없던 소녀는 마음이 열렸는지 고개를 조금 돌려 주었습니다.

숙소로 돌아온 제갈 선수는 '아! 내가 서둘러 말하는 바람에 지킬 수 없는 약속을 하고 말았구나' 하는 깊은 후회가 밀려왔습니다. 하지만 이미 엎질러진 물이었습니다.

경기 당일이 되었습니다. 지금은 모든 빙상경기장이 실내에 있지만, 당시 그 경기장은 야외에 있었고, 게다가 바람이 심하게 불었습니다. 그렇게 되면 얼음이 아주 단단해지기 때문에 동양 선수와 같이 체격이 작은 사람들에게는 절대적으로 불리했습니다. 제갈 선수가 경기하는 1,000미터는 단거리에 속하기 때문에 더욱 그러했습니다. 제갈 선수는 참가 선수 40명 중에서 6조에 속해 있었습니다. 빙상 경기는 기록이 좋지 않은 선수부터 2명씩 경기를 합니다. 그러니까 제갈 선수는 참가자 40명 중에 기록이 뒤에서 11~12위 정도였고, 자기보다 기록이 좋은 선수가 28명이나 더 있었습니다. 일반적으로 6조는 참가에 의의를 두다시피 하는 선수군選手群이었고, 그 정도의 선수와 메달은 거리가 멀어도 한참 멀었습니다.

그래도 제갈 선수는 최선을 다해 달렸고, 6조까지 경기한 선수 중에서는 1위였습니다. 게다가 바람이 부는데도 자신의 최고 기록이 나왔습니다. 계속된 경기에서 10조(20명)까지 끝났는데도 계속 1등이었습니다. 경기가 계속되어 17조가 지나도 1등이었고, 마지막 조(2명)를 남기고도 1등이었습니다. 그러니까 최소한 동메달은 확보되었는데, 그전까지 제갈 선수는 세계대회에서 동메달도 따본 적이 없었습니다. 마지막 조가 출발해서 600

합당하게 생활하라

미터를 지날 때까지 마지막 조 선수들이 제갈 선수의 기록보다 좋았습니다. 제갈 선수는 늘 뒷심이 부족했기에 '아! 이제는 졌구나' 하고 생각하고 있었습니다. 그런데 200미터를 남겨 놓고 강한 맞바람이 불기 시작했습니다. 선수들이 바람의 영향을 받는 모습이 역력했습니다. 마침내 6조에 속한 선수가 금메달을 따는, 거의 전무후무한 일이 일어났습니다. 제갈 선수가 세계대회에서 처음으로 딴 메달이었습니다. 감독과 코칭스태프가 기뻐서 얼싸안고 있을 때, 제갈 선수는 "약속을 지켰구나"라는 생각이 가슴 깊이 새겨졌습니다. 그뿐만 아니라 제갈 선수는 500미터에서도 금메달을 땄습니다.

경기가 끝나고 제갈 선수가 교민 행사에 참석했는데, 뒷문으로 그 여고생이 휠체어를 타고 나타났습니다. 그리고 휠체어에서 목발을 짚고 일어나 제갈 선수를 향해 다가왔습니다. 옆에서 부축해 주려 했지만 소녀는 아무에게도 도움을 받으려 하지 않았습니다. 소녀는 20여 미터를 다리를 끌다시피 하며 다가왔습니다. 소녀는 "오빠, 고마워요. 저도 약속을 지켰어요. 저도 열심히 재활해서 씩씩하게 일어설게요"라고 말했습니다.

이 이야기가 우리에게 감동을 주는 것은, 제갈 선수가 자신의 역량을 총집결해서 세계대회에서 금메달을 두 개나 따서 국위를 선양했기 때문이 아닙니다.(운동선수들 중에는 세계대회에서 제갈 선수보다 금메달을 더 딴 사람이 많습니다.) 그가 이를 악물고 달린 것이 실의에 빠져 있는 생면부지의 소녀를 위한 것이었다는 점입니다. 방송이나 책에서 보면 자신이나 부모, 자식, 형제자매를 위해 허기진 배를 움켜쥐어야 했고, 허리띠를 졸라매야 했으며, 꼭두새벽부터 늦은 밤까지 일해야 했던 가슴 아픈 사연 등의 감동적인 이야기는 참 많습니다. 그러나 다른 사람, 그것도 알지도 못하던 사람을 찾아가 주고, 격려해 주고 그를 위해 최선을 다하는 이야기는 흔하지 않습니다.

깊고, 높고 넓은 신앙은 자기를 뛰어넘는 것부터 시작됩니다. 사람들은 자기 우물, 자기 틀 안에 있는 것이 자기를 위한 것이라고 생각하지만, 실상은 자기를 벗어나는 것이 진정으로 자기를 위하는 것임을, 벗어나 보지 않은 사람은 결코 깨닫지 못하는 것입니다. 제갈 선수가 이렇게 말했습니다.

"제가 1,000미터부터 최선을 다할 수 있었던 것은 그 소녀가 있었기 때문입니다. 그에게 다시 한 번 고맙다고 이야기하고 싶습니다."

제갈 선수는 그 여고생을 위해 그렇게 열심히 달렸다고 생각했는데, 그 좋은 결과는 고스란히 자기에게 남았습니다.

어려운 사람들을 위해 열심히 봉사하다 보면 훨씬 많이 깨닫고 성숙하고 성장하는 것은 봉사하는 사람 자신이라는 것은, 봉사하는 사람들에게서 듣는 공통적인 고백입니다. 집안에 장애가 있는 자녀가 있나, 암이나 치매를 앓고 있는 부모 등이 계시면 얼마나 힘이 듭니까? 온 가족이 매달려야 합니다. 그러나 그런 자녀나 부모가 세상을 떠나고 나면 비로소 깨닫습니다. 그들로 말미암아 자신들의 신앙과 인격이 얼마나 성숙되었는지 말입니다. 또한 그들 때문에 겸손하게 주님을 더욱 붙들게 되었고, 그들이 나로 하여금 세상적으로 엉뚱한 짓을 할 겨를도 주지 않았

합당하게 생활하라

다는 것을 알게 됩니다. 삶에는 여러 가지 어려움과 불편함이 있습니다. 우리는 그것을 벗어나기 위해 발버둥 칩니다. "하나님! 제발!"이라고 기도하며 벗어나게 해달라고 합니다. 그러나 시간이 지나고 나면 그것들이 나에게 준 선물이 정말 크고 많았다는 것을 알게 됩니다.

신앙생활에서도 동일하게 적용됩니다. 우리가 말씀을 지키기 위해 몸부림쳤다고 생각했는데 오히려 그 말씀이 우리를 지켜주었고, 주일을 주일답게 보내리라고 결심한 것 같은데 세월이 지나고 보면 그 주일이 우리를 보호해 주었고, 교회를 통해 나에게 맡겨진 여러 가지 일을 중심으로 한 그것이 나를 영적으로 건강하게 만들었다는 것을 확인하게 됩니다.

그래서 내가 나를 세우려는 것보다 다른 사람을 잘 세워 주는 것이 나를 더욱 잘 세우는 것이요, 무엇보다 주님을 주님으로 섬기는 것이 나를 최상으로 가꾸어 가는 것입니다. 오늘 본문이 그 점을 잘 일러주고 있습니다.


## 바울과 디모데

바울은 빌립보서 2장에서 빌립보교회 사람들에게 다툼이나 허영이 아니라 자기보다 남을 낮게 여김으로 한 마음을 품을 것을 권면했습니다. 그러고는 예수 그리스도께서 얼마나 당신을 낮추셨는지에 대해 말했습니다. 주님은 하나님과 100퍼센트 동일한 분이지만 그것을 당연하게 누릴 것으로 여기지 아니하시고 인간이 되어 이 땅에 오셨는데, 종과 같은 모습으로 오셔서 십자가에 죽으시기까지 세상에서 가장 낮은 사람보다 더 낮아지셨습니다. 하나님께서는 그 예수님을 세상에서 가장 높은 것보다 더 높여 주시고, 그 주님 앞에 세상이 무릎 꿇게 하셨습니다.

이러한 주님의 낮아지심과 높아지심을 믿는다면 자신의 구원을 이루어 가야 한다고 합니다. 그것도 두렵고 떨림으로 이루어 가서, 어그러지고 거스르는 세상에서 빛(별)과 같은 존재가 되어야 한다고 권면했습니다. 그렇게 된다면 자신의 피가 포도주를 부어서 드리는 전제와 같은 역할을 해도 기뻐하겠다고 고백했습니다.

오늘 본문부터 2장 마지막까지의 내용은 디모데와 에바브로디도에 대한 개인적인 소견을 나타낸 것입니다. 얼핏 생각하면 앞의 내용과 격이 맞지 않는 듯하기도 합니다. 그러나 디모데와 에바브로디도 이야기는 단순히 그들에 대한 바울의 애정을 표하기 위함이 아닙니다. 그러했다면 빌립보서는 하나님의 말씀이 아니라 바울이 지인에게 보낸 사적인 서신이 되고 말 것입니다. 이 두 사람의 이야기는 예수님의 낮아지심과 높아지심을 전심으로 믿으며, 자신의 성화의 구원을 위해 자신을 온전히 주님께 드린 본보기와도 같습니다. 우리는 이 두 사람을 높여 주고 세워 주는 바울의 모습에서 그도 이미 성화를 이루어가는 깊은 신앙 속에 있음을 엿볼 수 있습니다. 19절이 이렇게 증거합니다.

■ 　　내가 디모데를 속히 너희에게 보내기를 주 안에서 바람은 너희의 사정을 앎으로 안위를 받으려 함이니

바울이 디모데를 빌립보로 보내기 원하는 것은, 빌립보교회 사람들의 신앙과 삶의 이야기를 들어서 자신도 격려를 받기 위함이라고 합니다.
바울은 1장 20-21절에서 이렇게 고백했습니다.

■　　　나의 간절한 기대와 소망을 따라 아무 일에든지 부끄러워하지
아니하고 지금도 전과 같이 온전히 담대하여 살든지 죽든지 내
몸에서 그리스도가 존귀하게 되게 하려 하나니 이는 내게 사는
것이 그리스도니 죽는 것도 유익함이라

　　바울은 예수 그리스도를 위해 모든 것을 던졌기 때문에 죽음도 그에게
큰 걸림돌이 될 수 없었습니다. 그렇다고 해서 바울이 삶과 죽음, 인생의
희로애락에 아무런 감정이 없는 로보트 태권V나 마징가Z와 같았던 것은
아닙니다. 그 역시 감정을 지닌 인간이었습니다.

　　우리나라 개신교 역사를 대표하는 인물 중의 한 분은 주기철 목사님입
니다. 주 목사님은 신사참배를 반대한다는 이유로 1938년에 10년 형을
선고받고 복역하다 6년 만에 순교하셨습니다. 해방을 불과 1년 4개월 앞
둔 시점이었습니다. 1944년 4월 20일, 순교하시기 전날 고문으로 온 몸
이 만신창이가 된 주 목사님은 간수의 등에 업혀 부인을 만났습니다. 목
사님은 "여보, 나 따뜻한 숭늉 한 그릇 먹고 싶은데……"라고 하셨는데,
이 말이 목사님이 남긴 마지막 말씀이었습니다. 주 목사님은 겉과 속이
강철 같았기 때문에 순교할 수 있었던 것이 아닙니다. 그분에게도 연약
함과 두려움이 있었던 것입니다. 모든 사람, 특히 지도자의 자리에 있는
사람은 특별히 더 고독하기에 위로와 격려가 필요합니다.

　　신앙의 성숙과 헌신의 깊이와 상관없이 감정이 우리를 사로잡을 때가
있습니다. 그래서 그것 때문에 아파하기도 하고, 힘들어하기도 합니다.
그래서 감정이 나를 사로잡으려 할 때는 함께 나눌 수 있는 사람이 있어
야 하고, 의사의 도움 받기를 주저하지 않아야 합니다. 그리고 자신의 있
는 모습 그대로 하나님과 깊이 교제해야 합니다.

바울이 빌립보로 보내려는 디모데가 어떤 사람인지 20-21절이 이렇게 증거합니다.

■　　　이는 뜻을 같이하여 너희 사정을 진실히 생각할 자가 이밖에 내게 없음이라 그들이 다 자기 일을 구하고 그리스도 예수의 일을 구하지 아니하되

'뜻을 같이하다'는 '같은 영혼을 갖다'는 뜻입니다. 즉 '디모데는 나의 분신이다'라는 의미입니다. 우리에게 이런 지인이 있다면 참 행복할 것입니다. 그러나 이런 사람을 찾으려고 하면 결코 찾을 수 없습니다. 자신이 누군가에게 그런 사람이 되어 주는 것이 이런 사람을 찾는 최상의 방법입니다.

빌립보교회 사람들을 진심으로 생각하는(본래의 뜻은 '염려하다', '걱정하다') 사람은 바울 주위에는 디모데 외에 아무도 없었습니다. 뒤집으면 말로는 빌립보교회를 걱정한다고 하지만 실제는 염려하고 애태우지 않는 사람들을 많이 보았다는 의미입니다. 그들은 입술로는 분명히 주님을 위하는 삶을 산다고 하는데, 실제는 전부 자기 배를 채우는 삶을 산 것입니다. 그러나 디모데는 무엇이 그리스도를 위한 것인지, 무엇이 그리스도에게 더 유익이 되고 영광이 되는지를 생각하고 진심으로 그것을 구한 것입니다.

나의 수준은 '말하는 나'가 아니라 '사는 나'입니다. 그래서 신앙의 삶은 혀끝에 있지 않고 손끝에 있습니다.

계속해서 디모데에 대해 이렇게 증거합니다. 22절입니다.

　　　　　　　　　　　合당하게 생활하라

■　　　디모데의 연단을 너희가 아나니 자식이 아버지에게 함같이 나
　　　와 함께 복음을 위하여 수고하였느니라

　디모데가 어떤 연단을 받았는지, 그의 믿음에 대해 디모데후서 1장
3-5절이 이렇게 증거합니다.

■　　　내가 밤낮 간구하는 가운데 쉬지 않고 너를 생각하여 청결한 양
　　　심으로 조상 적부터 섬겨 오는 하나님께 감사하고 네 눈물을 생
　　　각하여 너 보기를 원함은 내 기쁨이 가득하게 하려 함이니 이는
　　　네 속에 거짓이 없는 믿음이 있음을 생각함이라 이 믿음은 먼저
　　　네 외조모 로이스와 네 어머니 유니게 속에 있더니 네 속에도 있
　　　는 줄을 확신하노라

　디모데의 믿음은 '거짓이 없었다'고 하는데 그것은 '위선적이거나 겉치
레가 없었다'는 의미입니다. 우리가 하나님을 만날 때는 언제나 겉사람
으로 만나지 않고 속사람으로 만납니다. '겉사람, 즉 외모나 지위, 명예,
학문 등의 명함에 쓰여 있는 내용'으로 하나님을 만나려고 하면 결코 신
앙이 성숙할 수 없습니다.
　또한 디모데의 인격적인 연단에 대해 사도행전 16장 1-2절이 이렇게
증거합니다.

■　　　바울이 더베와 루스드라에도 이르매 거기 디모데라 하는 제자가
　　　있으니 그 어머니는 믿는 유대 여자요 아버지는 헬라인이라 디모
　　　데는 루스드라와 이고니온에 있는 형제들에게 칭찬 받는 자니

디모데는 유대교에서 기독교로 개종한 어머니와 헬라인 아버지 사이에서 자랐을지라도 고향 루스드라와 이고니온에 있는 그리스도인들에게 칭찬받는 사람이었습니다. 초대교회 지도자의 가장 중요한 자질 중의 하나가 '칭찬받는 것'이었습니다. 예루살렘교회에 구제 문제로 히브리파 유대인들과 헬라파 유대인들 사이에 분쟁이 생기게 되었을 때 일곱 명의 지도자를 뽑는데, 그 자격이 '성령과 지혜가 충만하여 칭찬받는 사람'이었습니다. 그러니까 디모데는 신앙적으로 인격적으로 모두 연단이 되었던 것입니다.

"40세가 되면 자기 얼굴에 책임을 져야 한다"는 말이 있습니다. 어떻게 책임질 수 있습니까? 성형수술을 하면 됩니까? 아니면 화장化粧을 넘어서 '분장', '변장'을 하고 '가면'을 쓰면 됩니까? 그것도 아니면 보톡스 주사를 매주 맞으면 됩니까? 아닙니다. 이 말은, 그때까지 살아온 것이 얼굴에 그대로 드러난다는 의미입니다.

어렸을 때 친구들에게 면박을 줄 때 하던 말 중에 이런 것이 있었습니다. "생긴 대로 놀고 있네!" 이것은 틀린 말입니다. 실은 "노는 대로 생겼네"라고 해야 합니다. 우리의 지금의 모습은 지금까지 논, 지금까지 살아온 결과입니다.

'연단'의 문자적 의미는 '검증됨'이지만, 여러 영어성경에서 '연단'을 '성격character'이라고 번역합니다. 어떤 사람의 검증됨은 그 사람의 인격에 나타나는 것이기 때문입니다. 다시 22절입니다.

■  디모데의 연단을 너희가 아나니 자식이 아버지에게 함같이 나와 함께 복음을 위하여 수고하였느니라

합당하게 생활하라

바울은 디모데를 아들로 여기고 있었습니다. 그러나 바울은 디모데가 자신을 위해 수고했다고 하지 않고, '나와 함께 복음을 위해 수고했다'고 합니다. '수고하다'는 헬라어로 '둘류오douleuō'인데, '둘로스'(doulos, 종, 노예)에서 온 말입니다.

어떤 직업이든, 하나님을 위해 어떤 봉사를 하든 우리는 모두 복음의 노예입니다. 더 높고 낮은 것이 없고, 더 낫고 못한 것이 없습니다. 하나님께서 우리에게 맡기신 역할이 서로 다를 뿐입니다. 오직 그 일에 우리를 드리느냐 아니냐의 차이밖에 없습니다.

바울과 디모데는 모두 복음에 매여서 복음이 복음 되게 하기 위해 그들의 생명을 드렸습니다. 그러나 그 복음이 그들의 인생을 가치 있게 했고, 지난 2천 년 동안 그들은 세상을 비추는 별과 같은 존재가 되었습니다. 23-24절이 이렇게 증거합니다.

■        그러므로 내가 내 일이 어떻게 될지를 보아서 곧 이 사람을 보내기를 바라고 나도 속히 가게 될 것을 주 안에서 확신하노라

바울은 디모데를 빨리 빌립보로 보내기를 원했지만 그러지 못하고 있었는데, 임박한 자신의 재판 결과가 확인된 후 그 소식과 함께 보내려고 했던 것으로 보입니다. 그리고 자신도 석방되면 빌립보로 갈 수 있으리라 확신합니다. 바울은 24절에서 "나도 속히 가게 될 것을 확신합니다"라고 해도 되는데, '주 안에서'라는 말을 덧붙였습니다. 그뿐만 아니라 19절에서도 동일합니다. 이렇게 증거합니다.

■        내가 디모데를 속히 너희에게 보내기를 주 안에서 바람은 너희

의 사정을 앎으로 안위를 받으려 함이니

여기서는 '주 안에서'가 없는 것이 훨씬 자연스럽습니다. 오히려 어색하게 느껴질 정도지만 바울은 의도적으로 '주 안에서'라는 말을 합니다.

바울은 새로운 사업을 위해 로마로 간 것이 아닙니다. 학술 세미나 때문에 간 것도 아닙니다. 관광 여행을 간 것은 더더욱 아닙니다. 그는 죄수로 잡혀 왔습니다. 당시 로마 황제는 '네로'였습니다. 그는 기독교를 극도로 싫어해서 기독교도들을 잔인하게 박해했습니다. 그럼에도 바울은 네로 황제가 자신의 인생을 주관한다고 생각하지 않고, 주님에 의해 지배받고 있다고 생각했습니다. 자신의 생살여탈권生殺與奪權이 네로 황제에게 있지 않고 주님께 있다고 고백하는 것이 바로 '주 안에서'의 의미입니다.

미국의 신용등급 하락과 더블딥(double dip, 침체에서 회복되는 듯하던 경기가 다시 침체에 빠지는 것)의 영향으로 국내 증권시장도 요동치고 있습니다. 그로 인해 수많은 사람들이 가슴 치며 한숨을 쉽니다. 스페인, 포르투갈, 이탈리아, 그리스, 아일랜드가 국가부도 위기에 몰리면서 유럽연합 전체가 휘청거리고 있습니다.

토트넘에 사는 한 흑인 청년이 경찰의 총격으로 사망하여 시작된 영국 청년들의 폭동은 영국이 정말 신사의 나라인지 의문을 품게 합니다. 하지만 그 배후에는 토트넘의 낙후된 지역 경제와 청년 실업 문제가 있음을 부인할 수 없습니다.

이번 우리나라 주가 폭락으로 4일 만에 128조 원이 날아갔다고 하고, 은퇴자들의 주식 투자 손실액이 8월에만 15조 원이라고 합니다. 그로 인해 상심하는 사람은 셀 수 없을 정도일 것입니다. 또한 수십만 명의 청년

합당하게 생활하라

이 직장을 갖기를 원하지만 직장을 얻지 못하고 있고, 그중에서 수만 명의 청년들은 취업해 보지도 못하고 실업자가 되어 있습니다.

한국 교회도 참 많이 어렵습니다. 세상에 소금과 빛의 역할을 잘 감당하고 있지 못함에 가슴이 찢어집니다.

바울이 살던 시기의 그리스도인들은 지금과 비교할 수 없을 정도로 어려움을 겪었습니다. 그리스도인인 것이 발각되면 재산을 몰수당하고 사회적 신분을 박탈당했으며, 원형경기장에서 맹수의 밥이 되는 일도 허다했습니다. 그래서 그들은 250년 동안 지하 토굴에서 살아야 했습니다. 그러나 그런 것들이 그리스도인들을 침몰시키지 못했습니다.

바울은 로마의 죄수였음에도 자신은 그리스도의 포로라 하였고, 로마법에 따라 재판을 받음에도 '주님 안에' 있음을 확신했습니다. 그 확신이 틀리지 않았음을 우리는 지금 확인하고 있습니다.

모든 것이 불확실해 보이고 세상이 우리를 뒤흔든다 할지라도 우리가 주님 안에 있음을 잊지 마십니다. 주님께서는 오늘도 우리의 인생을 인도하시고, 우리 앞에 있는 반석에서 샘물을 내시는 분이십니다. 지금 우리가 그 주님 안에 있습니다.

---

하나님 아버지!

오늘 말씀을 통해 우리가 어디 있는지 확인하게 해주셔서 감사합니다.

신앙생활을 얼마나 오랫동안 했든, 얼마나 봉사를 많이 했든, 어떤 호칭으로 불리든 우리 모두는 부족하고 연약하기에, 서로에게 위로와 격려가 필요함을 고백합니다. 나를 완성된 존재라고 착각하거나 다른 사람보다 더 성숙했기 때문에 위로받지 않아도 된다는 오만에 빠지지 않도록 인도해 주옵소서. 디모데처럼 우리의 신앙과 인격을 말씀으로 빚어감으로 하나님과 사람 앞에 온전히 검증되는 날까지 우리의 구원을 이루어 갈 수 있도록 인도하여 주옵소서.

세계 경제는 물론 우리 경제가 참 어렵습니다. 한국 교회도 어렵습니다. 하지만 우리가 '주님 안에' 있음을 잊지 않게 하여 주옵소서. 사람이 사람을 마음에 품고 그를 위해 최선을 다해도 기적 같은 일이 일어나고 많은 사람에게 감동을 줍니다. 하물며 주님이시겠습니까? 우리가 주님을 품고 주님 안에 있음을 알고, 우리의 길을 신실하게 걸어갈 수 있도록 은총을 더하여 주옵소서. 자신이 주님 안에 있음을 확신했던 바울을 통해 로마가 바뀌고, 온 유럽이 주님을 향하게 된 것처럼, 주님 안에 있는 우리를 통해 우리가 바뀌고, 우리 가정이 변화되고, 우리 사회가 새로워지는 것을 목도하게 하옵소서. 예수님의 이름으로 기도드립니다.

아멘.

합당하게 생활하라

# 26 돌보지 아니한 것은

**제시 잭슨 목사의 연설**

미국의 대통령 선거는 4년마다 11월 첫 월요일이 지난 화요일에 실시됩니다. 대통령 선거가 있는 해에 여당과 야당에서는 주별로 당원대회나 예비선거로 대의원들을 뽑습니다. 이 대의원들이 모여서 대통령 후보를 공식적으로 결정하는 전당대회를 엽니다. 전당대회는 보통 7월말에 야당이 먼저 열고, 8월에 여당이 엽니다. 이 전당대회는 미국 민주주의의 꽃이라 불립니다.

1988년 7월 19일 조지아 주 애틀랜타에서 민주당 전당대회가 있었습니다. 그 무대의 주역은 매사추세츠 주 주지사였던 마이클 듀카키스와 흑인들의 강력한 지지를 받고 있던 제시 잭슨 목사였습니다. 대의원 4,160명 중에서 듀카키스 후보는 2,800여명, 잭슨 후보는 1,100여 명의 지지를 확보하고 있었기에 듀카키스의 대통령 후보 지명은 확정적이었습니다. 그 전당대회 개막 다음 날 잭슨 목사는 듀카키스에게는 힘을 실어 주면서도 당원들의 단합을 강조하면서 다음과 같은 메시지를 전했습니다. 그 일부가 이러합니다.

"마이클 듀카키스의 부모님은 의사와 교사였습니다. 하지만 우리 부모님은 경비원이었고, 가정부, 미용사였습니다. 듀카키스가 태어나고 자란 매사추세츠나 브루클린은 내가 태어나고 자란 사우스캐롤라이나에 있는 그린빌과는 많이 다릅니다. 듀카키스는 법률을, 나는 신학을 공부했습니다. 우리 둘은 종교, 지역, 인종, 경험과 관점도 다릅니다. 그러나 미국이라는 나라의 진수는 우리가 하나라는 것입니다. 하나님의 섭리는 그와 나의 오솔길이 한 곳에서 만나게 했습니다. 듀카키스의 선조는 이민선을 타고 미국에 왔습니다. 나의 선조는 노예선을 타고 미국에 왔습니다. 그러나 우리 앞 세대가 무슨 배를 타고 미국에 왔든 그와 나는 오늘 밤 같은 배에 타고 있는 것입니다.

미국은 한 가지 실, 한 가지 색깔, 한 가지 천으로 짜여진 담요가 아닙니다. 사우스캐롤라이나 그린빌에서 보낸 나의 유년시절, 나의 할머니는 불평하지 않으셨고, 우리는 춥지 않았습니다. 대신 할머니께선 헝겊조각, 실크, 방수 천, 부대자루 등 그저 여러분의 구두나 간신히 닦아낼 수 있는 조각보들을 모으셨습니다. 할머니는 기운찬 손놀림과 튼튼한 끈으로 천 조각들을 꿰매어 훌륭한 누비이불을 만드셨습니다. 그것은 힘과 아름다움과 교양을 상징했습니다. 이제 우리도 이른바 '누비이불'을 건설해야 하는 것입니다."

합당하게 생활하라

미국 사람들이 꿈꾸는 나라는 50개의 조각보들이 역할을 제대로 하면서도 서로 긴밀하게 연결되어 있어서 어떤 순간에도 찢어지지 않는 강력한 누비이불과 같은 나라일 것입니다. 그러나 인간이 어떤 형태의 나라를 꿈꾸어도 그 나라는 완전한 나라가 아닙니다. 인간 자체가 불완전한 존재이고, 지극히 이기적인 존재이기 때문입니다. 그래서 초강대국인 미국이 심하게 요동질하고 있고, 전 세계도 정치·경제적인 문제로 흔들리고 있습니다.

완전하고도 영원한 나라는 완전하고도 영원한 분이 다스리시는 하나님나라밖에 없습니다. 하나님께서는 우리에게 실크와 같은 인생을 살게도 하시고, 양모와 같은 삶을 살게도 하시고, 면과 같은 인생길을 걷게도 하십니다. 우리가 어떤 종류의 조각보와 같은 인생을 살아간다 할지라도 영원하신 주님께 초점을 맞추고 살아갈 때 우리 인생은 하나님나라에 잇대어진 영원한 조각보가 될 것입니다.


## 이름 없는 사람들의 헌신

빌립보교회에는 자신의 인생이라는 조각보를 복음을 위해 주님께 드린 사람들이 있었습니다. 두아디라 도시에서 온 루디아는 옷감을 사고파는 일을 했습니다. 당시 두아디라산 옷감은 최고급이었습니다. 그러나 그가 사고파는 아름다운 옷감보다 자신을 주님께 드림으로 그는 빌립보교회의 첫 조각보가 되는 은총을 누렸습니다.

귀신 들려 점치던 소녀는 완전히 버려진 조각보와 같았습니다. 그는 인격적인 존재가 아니라 자기 주인들에게 돈벌이 수단에 불과했습니다. 그러나 그도 바울을 통해 치유함을 받고 복음을 위한 조각보가 되었습니다.

빌립보 감옥의 간수도 로마제국과 로마의 가치관이라는 조각보로 사는 것이 전부라고 생각하고 있었습니다. 그런데 바울과 실라가 옥에서 기도하고 찬송할 때 지진이 나서 옥 터가 움직이더니, 옥문이 다 열리고 죄수들을 매고 있던 것들이 모두 풀렸습니다. 잠에서 깬 간수는 사태의 심각성을 직감하고 자결하려 했습니다. 자신의 인생이라는 조각보는 더 이상 가치가 없다고 생각한 것입니다. 그때 바울은 "우리가 모두 그대로 있으니 스스로 해치지 마십시오"라고 소리를 질렀습니다. 간수는 바울과 실라 앞에 엎드려 물었습니다. "선생님들, 내가 어떻게 해야 구원을 받겠습니까?" 바울과 실라는 "주 예수를 믿으십시오. 그러면 그대와 그대의 집안이 구원을 얻을 것입니다"라고 말했습니다. 그 밤에 그 간수와 가족들은 세례를 받음으로 복음을 통해 주님께 이어진 조각보가 되었습니다.

이런 사람들이 모여 빌립보교회라는 누비이불을 만들었습니다. 이 이불에는 바울이라는 조각보도 있고, 디모데라는 조각보도 있습니다. 오늘 본문은 또 한 명의 조각보를 소개합니다. 그는 에바브로디도인데, 그가 어떤 사람인지를 25절이 이렇게 증거합니다.

■ 그러나 에바브로디도를 너희에게 보내는 것이 필요한 줄로 생각하노니 그는 나의 형제요 함께 수고하고 함께 군사 된 자요 너희 사자로 내가 쓸 것을 돕는 자라

바울은 에바브로디도를 네 가지로 소개합니다.

첫째는 '나의 형제'라고 합니다. 에바브로디도는 빌립보교회의 일원이었기에 그는 유대인이 아닌 이방인이었습니다. 그러나 바울은 정통 유대인입니다. 당시 유대인들은 이방인을 '지옥의 땔감'으로 여기고 있었습니다. 그래서 유대인은 이방인과 한자리에 있는 것조차 불결하다고 생각했습니다. 그러나 바울은 에바브로디도를 '내 형제'라고 부르고 있습니다. '형제'가 헬라어로 '아델포스adelphos'인데 이말은 '자궁'이라는 말에서 왔습니다. 같은 자궁으로 태어난 사람만 친형제자매가 될 수 있기 때문에 성경에서 말하는 형제(자매)는 아주 친밀한 단어입니다. 부활하신 주님을 만나기 전의 바울이었다면 에바브로디도를 결코 이렇게 부르지 않았을 것입니다. 바울이 이렇게 부를 수 있는 것은 두 사람 모두 그리스도를 위한 조각보가 되었기 때문입니다.

둘째로, '함께 수고한 자'라고 합니다. 이것은 '동역자'라는 의미입니다. 바울과 에바브로디도는 동일한 주인을 위해, 동일한 나라를 위해 헌신한 조각보였기 때문입니다.

신학대학원 시절, 일주일에 두 번씩 채플을 드렸습니다. 2학년 1학기 채플을 드릴 때 한 은퇴하신 목사님께서 오셔서 설교를 하셨는데, 학생들을 웃겼다 울렸다 하셨습니다. 어떤 내용이었는지는 전혀 기억나지 않지만 지금도 잊히지 않는 그분의 '한 마디'가 있습니다. 당시 채플에 오신 목사님들은 설교 중에 신학대학원생들을 부를 때 "사랑하는 후배 여러분", "사랑하는 신학도 여러분", "사랑하는 예비 목회자 여러분"이라고 했습니다. 그런데 그분은 "사랑하는 동역자 여러분"이라고 불렀습니다. 순간 눈물이 핑 돌았습니다. "하나님! 저도 저분처럼 백발이 성성할 때까지 변함없이 주님을 잘 섬길 수 있을까요? 평생 주님께 쓰임 받게 해주십시오"라고 기도드린 기억이 있습니다.

바울과 에바브로디도는 인종도 다르고, 나이도, 경험도 다릅니다. 그리스도를 만나기 전에는 종교도 달랐습니다. 하지만 지금 바울은 에바브로디도를 동역자로 여기며 자신의 수준까지 올려 주고 있습니다.

교회에서 나보다 어린 사람, 나보다 늦게 신앙생활을 시작한 사람을 가장 잘 돕는 것은 내 수준까지 높여 주는 것입니다. 언제나 자기가 높다고 생각하는 것은 바르지 않습니다. 서로 배워 가며 함께 성숙해 가는 것입니다.

셋째로, '함께 군사 된 자'라고 합니다. 전우戰友가 다른 관계보다 더 깊이 느껴지는 것은 서로 '목숨을 같이 걸었던 관계'이기 때문입니다. 그 중에서도 6·25 전쟁이나 월남전에 참전했던 전우들은 느낌이 더욱 각별합니다.

당시 그리스도인들의 삶은 정말 어려웠습니다. 로마제국의 핍박이 극심했기 때문에 매일의 삶이 전쟁이었습니다. 당시 군인들은 밀집대형으로 전쟁에 임했습니다. 튼튼한 방패를 들고 적의 화살이나 창이 들어오지 못하게 옆 사람과 어깨를 맞대고 나아가는 것입니다. 구령에 맞추어 전후좌우로 가기 때문에 그 진을 상대가 깨뜨리지 못하도록 서로 보호했습니다.

바울의 머릿속에는 이 그림이 그려져 있습니다. 자신과 에바브로디도는 어깨를 맞대고 나아가고 있는 영적 군사이고, 서로에게 힘이 되어 주고 보호해 주는 관계에 있다는 것입니다. 그렇게 두 사람은 그리스도를 위한 조각보가 된 것입니다.

넷째로, '너희 사자로 내가 쓸 것을 돕는 자'라고 합니다. '쓸 것을 돕는 자'는 '공무원, 공직자'를 뜻합니다. 히브리어로 된 구약성경을 헬라어로 번역할 때 이 단어는 성전에서 일하는 '제사장'을 가리키는 말이었습니

합당하게 생활하라

다. 4장 18절이 이렇게 증거합니다.

■ 내게는 모든 것이 있고 또 풍부한지라 에바브로디도 편에 너희
가 준 것을 받으므로 내가 풍족하니 이는 받으실 만한 향기로운
제물이요 하나님을 기쁘시게 한 것이라

빌립보교회가 에바브로디도를 통해 보내 준 헌금을 '받으실 만한 향기
로운 제물'이라고 합니다. 바울은 빌립보교회가 자신에게 보내 준 헌금
이 하나님께 드린 제물과 같고, 그것을 하나님께 드리는 제사장이 에바
브로디도라고 합니다.

지금은 제사를 되풀이하지 않지만, 우리 인생이 제사라는 것을 잊지 않
아야 합니다. 예배, 찬양, 기도, 성도를 섬기는 행위 등이 전부 제사입니
다. 이런 일을 중심을 다해서 하는 사람이 제사장입니다.

우리는 빌립보서를 기록한 바울에 대해서는 정말 많이 들었고, 그의
삶에 대해서도 아는 것이 많습니다. 디모데에 대해서도 디모데전·후서
가 있기 때문에 비교적 잘 아는 편입니다. 그러나 에바브로디도에 대해
서는 아는 것이 거의 없습니다. 성경에 그의 이름이 빌립보서에만 딱 두
번 나오기 때문입니다. 어쩌면 에바브로디도라는 이름을 처음 듣는 분도
계실 것입니다. 그러나 초대교회를 교회답게 만든 것은 이런 이름 없는
사람들의 철저한 헌신이 있었기 때문입니다. 우리 교회가 이렇게 성장하
고 성숙할 수 있었던 것은 목회자들의 수고 때문만이 아니라 '다른 사람
들이 나를 알지 못한다 해도 중심으로 자신의 인생 조각보를 주님께 드
린' 많은 분들의 헌신이 있었기 때문입니다.

계속해서 바울은 에바브로디도에 대해 26절에서 이렇게 설명합니다.

■    그가 너희 무리를 간절히 사모하고 자기가 병든 것을 너희가 들은 줄을 알고 심히 근심한지라

본래 빌립보교회 교인이었던 에바브로디도는 바울에게 보내져서 그와 함께 하나님을 섬기도록 했습니다. 그런데 그는 향수병에 걸렸을 뿐만 아니라 심각한 질병을 앓게 되었습니다. 그래서 자신이 아프다는 것을 빌립보교회 사람들이 알게 되어 걱정한다는 것을 알고 심히 근심했다고 합니다. '심히 근심하다'라는 말이 신약성경에 사용된 예가 또 한 번 있는데, 마태복음 26장 37절입니다.

■    베드로와 세베대의 두 아들을 데리고 가실 새 고민하고 슬퍼하사

'고민하다'는 '심히 근심하다'와 같은 단어입니다. 십자가를 앞에 두고 겟세마네 동산으로 가는 예수님의 마음은 얼마나 처절했겠습니까? 제자들을 3년 동안 데리고 다녔지만, 주님을 바르게 이해하는 사람은 아무도 없습니다. 이 순간에도 제자들은 예수님께서 예루살렘으로 가셔서 왕이 되시면 한자리하겠다는 생각밖에 없었습니다. 그래서 제자들은 기도로 동참해 달라는 주님의 간곡한 요청은 아랑곳없이 잠만 퍼질러 잤습니다.

지금 에바브로디도에게는 자신이 아픈 것이 문제가 아닙니다. 그는 자신이 아프다는 것을 아는 빌립보교회 사람들을 염려하고 있습니다.

우리 속담에 "남의 염병(장티푸스)이 내 고뿔(감기)만 못하다"라는 말이 있습니다. 인간은 극히 자기중심적이라 자기가 불편하면 다른 사람을 더

합당하게 생활하라

불편하게 만드는 경향이 있습니다. 그러나 에바브로디도는 그렇지 않았습니다. 에바브로디도의 마음을 아는 바울은 그를 배려해서 디모데보다 먼저 보냈다고 합니다. 도대체 에바브로디도가 어느 정도 아팠는지, 그리고 어떤 일이 있었는지를 27절이 이렇게 증거합니다.

■   그가 병들어 죽게 되었으나 하나님이 그를 긍휼히 여기셨고 그 뿐 아니라 또 나를 긍휼히 여기사 내 근심 위에 근심을 면하게 하셨느니라

에바브로디도는 조금 아팠던 것이 아닙니다. 지금으로 말씀드리면, 병원에서 "이제 장례식을 준비하여야 될 것 같습니다"라고 이야기를 들은 것과 같습니다. 그런 상황이었던 에바브로디도는 하나님이 긍휼히 여겨 주심으로 기적처럼 살아나게 되었습니다. 중병으로 죽음에 직면했을 때도 에바브로디도가 어떤 마음이었는지를 30절이 이렇게 증거합니다.

■   그가 그리스도의 일을 위하여 죽기에 이르러도 자기 목숨을 돌보지 아니한 것은 나를 섬기는 너희의 일에 부족함을 채우려 함이니라

에바브로디도는 죽음의 그림자가 그를 따라다녔을지라도 죽음에 자신을 맡기지 아니하고 그리스도에게 자신의 인생 조각보를 맡긴 것입니다.

특별히 '자기 목숨을 돌보지 아니한 것은'에서 '돌보지 아니하다'는 말은 도박 용어입니다. 포커 같은 도박을 할 때 최고의 패가 나오면 자기가

갖고 있던 모든 칩(돈)을 베팅, 즉 올인All-in합니다. 바로 그 의미입니다. 그러니까 예수 그리스도는 자신의 인생에서 만난 최고의 패이고, 그분에게 전 삶을 걸어도 아깝지 않고, 그것이 절대적인 승리의 길임을 에바브로디도는 굳게 믿은 것입니다. 그래서 그는 죽음의 순간에도 자기 목숨을 돌보지 않고 그리스도에게 온 생을 던질 수 있었습니다.

우리를 위해 십자가에서 대신 죽어 주신 예수 그리스도만 우리에게 영원한 생명을 주실 수 있고, 우리가 그분의 조각보가 될 때만 우리는 영원에 잇대어진 삶을 살아갈 수 있습니다.


2005년 5월 16일자 신문 기사 한 편을 말씀드리고 싶습니다. 구자훈이라는 분이 세 동생의 가족들과 입파도로 나들이를 갔습니다. 네 가족은 모두 열네 명이었습니다. 하루 종일 입파도 관광을 마친 후 오후 4시쯤 구 씨 가족 세 명과 여동생 구자희 씨 가족 네 명 그리고 또 다른 구 씨의 여동생 한 명 등 모두 여덟 명이 구 씨 소유의 1톤급 모터보트로 입파도에서 12킬로미터 떨어진 대부도 전곡항으로 먼저 출발했습니다. 1시간이면 다녀올 수 있는 거리인데도 5시간이 지나도 돌아오지 않자 남은 가족들이 해경에 신고했습니다. 해경은 함정과 헬기 등을 동원해서 14시간이 지난 다음 날 오전 6시 20분경 김양식장 부표를 잡고 있는 구자희 씨를 구조했습니다. 나머지 일곱 명은 모두 사체死體로 발견되었습니다. 모두 구명조끼를 입기는 했지만 장시간 바다에 표류했기 때문에 저체온증으로 숨을 거두었습니다. 구자훈 씨에게는 아내와 다섯 살 난 딸이 있었고, 구자희 씨에게는 남편과 여섯 살, 세 살 난 딸이 있었습니다.

입파도를 출발한 지 10분쯤 뒤, 보트가 그물에 걸려 앞부분이 들리면서 배가 가라앉기 시작했습니다. 조종하던 구자훈 씨가 "배가 침몰한다"

합당하게 생활하라

고 다급한 목소리로 외쳤고, 구 씨의 여동생 자희 씨는 여섯 살 난 딸 도연이를 안고 바다로 뛰어들었습니다.

"어떻게 해야 돼?" 구자희 씨가 보트 앞부분을 붙잡고 있는 남편에게 소리쳐 물었더니 "옆에 있는 동그란 부표를 잡고 있으면 내가 갈게"라고 답했습니다.

보트 주인 구자훈 씨는 사태를 수습하려 물 속으로 들어갔다 나왔다 하며 보트를 다시 세워 보려 했지만 역부족이었습니다. 하지만 모두가 구명조끼를 입고 있었고 파도도 잔잔했기 때문에 가족들은 "지나가는 배만 있으면 금방 구조될 수 있어"라고 서로 격려하며 버텼습니다.

어른들은 발을 동동거리며 물 위에 떠 있는 여섯 살, 다섯 살, 세 살 여자 어린이 세 명을 향해 "곧 구조될 거니까 조금만 참자"라며 다독였습니다.

그때 먼발치에서 지나가는 보트가 보여 가족들은 젖 먹던 힘까지 써가며 일제히 "살려주세요" 하고 소리쳤지만 보트는 이들을 보지 못한 채 멀리 사라져 갔습니다. 이후 밤이 찾아왔고, 물 위에 떠 있던 식구들도 지쳐만 갔습니다. 특히 아이들에게는 물 위에서 벌인 4시간여의 사투가 힘에 부칠 수밖에 없었습니다.

"도연아, 잠들면 안 돼." 엄마 구자희 씨가 있는 힘을 다해 도연 양의 구명조끼를 흔들며 깨웠으나 이미 의식을 잃은 상태였습니다.

"여보, 도연이가 정신을 잃어요." 가까이 있던 남편에게 소리쳤지만 남편 역시 "여보, 미안해"라는 한마디만 남긴 채 의식을 잃어 갔습니다.

남편과 딸이 눈앞에서 숨져 가는 것을 보면서도 할 수 있는 일이라고는 검은 바다 위에 눈물을 쏟아내는 것밖에는 아무것도 없었습니다. 칠흑 같은 바다에서 부표를 잡고 버티며 14시간이 지난 후에야 해경 경비정이 나타났지만 일곱 명의 가족은 모두 숨진 뒤였습니다. 구 씨의 여동생 자영 씨는 어린 조카를 끝까지 등에 업은 채 사체로 발견되기도 했습니다.

참 가슴 아픈 이야기입니다. 모터보트가 있을 정도면 구자훈 씨는 상당히 수영을 잘했을 것입니다. 그러나 수영 실력이 그의 생명을 지켜 주지 못했습니다. 생존자의 남편도 서른세 살의 젊은이입니다. 그 젊음도 가족은 물론 자신의 생명도 보존하지 못했습니다. 결혼한 가족들이 함께 야유회를 가는 것은 우리나라같이 바쁜 사회에서 그렇게 쉬운 일이 아닙니다. 그들은 참 우애가 좋았을 것입니다. 그러나 그 우애도 생명을 지켜 주지 못했습니다.

가족들이 배가 뒤집어지고 난 후 물 위에 떠 있으면서 서로 힘을 내자고, 조금만 참자고 얼마나 많이 격려했겠습니까? "우리는 살 수 있을 거야. 우리는 구조될 수 있을 거야"라고 수없이 되뇌었을 것입니다. 그러나 그 격려도, 다짐도 그들을 지켜 주지 못했습니다.

후의 신문 보도에 의하면 해경은 그들이 탄 배가 전복된 지점에서 불과 20여 분 거리에 있었습니다. 그러나 해경이 그들을 찾아낸 것은 14시간이 지난 후였습니다. 현대의 첨단 장비도 그들을 건져 주지 못했습니다.

이 땅을 살아가면서 우리가 무엇에 인생을 의탁할 수 있겠습니까? 조각보와 같은 우리 인생을 어디에 접붙이는 것이 참된 길을 가는 것입니까? 나의 신념입니까? 재물입니까? 명예나 권력입니까? 이런 것들은 모두 '죽음' 앞에 무기력함만 드러낼 뿐입니다. 그럼에도 우리가 소망과 기쁨과 평안을 가지고 살아갈 수 있는 것은, 예수 그리스도에게 접붙여진 인생은 죽음이 끝이 아니기 때문입니다. 이런 소망이 흔들리지 않을 수 있는 것은 우리의 육체가 나이가 들어 얼굴에 검버섯이 피기까지 살다가 죽음을 맞이하든, 사고로 몸이 만신창이가 되어 죽음을 맞이하든, 병

합당하게 생활하라

으로 고통 가운데 죽음을 맞이하든, 젊디젊은 나이에 죽음을 맞이하게 되든, 어떤 형태의 죽음을 맞이한다 할지라도, 자신의 인생 조각보를 주님께 맡긴 사람은 이 땅에서는 물론 죽음 이후에도 영원을 살 것이기 때문입니다.

영원한 생명, 다함없는 생명, 결코 쇠하지 않는 생명, 어떤 상황에서도 죽음이 이기지 못하는 생명을 어디서 얻을 수 있습니까? 얼마를 지불하면 그 생명을 살 수 있습니까? 그 생명은 오직 예수 그리스도에게 접붙여진 인생만, 예수 그리스도께 자신의 인생을 '올인All-in'하는 사람만 얻을 수 있습니다. 예수님께서 그 생명을 주시기 위해 십자가에서 당신의 몸을 찢으셨습니다. 예수 그리스도께 자신을 올인하는 것보다 더 인생을 가치 있게 가꾸어 가는 방법이 없습니다. 예수 그리스도께 올인한 에바브로디도의 삶이 우리 각자에게 도전이 되는 한 주간이 되기를 축복합니다.

---

하나님 아버지!

우리 인생이 무명천이 아니라 양모나 비단 천으로 되어 있다 할지라도 주님께 연결된 것이 아니라면 아무런 의미가 없음을 일깨워 주셔서 감사합니다.

바울이라는 조각보가 주님께 연결되었을 때 그를 통해 기독교가 무엇인지, 그리스도인은 어떻게 살아야 하는지 샘플이 되게 하셨습니다.

에바브로디도라는 조각보는 우리에게 익숙하지도 않은 이름임에도 그의 신실함과 헌신됨은 우리의 삶과 신앙을 돌아보게 하며, 우리를 부끄럽게 만듭니다. 죽음에 직면해서도 그리스도에게 올인하는 것보다 더 가치 있는 일이 없고, 자신의 인생을 존귀하게 만드는 것이 없다는 그의 태도를 우리도 배우게 하여 주옵소서.

우리는 우리 인생을 지키려고 발버둥 칩니다. 하지만 우리 마음대로, 우리가 원하는 모습으로 되어 가지 않는다는 사실을 알고 있습니다. 주님께 우리 인생을 접붙이는 것이, 우리를 온전하게 헌신하는 것이 최상의 가치라는 것을 알면서도 그렇게 잘하지 못하는 존재인 것을 고백합니다.

우리 모두가 어떤 상황에 있든지 예수 그리스도 그분에게만이 내 인생 전부를 베팅해도 아깝지 않고 후회 없는 길임을 가슴 깊이 새기게 하여 주옵소서. 예수님의 이름으로 기도드립니다. 아멘.

제1권 합당하게 생활하라

# 빌립보서 설교집

Sermons on Philippians
1. Conduct in a Manner
Worthy of the Gospel

2015. 4. 3. 초판 1쇄 인쇄
2015. 4. 10. 초판 1쇄 발행

**지은이** 정한조
**펴낸이** 정애주
국효숙 김기민 김의연 김준표 박세정 박혜민
송승호 염보미 오민택 오형탁 윤진숙 임승철
정한나 조주영 차길환 한미영

**펴낸곳** 주식회사 홍성사
**등록번호** 제1-449호 1977. 8. 1.
**주소** (121-885) 서울시 마포구 양화진4길 3
**전화** 02) 333-5161
**팩스** 02) 333-5165
**홈페이지** www.hsbooks.com
**이메일** hsbooks@hsbooks.com
**트위터** twitter.com/hongsungsa
**페이스북** facebook.com/hongsungsa
**양화진책방** 02) 333-5163

ⓒ 정한조, 2015

ISBN 978-89-365-1083-1 (04230)
ISBN 978-89-365-0541-7 (세트)